U0140298

POWER AND PREDICTION
The Disruptive Economics of Artificial Intelligence

AI
顛覆經濟學

**新的系統解決方案，
將改組決策方式，改寫產業格局，改變權力分配**

阿杰・艾格拉瓦　Ajay Agrawal
約書亞・格恩斯　Joshua Gans
阿維・高德法布　Avi Goldfarb

著

游懿萱
譯

致我們的家人、同事、學生和新創企業：
你們啟發了我們對人工智慧進行深入且清晰地思考。
謝謝。

當 AI 走出實驗室，影響力無遠弗屆

AI 在人類社會探討數十年，但到了 2020 年代我們才警覺到 AI 成熟就在眼前，AI 即將發威。

我們也赫然發現許多社會心理調適與法律責任釐清都尚未準備好，我們需要努力更多，才能善用 AI。例如，政府需要一部完善的 AI 基本法，經濟學家需要深入分析 AI 影響經濟脈絡，社會學家尚未完整思考 AI 引發新倫理爭議，或許 AI 也會創造社會新階級（誕生新牢籠），種種新可能性引發更多醫生、工程師、股市分析師、戰鬥機飛行員的焦慮，許多人都在看著 AI 改變或是恐懼 AI 取代他的工作。

在 2024 年的現在，拜「新演算法 Transformer」、「先進 3nm 晶片」與「網路雲端大數據」之賜，AI 進入實用的時代即將到來，AI 成熟度已經跟數十年前不可同日而語。我們赫然發現六十年前導演史丹利・庫柏力克的電影《2001 太空漫遊》、四十年前導演詹姆斯・卡麥隆《魔鬼終結者》想像的焦慮已經逼到眼前，雖然其威脅的對象不一樣，但是電影一樣隱喻意味十足。未來幾年的先進晶片運算能力、新演算法帶來自

然語言模型，因著這幾件事的貢獻，我們會看到 AI 成熟與應用就在眼前，影響也即將發生。

AI 一旦普及，它的影響力將不低於以往網際網路普及的現象。因此需要更深入了解它、探討它、甚至需要警覺有些地方需要規範它、侷限它。

過往 AI 曾在學術界探討多年，但一直只停留在炫耀式的科技玩具形象，比如電腦 AlphaGo 下棋贏了韓國棋王，但 AI 始終走不出實驗室，因此無法拓展廣闊江山、無法施予普及影響力。

但 2024 年的現在不一樣了。AI 會帶來金礦銀礦、帶來無窮商機富貴誘人，但 AI 也可能是洪水猛獸、也可能是壓榨工具，會引發就業與失業衝擊。AI 可以提高生產力，因此 AI 可以為善，但 AI 也可以為惡，例如職場裁員引發失業，例如使用深偽加劇詐騙，或者戰場殺人更有效率。這使 AI 成為光明使者的可能，或是成為暗黑怪獸的可能都一併存在。《AI 顛覆經濟學》將更深入引導我們思考與探討這一切。

我們可以體會 AI 的影響力，就宛如二十五年前也曾發生影響力的網際網路。當年網際網路對於數位科技的改造既深且遠，那一波數位科技的改變，可以將網路比喻為宛如「神靈附身」，附身在原本孤單坐在書桌的數位產品身上，例如辦公室的桌上型電腦與筆記型電腦，本來只能作文書處理與試算表計

算。一旦開始有了神奇的聯網能力，孤單的個人電腦變成有能力透過網路去認識全世界，個人電腦開始前往地球的任一個角落攫取資料、使用資料，於是這個世界就誕生了「搜尋引擎」、「社群網站」、「網路購物」、「網路影音」、「網路會議」、「網路金融」、「遠距教學」等新世界產物，摧毀了原來的百視達租片、CD 與唱片、柯達沖洗、電影院售票、面對面交友……，影響巨大。相反的，網路也讓地球任一個角落本來不可能認識的人與不認識的網站，開始有機會惡意入侵你的筆電，或是綁架你的資料，以推銷他的商品或是傾倒他的色情網頁，盜取你的銀行帳戶，冒充你的網路身分去犯罪，其影響力也是無遠弗屆。

我們可以預言，即將發生的 AI 影響，其正面、負面影響都不會輸給上述網際網路現象。

因為科技的進步，AI 終於第一次走出實驗室，進入實用、進入生活、進入產業，進而影響產業結構與改變經濟型態！而因為 AI 的進步，我們也必須面對、深刻探討許多值得關心的議題，這一切值得我們繼續努力。

——童子賢（和碩聯合科技董事長）

2024.10.23

｜各界推薦｜

「各類組織領導者都該閱讀本書。它闡釋了 AI 機會的龐大規模，以及實現該目標面臨的挑戰。從銀行業到製造業，從時尚界到礦業，AI 系統的影響將無處不在，如同電力和網際網路。」

——鮑達民（Dominic Barton）

力拓集團（Rio Tinto）主席、曾任麥肯錫公司全球合夥人

「AI 對二十一世紀的意義，就像電力之於二十世紀。任何考量未來經濟者都需思考其影響。這是迄今為止最好的一本書，探討了 AI 對所有參與經濟者的意義。」

——勞倫斯・桑默斯（Lawrence H. Summers）

曾任哈佛大學校長、美國財政部部長、世界銀行（World Bank）首席經濟學家

「未來幾十年，在實施有效思維的企業家推動下，AI 肯定會取代工作職位並顛覆產業。本書針對將出現的系統變革進行了激動人心的討論，為即將到來的革命奠定基礎。」

——維諾德・柯斯拉（Vinod Khosla）

柯斯拉創投（Khosla Ventures）創辦人、
太陽微系統公司（Sun Microsystems）聯合創辦人

「投入其中需要勇氣並付出時間，才能獲取頁面中蘊含的回報，但絕對值得。這是一本發人深省、鼓舞人心的入門讀物，說明如何在 AI 時代制定策略和組織設計。」

——希瑟・瑞斯曼（Heather Reisman）

Indigo Books and Music 創辦人兼執行長

「一本如同史詩般的書籍。我們經常被告知 AI 將是人類有史以來最重要的事，但它目前對世界的影響，卻感覺抽象而小眾。作者向我們展示這兩種觀點並不矛盾，提供了許多獨特而豐富的例子，真正幫助讀者理解原因。本書完美描述了 AI 歷史上這個反直覺的時刻，對於任何想一窺 AI 未來者都是必讀之作。」

——希馮・齊莉絲（Shivon Zilis）

Neuralink 營運與特別專案總監、OpenAI 董事會成員、特斯拉前專案總監

「沒有人能夠更深入地洞察 AI 基本經濟學，以及它真正實現的功能。這不僅僅是低成本預測的使用案例，而且是更好的決策系統，對商業和經濟來說是一大進步。」

——蒂夫・麥克勒姆（Tiff Macklem）

加拿大央行（Bank of Canada）行長

「阿杰・艾格拉瓦、約書亞・格恩斯和阿維・高德法布，再次做到了！本書注定成為理解 AI 及其為何改變經濟的權威指南。」

——艾瑞克・布林優夫森（Erik Brynjolfsson）

史丹佛大學數位經濟實驗室主任、

《第二次機器時代》（*The Second Machine Age*）作者

「無論喜歡與否，AI 將影響我們生活各個方面。我們如何確保個人、公司和組織從中受益，而不是浪費時間和資源來應對意外後果？這本可讀性強的書提供了精采介紹，強調 AI 如何透過提供更好的預測和協助重組系統，來改善我們的工作。」

——戴倫・艾塞默魯（Daron Acemoglu）

麻省理工學院經濟學教授、《國家為什麼會失敗》（*When Nations Fail*）作者

目錄

PART FIVE AI 如何顛覆

PART SIX 構想新系統

現在——重新思考 AI 經濟學的時候

2018 年，我們出版了《AI 經濟的策略思維》（*Prediction Machines*），當時認為書中已就人工智慧（AI）經濟學道盡該說的一切。但我們錯了。雖然，我們充分意識到 AI 當時仍處於起步階段，科技將持續演進，但我們知道基礎經濟不會改變。這就是經濟學的美妙之處。科技在變，但經濟不變。我們在那本書中提出了有關 AI 經濟學的架構，這個架構至今仍十分有用。然而，《AI 經濟的策略思維》架構只講述了故事的一部分，也就是單點解決方案。此後的幾年，我們發現 AI 故事的另一個關鍵——系統部分——尚未闡明。現在，我們要在這裡講述這個故事。為什麼一開始我們會跳過呢？將時間回溯到 2017 年，我們在撰寫《AI 經濟的策略思維》時進行解釋。

那一年，加拿大 AI 先驅們展示了深度學習在圖像分類方面的卓越性能，五年後，大眾對這項新技術的興趣急遽增長。每個人都在談論 AI，有人猜測它可能會將加拿大推向世界科技舞臺之巔。這不再是一個是否的問題，而是何時的問題。

我們創辦了以科學為導向的新創企業計畫，名為「創新破

壞實驗室」（Creative Destruction Lab, CDL），其中一個範疇專門致力於 AI。每個人都在問：「你們認為加拿大第一家 AI 獨角獸，也就是第一家估值達十億美元的 AI 新創公司，會在哪裡誕生？」我們下注的城市是：「蒙特婁（Montreal）。或是多倫多（Toronto）。或者可能是埃德蒙頓（Edmonton）。」

我們並不孤單。加拿大政府也在做相同的押注。2017 年 10 月 26 日，我們在「創新破壞實驗室」舉辦了年度 AI 會議，邀請加拿大總理杜魯道（Justin Trudeau）與會。[1] 在我們「機器學習與智慧市場」會議上，他強調了投資於集中區的重要性，這些地理區域擁有多樣的行業參與者，包括大型企業、新創公司、大學、投資者和人才，整體效果大於部分總和，能促進創新並創造就業機會，其中關鍵概念是地理共享的重要性。幾個月後，他的政府宣布為五個新的「超級叢集」提供重要資金，其中包括以蒙特婁為基地的 AI 叢集。[2]

我們對於 AI 的商業化具有信心。在這個領域，我們被認為是全球專家，編寫了一本關於 AI 經濟學的暢銷書；發表了大量有關此主題的學術論文和管理文章；正在共同編輯一本將成為該領域博士生主要的參考書籍《AI 經濟學：議程》（*The Economics of Artificial Intelligence: An Agenda*，暫譯）；我們創辦了一個 AI 商業化的計畫，據我們所知，這是全球範圍內 AI 公司聚集度最高的；我們在世界各地向商界和政府領導人發表演

講；還參與了 AI 相關的政策委員會、工作小組和圓桌會議。

我們認為 AI 應該視為「預測」的觀點，獲得很多從業者的共鳴。我們應邀前往 Google、Netflix、亞馬遜（Amazon）、Facebook 和微軟等公司進行演講。Spotify 是全球最大的音樂串流媒體服務提供商之一，其產品、工程、資料和設計主管古斯塔夫‧瑟德斯特倫（Gustav Söderström），在一次採訪中提到我們的書：

> （作者們）在他們的著作《AI 經濟的策略思維》中，將其描述得非常恰如其分。想像一下機器學習系統的預測準確度，就像收音機上的音量旋鈕一樣……當你轉到旋鈕上的某個點──你的預測足夠準確時──某件事就會發生。你跨越了一個門檻，實際上你應該基於機器學習重新思考整個業務模型和產品……透過「每週新發現」（Discover Weekly），我們從「先購物，後出貨」的模式轉變為《AI 經濟的策略思維》所描述的「先出貨，後購物」的模式。我們已經達到了一個（預測）準確度的水準，可以從只是提供用戶更好的工具來自主製作播放清單，轉變為給他們一個每週播放清單，讓他們保存真正喜歡的曲目。我們將願景從「讓你自己創建更好的播放清單工具」，轉變為「你永遠不應該再自己創建播放清單」。[3]

我們的方法——設計調整品質後，預測變得非常實惠的世界——具有實際重要的意義，並為 AI 戰略提供寶貴的洞察。

那麼，為什麼我們如此有信心，第一家 AI 獨角獸將來自蒙特婁、多倫多或埃德蒙頓？我們正在聯絡最近兩位圖靈獎（Turing Award，相當於計算機科學的諾貝爾獎）得主，他們因在深度學習方面的開創性工作而獲得認可，他們分別位於蒙特婁和多倫多，以及一位在埃德蒙頓、強化學習的主要先驅。加拿大政府正準備慷慨資助三家致力推進機器學習研究的新機構，它們分別位於蒙特婁、多倫多和埃德蒙頓。許多全球企業正匆忙在蒙特婁（例如愛立信〔Ericsson〕、Facebook、微軟、華為、三星）、多倫多（例如輝達〔Nvidia〕、LG 電子〔LG Electronics〕、嬌生公司〔Johnson & Johnson〕、羅氏〔Roche〕、湯森路透〔Thomson Reuters〕、Uber、Adobe）和埃德蒙頓（例如 Google DeepMind、亞馬遜、三菱、IBM）建立 AI 實驗室。

可以說，我們對 AI 的商業化有很多了解。然而，我們的猜測可能有很多是錯的，甚至是大錯特錯。第一家加拿大 AI 獨角獸並非來自蒙特婁、多倫多或埃德蒙頓。甚至不是我們第二次進行的猜測——溫哥華、卡加利（Calgary）、滑鐵盧（Waterloo）或哈利法克斯（Halifax）。如果不是來自這些，那麼加拿大的科技中心從哪裡來？2020 年 11 月 19 日，《華爾街日報》（*Wall Street Journal*）刊登了一篇報導，標題為「那斯達

克（Nasdaq）以 27.5 億美元收購反金融犯罪公司 Verafin」。Verafin 的總部位於紐芬蘭（Newfoundland）的聖約翰（St. John's）。很少有人，當然包括我們在內，會預測加拿大第一家 AI 獨角獸出現在位於北美東北角的小鎮。

紐芬蘭的聖約翰可說是遠在天邊。紐芬蘭是加拿大最東的省分，人口僅約 50 萬，並不在科技社群的關注中。事實上，即使是加拿大鄰國——美國，許多美國人直至 2017 年東尼獎（Tony Awards，編按：美國劇場界最高榮譽），因為熱門百老匯音樂劇《來自遠方》（Come from Away）被提名為最佳音樂劇及其他四個獎項，才第一次聽說紐芬蘭。這部音樂劇根據真實故事改編，講述了 911 襲擊事件後一週內，38 架飛機被指示降落在紐芬蘭，幽默善良的當地居民接待了來自世界各地 7000 名滯留的旅客。然而，就在那裡，由布蘭登兄弟（Brendan Brothers）、傑米・金恩（Jamie King）和雷蒙・佩雷帝（Raymond Pretty）創辦了 Verafin，最終為北美 3000 家金融機構提供詐騙檢測軟體。我們怎麼可能錯過這一點？這是純粹的巧合嗎？隨機的機會？即使是專家有時也會犯錯。後見之明是最清楚的。低概率事件還是有可能發生。

讓那斯達克買單的是 AI。Verafin 大量投資、建立了能夠預測詐騙並驗證銀行客戶身分的工具。這些是金融機構的關鍵功能，無論是在營運還是在法遵方面皆是如此。要做到這一點

需要大數據，而銀行和信用合作社的數據資料是其中最大的。

進一步思考，會發現像 Verafin 這樣的企業在業界獨占鰲頭並非偶然，而是不可避免的趨勢。我們對於預測機器可能性的關注，使我們忽視了實際商業應用的機率。雖然，我們一直關注 AI 本身的經濟特性——降低預測成本——但我們低估了構建新系統的經濟特性，這些系統必須嵌入 AI。

如果當時我們能更清楚地理解這一點，不是評估先進機器學習模型的生產實力，而是調查專注預測問題的應用程式前景，這些嵌入系統已經為機器預測做好設計，無需取代人類預測。我們應尋找已擁有大型數據科學家團隊，並將預測分析整合到其工作流程中的企業。我們會很快發現金融機構是最普遍的領域之一，因為它們雇用了大量的資料科學家來預測詐騙、洗錢、制裁不合規，以及金融交易中的其他犯罪行為。[4] 接著，我們會尋找正運用最新 AI 技術來解決這些問題的小企業。可以發現當時加拿大只有少數這樣的公司，其中之一就是總部位於紐芬蘭的 Verafin。

我們意識到，現在該是重新思考 AI 經濟學的時候了。Verafin 的方法遵循了《AI 經濟的策略思維》路徑圖。這一點並不令人意外。然而，大家比較不容易發現的是，為什麼許多其他應用需要更長的時間才能實現規模化部署。我們意識到除了考量技術本身的經濟性，還要考慮技術運作的系統。我們必

須理解是怎樣的經濟力量，推動銀行自動檢測詐騙和電子商務產品推薦等領域快速採用 AI，但在保險自動核保和藥物研發上採用進展緩慢。

對於在現有組織架構中實施 AI 所面臨的挑戰，我們不是唯一低估者。我們多倫多大學（University of Toronto）的同事傑弗瑞・辛頓（Geoffrey Hinton），因為其在深度學習上的開創性工作而被譽為「AI 教父」，他可能也低估了實施的困難度。[5] 以前他曾開玩笑地說：「如果你是放射科醫師，就像是已經越過懸崖邊緣的土狼，但還沒有往下看，所以不知道腳下已沒有地面支撐。人們應該停止培訓放射科醫師。顯然在五年內，深度學習將會做得比放射科醫師好。」[6] 儘管他在技術進步的速度上是正確的——現在，AI 在許多診斷任務中表現都優於放射科醫師，但在他發表上述言論後五年，美國放射學會（American College of Radiology）報告聲稱：放射科新生的培訓人數並未下降。

我們漸漸意識到自己進入了歷史上的獨特時刻：「過渡時期」——目睹了這項技術的威力後，但在其廣泛應用之前。有些實踐是我們所謂的單點解決方案，相對簡單。這些解決方案採用 AI，只是將較早的機器生成預測分析替換為更新的 AI 工具（例如 Verafin，這些應用正迅速推進中）。而其他實踐，則需要重新設計產品或服務以及交付的機構，才能充分實現 AI

的效益，不枉投資成本。在後者的情況，公司和政府正競相尋找有利可圖的途徑來實現這一目標。

我們將焦點從探索神經網路（neural networks），轉向探索人類認知（我們如何做出決策）、社會行為（為什麼某些產業急於迅速擁抱 AI，而其他人則持抵制態度）、生產系統（某些決策如何依賴其他決策），和產業結構（我們如何隱藏某些決策以保護自己免受不確定性的影響）。

為了探索這些現象，我們會面了使用 AI 的公司領導者、產品經理、企業家、投資者、資料科學家和電腦科學家。並與專家、政策制定者召開了研討會和會議，近距離觀察數百個由創投支持的 AI 新創企業實驗中，有哪些成功和失敗的案例。

當然，我們回頭探索了經濟學的基本原理，作為蓬勃發展中 AI 經濟學實證研究領域的一部分，而這個領域在幾年前我們撰寫《AI 經濟的策略思維》時，幾乎不存在。我們開始將各點連結起來，構建一個經濟框架，區分單點解決方案和系統解決方案。這不僅能夠解決 Verafin 難題，還能為下一波的 AI 採用提供預測。透過專注於系統解決方案而不是單點解決方案，我們可以解釋這項技術最終將如何在各個產業中廣泛應用，使某些企業站穩腳步並干擾其他企業。是時候撰寫另一本書了，正是本書。

PART
ONE

———

轉捩點時期

01 三個企業家的寓言

電力改變了我們的社會，改變我們的生活方式，只要按一下開關，就能擁有便宜又安全的照明。透過冰箱、洗衣機、吸塵器等消費品，減輕家務負擔。電力也改變了我們的工作方式，驅動工廠和電梯。要完成這一切需要什麼？時間。

今日電力的普及，令人難以想像在 20 世紀之交，也就是愛迪生發明燈泡 20 年後，電力仍相當罕見。1879 年，愛迪生展示電燈泡而名聞遐邇的幾年後，曼哈頓就啟用了珍珠街發電站（Pearl Street Station），點亮了街道。然而 20 年後，僅有 3% 的美國家庭有電可用，工廠中的電力也相當匱乏（見圖 1-1）。再過 20 年，這個數字遽增到一半人口有電可用。對於電力而言，這 40 年是「轉捩點時期」。

雖然人們對電力充滿熱情，但實際上卻缺乏行動。當今日出現新的激進技術，我們往往會忘記這一點。當燈亮起來時，便不會有太多的改變。AI 的燈已經亮了，但我們需要做更多

的事情。現在，對於 AI 而言，我們處於「轉捩點時期」——在展示技術能力和實現廣泛應用之間。

AI 的未來是不確定的，但我們已經看到了電力的模式。因此，要了解商業化 AI 面臨的挑戰，請想像自己是 1880 年代的企業家。電力是未來。你會如何想像去實現它？

圖 1-1｜美國用電情形

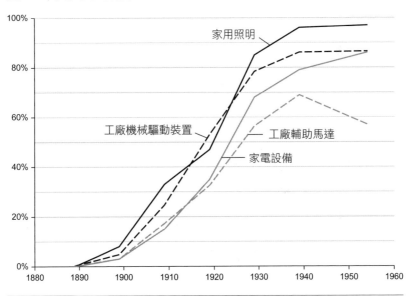

資料來源：保羅・A・大衛（Paul A. David），〈電腦與發電機：一面不太遙遠鏡子中的現代生產力悖論〉（Computer and Dynamo: The Modern Productivity Paradox in a Not-Too-Distant Mirror，工作論文 #339，史丹佛大學經濟系，1989年），twerp339.pdf（warwick.ac.uk）。

單點解決方案企業家

19 世紀下半葉，蒸汽推動了經濟發展。用煤炭加熱水，產生能量，然後立即應用於驅動槓桿、滑輪和皮帶，進而實現工業生產。根據所有報告，蒸汽是自農業以來推動最大經濟革命的奇蹟。因此，想要銷售電力的企業家必須鼓勵潛在客戶，仔細審視蒸汽並確認其缺點。

但這些與電力並列比較時，瑕疵就顯而易見。蒸汽散發熱量，但最重要的一點，浪費了很多熱量。由於冷凝、閥門漏氣，以及使用軸承和皮帶傳遞動力時產生摩擦，使蒸汽動力失去了 30～85 ％ 的潛力。[1] 或許你很難想像軸系統（shaft system）。想像一下，一端有個蒸汽動力源，轉動一條三吋長的鐵或鋼軸，然後讓皮帶和滑輪沿著該軸線運作。有些軸承可能是水平的，但是許多工廠都有多個樓層，因此軸承是垂直配置。例如，一個軸承可以為數百臺織布機提供動力。

電力的立即機會，是在與蒸汽動力相同的點上——也就是軸承的末端，提供另一個動力來源。愛迪生的前員工之一——法蘭克·斯普雷格（Frank Sprague），在 1886 年開發出最早的電動馬達時，便看到了這一點。儘管愛迪生專注於照明，但斯普雷格和其他人都意識到白天電力便宜，電動馬達可以利用這一點。斯普雷格利用其見解，為有軌電車和建築電梯提供動力。其他人則把電動馬達帶進了工廠。

這些發明家被稱為「單點解決方案企業家」，因為當時他們進入工廠時，用電力取代了蒸汽。19 世紀末期的單點解決方案企業家發現，有兩種類型的客戶願意將電力視為新的動力來源。一類是大型蒸汽動力廠。1893 年，南卡羅來納州哥倫比亞（Columbia）的一家紡織廠放棄蒸汽，改用電力。水力發電是簡單的替代方案，可以取代長達一哩（1609 公尺）的電纜傳輸系統，提供的電力是美國最便宜的。[2] 另一類是服裝和紡織製造商。蒸汽的缺點是缺乏潔淨度，以及動力產生的速度可能不穩定，而電力在這兩方面都提高了品質。

「單點解決方案企業家」承諾的價值是成本更低，以及為某些類型工廠帶來特定的好處。隨插即用的特性，使得他們推銷的內容清晰易懂。但在許多情況下，仍然是艱難的銷售過程。換掉電源只能節省部分電費。單點解決方案缺乏的是**使用更多電力的理由**。

應用解決方案企業家

蒸汽引擎運轉時，就會一直轉動，而電動馬達可以關閉後重新啟動。因此，蒸汽動力沿著軸承傳遞，個人操作者必須操作多個操縱桿，使其與機器相連或脫離；使用電力時，操作者則可以直接啟動和關閉連接單獨機器的電動引擎。這樣做更加簡單，需要的維護也更少。[3] 但是，這意味著工廠消耗的電力

量取決於使用情況。正如經濟史學家納森‧羅森伯格（Nathan Rosenberg）所觀察到的，這帶來了「動力分散」的時代，「現在能以非常小且成本較低的單位提供動力，無需產生過量的能源提供小型或間歇性的『輕載』動力。」[4]

企業對於電力價值的洞察在於，它需要更少的能量，或者更準確地說，只在需要時使用能量。雖然，這種洞察開始影響一些工廠的設計變化，例如為不同類型的機器配置獨立的動力來源，但一些工程師開始想像每臺機器上都配有電動馬達。即使對於群組機器來說，只在使用時支付能源費用仍具有極大的價值。

最大的變革是，將電力傳動裝置安裝在單一機器上。今日，我們稱之為應用解決方案。不單是更換動力來源，而是更換整個裝置（即應用程式）。更重要的是，一些機器變得更加方便攜帶。不再受限於中央軸，可以移動工具。工作不必到機器旁，而是機器可以移到工作地點。

那是願景；而現實是，任何個別的機床工具，如鑽床、金屬切割機或壓床，都必須重新設計，以充分利用個別的電動引擎。[5] 而且，這些引擎本身通常不是現成的，必須根據特定的機器或用途量身定制。應用解決方案的機會很多，但這些裝置必須經過設計。更重要的是，如果工廠設計了自身配有引擎的工具，那麼能為其他工具提供動力的引擎就會變得較沒價值。

要找到適當的平衡，顯然需要重新設計許多工具。然而，這意味著將創建新的系統，這需要時間。

系統解決方案企業家

在整個工業革命時期，工廠的設計是為了利用蒸汽能源。正如我們所見，工廠內的單一動力來源，透過中央軸輸送至各個機器，軸上掛著皮帶和滑輪。就現代看來，這是一個大型機器，個別人類只是其中的齒輪。在偌大的形式中，數百個移動機件都連接到單一的動力輸入點。擁有新型動力不會改變這一點。但是，有了新設備，一些企業家開始重新思考工廠。假設沒有中央軸，甚至沒有專門用於一組機器的軸。如果以你現在對電力的了解，從頭設計一個工廠會是什麼樣子？

建造工廠時，機器會靠近能源處。這意味著垂直設計的多樓層具有優勢。19 世紀末的狹小多層工廠，在工作條件、安全性和機器性能方面都有其代價。電力消除了將所有東西擠進小空間的需求。

更多具有企業家精神的管理者意識到，電力的真正價值在於提供系統性解決方案，具體而言，可以充分利用電力所提供的一切。所謂系統，指的是一**套確保能完成某事的程序**。

想想工廠內部的空間經濟學。在使用蒸汽及其中央軸的情況下，靠近軸承的空間比其他空間更有價值。因此，工作都在

軸承附近進行，其他東西則被儲存和運走。這意味著實際物品會根據動力需求而來回移動。

電力使空間的經濟價值平等化，提供了彈性。現在，可以按照生產線組織生產，減少來回移動實際物品產生的路程，而是從一個程序移到下一個程序。亨利・福特（Henry Ford）無法在蒸汽動力下為 Model T 汽車發明生產線。只有在商業願景出現的數十年後，依靠電力才能實現這一目標。是的，福特是汽車企業家，但他主要是系統解決方案的企業家。這些系統變革改變了工業格局。直到那時，電氣化才最終展現在產能的統計資料中，且大幅增加。[6]

AI 企業家

我們可以從中獲得三個教訓。首先，大幅提升產能的方式，在於理解新技術能夠帶來什麼。在 1890 年推廣用電的企業家，可能會主張該技術的關鍵價值為「節省燃料成本」。但是，電力不僅僅是更便宜的蒸汽引擎，其真正價值在於提供一種方式將能源使用與其來源分離。這使用戶免於受到距離的限制，進而引發工廠和工作流程設計的一系列改進。在 1920 年推廣用電的企業家可能會發現，關鍵的價值主張不是「節省燃料成本」，而是「實現更高生產力的工廠設計」。

對於 AI 領域，我們期望看到同樣模式。正如之前提到

的，最初的創業機會涉及單點解決方案，比如像 Verafin（編按：軟體公司，利用 AI 偵測和預防金融犯罪）這樣的解決方案，它們透過更好、更快、更便宜的方式，取代了另一種預測方法。

我們還看到根據 AI 而重新設計裝置或產品的應用解決方案。所有由 AI 驅動的機器人都是應用方案，大部分的 AI 實施方式是為了增強設備上的軟體。想想你手上那臺可以進行臉部辨識的手機，需要特殊相機以及專門的硬體來保護這些資訊。但或許這種創新，最明顯的是投入數十億美元，試圖設計和推出能夠在現有道路條件下自動駕駛的車輛。儘管這些汽車在外觀上看起來可能相同，但它們必須重組內部硬體，才能安裝感應器，進行機上處理（onboard processing）和自動化操控。

我們尚未看到的是，未來 AI 可能帶來的大量高價值系統解決方案。本書將介紹這些潛力的可能性，以及實現機會所面臨的挑戰。

其次，一旦理解了這一點，我們需要提出一個相當直接但可能難以回答的問題。考慮到我們現在對 AI 的了解，如果從零開始，要如何設計產品、服務或工廠？最初新的扁平化工廠結構並非出現在傳統行業中，而是出現在 20 世紀新興行業，如菸草、金屬製造、交通設備和電機工業本身。在今日的新型數位化行業中，我們也可以看到初期應用的影子：搜尋、電子

商務、直播媒體內容和社群網路。

對於 AI，我們可以提出相同的兩個問題：一，AI 真正給我們帶來什麼？二，如果從頭開始設計我們的業務，應如何構建流程和商業模式？如果電力不是「降低能源成本」，而是「大幅提高生產力的工廠設計」，那麼 AI 也許不是「降低預測成本」，而是「大幅提升產品、服務和組織設計的產能」。就像電力的主要好處是將能源使用與其來源分離，進而促進工廠設計的創新；AI 的主要好處則是將「預測」脫離決策過程的其他部分，透過重新設想決策之間如何相互關聯，促進組織設計的創新。

我們認為，將預測從決策的其他方面分離，並把預測從人類轉移到機器上，AI 實現了系統層面的創新。決策是這些系統的關鍵基石，而 AI 增強了決策能力。

第三，也是最後一個心得：不同的解決方案類型，在市場中帶來獲取能源的不同機會。企業家在創造和獲得價值時獲利。單點解決方案的問題通常在於最初創造的價值相對較少。電力取代蒸汽的能源，但蒸汽已經有了完備的基礎。用一種能源取代另一種能源並非零成本，如果這樣做，對於消費者來說，價值主張便是降低能源費用。換句話說，單點解決方案企業家可以透過提供最佳的單點解決方案，獲得持續的利潤，但僅在最理想的情況下如此。[7]

隨著我們從應用解決方案轉向系統解決方案，企業家創建的價值變得更合理了。新設備可以與競爭對手區分，並透過專利和其他形式保護知識產權，進一步受到保障。然而，潛力還不只如此。在電力方面，新的工廠設計主要由擁有工廠的人提供。在自己的場域內，使得他們具備專業知識，建立市占率，並使他們免受競爭的影響。儘管工廠布局可能清楚易見，但新系統背後的程序、能力和培訓可不那麼明顯，且難以複製。此外，新系統也能實現規模效益。

AI 的顛覆與力量

電力花了幾十年時間才實現我們所謂的「顛覆」。在最初 20 年間，電力在一些工廠中應用於單點解決方案，以及其他地方的照明用途，但只有在新系統發展後，才改變了經濟。這種變革是深遠的，並將權力轉移到那些控制電力生成和電網的人，以及可以在大規模生產中大量使用電力的人手中。在那之後，你不會想成為皮帶和滑輪的製造商，也不會想成為市區工廠房地產的持有人。

在 AI 方面，我們看到了相同過程。真正改變經濟力量的變革，將稀缺資源和資產的控制權從一群人轉移到另一群人身上，伴隨著使企業免受競爭壓力的能力。確實，AI 有機會實現這一點，但那些真正顛覆改變——即改變行業和其內部權力

結構的機會——來自新系統。新的系統難以開發,而且正如我們即將探討的,新系統通常很複雜,難以複製。這為能在系統上進行創新的人,創造了機會。

但目前仍然存在相當大的不確定性。對於 AI 來說,誰可能從這些新技術中積累權力仍是未定之數。這將取決於新系統的樣貌。我們的任務是指引你,預測隨著 AI 系統的發展和採用,誰可能獲得權力或失去權力。

● KEY POINTS

- 三個企業家的寓言故事背景為一百多年前,聚集於能源市場,描繪了三位創業家如何利用同一技術的轉變,從蒸汽到電力,利用不同的價值主張:單點解決方案(降低能源成本和減少摩擦引起的損失:不改變工廠系統的設計);應用解決方案(每臺機器上都有獨立的電動驅動:模組化機器,因此一個機器的停機不會影響其他機器;不改變工廠系統的設計);系統性解決方案(重新設計的工廠——輕型建築,單層,空間布局和工人、最佳化材料流動的工作流程)。

- 有些價值主張比其他價值主張更具吸引力。就電力而言,基於直接用電力替換蒸汽的單點解決方案和應用解決方案,沒有修改系統,提供的價值有限,這在行業最初的應用中得到體現。隨著時間推移,一些創業家看到了機會,透過利用電力將機器與能源分離,提供系統性解決方案,這在使用蒸汽時是不可能的或過於昂貴。在許多情況下,系統性解決方案

的價值主張遠遠超過單點解決方案的價值。

- 正如電力使機器與能源分離，進而促使價值主張由「降低燃料成本」轉變為「極具產能的工廠設計」；AI 將預測與決策其他方面分離，進而促使價值主張由「降低預測成本」，轉變為「極具生產力的系統」。

02 AI 系統的未來

2017 年充斥著各種 AI 會議。這股熱潮將企業和政府匯集在一起，同時激勵了學界。在意識到 AI 有潛力改變經濟後，我們希望世界上最優秀的經濟研究人員，能夠思考有關 AI 的問題。我們在多倫多組織了一場 AI 研討會，為經濟學家設定了研究議題。[1]

出乎意料的是，我們費力吸引了一大批人。史丹佛大學的保羅・米格羅姆（Paul Milgrom），後來因橫跨經濟學和計算機科學的創新獲得諾貝爾獎。他回憶起 1990 年，曾收到關於網際網路經濟學的類似邀請，但當時他拒絕了，並對此感到遺憾。他寫道：「我清楚記得在 1990 年時，美國國家科學基金會（NSF）問我是否有興趣研究網際網路經濟學，但那時我正忙於委託代理理論、公司經濟學和超模（supermodularity）方面的研究。所以我拒絕了。呃！」他接著寫道：「這次不再有藉口了。是的，我會參加。」[2]

部分與會者對 AI 的影響持樂觀態度。諾貝爾獎得主丹尼爾・康納曼（Daniel Kahneman）評論：「我認為最終電腦程式做不來的，我們可能也很難做到。」[3] 貝特西・史蒂文森（Betsey Stevenson）曾任職於歐巴馬總統的經濟顧問委員會（CEA），她以樂觀的態度做結論指出：「顯然，經濟學家相信 AI 代表了獲得大量經濟收益的機會。」[4]

其他人則持懷疑態度。諾貝爾獎得主約瑟夫・史提格里茲（Joseph Stiglitz）是其中幾位擔心不平等影響的人之一。經濟學家暨前《紐約時報》（*New York Times*）專欄作家泰勒・科文（Tyler Cowen），擔心 AI 將加劇物質資源的稀缺。曾在以色列擔任政治家的曼努埃爾・特拉伊滕伯格（Manuel Trajtenberg）指出，如果先發生革命，長期的技術好處將變得無關緊要，這預示人們會不斷抵制機器自動化，同時預示著機器自動化影響就業的普遍認知。

另外有個特別有趣的擔憂，是 AI 似乎對經濟根本沒有影響。正如經濟學家艾瑞克・布林優夫森（Erik Brynjolfsson）與丹尼爾・羅克（Daniel Rock）以及查德・西維爾森（Chad Syverson）所言：

我們生活在一個充滿矛盾的時代。利用 AI 的系統，其表現水準在愈來愈多領域中能夠匹敵甚至超越人類，借助其

他技術的迅速進步並推動股價飆升。然而，過去十年間的產量增長減少了一半，自 1990 年代末以來，大多數美國人的實際收入一直停滯不前。[5]

對於研究技術歷史的人來說（正如我們在電力方面所見），這種矛盾並非前所未有。1987 年，麻省理工學院的羅伯特·梭羅（Robert Solow）曾戲謔地說過：「我們到處都能看到電腦時代，但在產量統計資料中卻看不到。」電腦無處不在，但產量卻沒有得到測量上的改進。這種模式令人感到熟悉，經濟學家們對「通用技術」產生了興趣，也就是能夠在許多產業持續增加產能的技術。[6]近期的通用技術範例，包括蒸汽機、電力以及半導體和網際網路。對於我們的與會者來說，AI 看起來似乎可以加入清單中的合理候選項目。我們應該期望什麼？是的，從歷史上看來，這些技術最終改變了經濟、企業和工作。但在所有事情正在發生的幾十年間發生了什麼？在「過渡時期」又發生了什麼？

AI 的系統創新

Google 執行長桑德爾·皮采（Sundar Pichai）表示，「AI 可能是人類有史以來做過最重要的事。我認為它比電力更深奧。」[7]Google 已經從 AI 中受益。但許多公司並非如此。麻省

理工學院《史隆管理學院評論》（*Sloan Management Review*）和全球顧問公司 BCG，於 2020 年進行的一項研究發現，僅 11％的組織從 AI 中獲得顯著的經濟效益。這並不是因為缺乏嘗試。[8] 有 59％的組織表示他們具有 AI 策略；57％的組織已經部署或試驗了 AI 解決方案。

AI 先驅吳恩達（Andrew Ng）創辦了 Google Brain 項目，他曾是百度的首席科學家，宣稱「AI 是新的電力，有可能改變每個行業，創造巨大的經濟價值。」[9] 我們同意這個看法。AI 具有電力的轉變潛力，但如果以歷史作為參考，這種轉變將是漫長而坎坷的過程。

電力的例子顯示，對於 AI 樂觀的未來和對迄今結果的失望之間，並不存在內在的矛盾。布林優夫森、羅克和西維爾森強調了這個矛盾時代。我們應該期望對未來的樂觀，會與當今現狀的失望共存。事實上，在經濟進行與轉型技術相關的重組時，預期兩者將同時存在是相當合理的推斷。

在電力的第一波浪潮中，燈泡取代了蠟燭，電動機取代了蒸汽機。這些都是單點解決方案，不需要進行重組。經濟並未發生轉變。

AI 處於相同的情況，目前用來作為新的預測分析工具，例如 Verafin 這類公司正從提升預測準度中受益。這就是那些 11％已經獲得經濟效益的公司。[10] 他們已經在進行預測，而

AI 使他們的預測變得更好、更快、更便宜。就 AI 而言，最容易的解決方案是單點解決方案，而這些解決方案已實現。

就像電力的真正潛力，只有在理解和利用分離式發電的整體益處時，才得以釋放一樣；AI 只有在充分利用其預測的益處時，才能發揮真正的潛力。對我們來說，這明確地指向了預測在最佳化決策時扮演的角色。**我們將證明，在許多情況下，預測將會改變決策的方式，調整組織中整個決策體系和流程需要。**只有在這種情況下，AI 的應用才會真正起飛。

我們處於「過渡時期」，位於清楚證實 AI 的願景之後、在其帶來革命性影響之前。Verafin 就像 11％的大公司一樣，在部署 AI 方面獲得成功，因為它的預測適合現有系統。公司的程序和工作流程可在不需要進行重大修改的情況下，利用這些預測。

而對於其他 89％的公司來說，系統尚未準備就緒。願景是明確的，但實現願景的道路尚不清楚。因此需要找出方法、利用機器預測做得更好，也就是使用預測做出更好的決策。

AI 的影響，將完全取決於人類做出更好決策後，所能做到的事。這不僅與收集資料、構建模型和生成預測的技術挑戰有關，更關乎組織上的挑戰，即讓正確的人在正確時間做出正確的決策。同時涉及策略挑戰，也就是在有更好的資訊可用時，如何得知**可以做出不同的事**。

設定舞臺

「過渡時期」的特點,是對單點解決方案的熱忱與成功,但 AI 似乎仍是小眾技術。不過,目前已在進行一些應用解決方案的開發和實驗。然而,這些解決方案的本質往往具有獨特性。它們強化了現有產品,如手機或汽車安全功能。

美國人口普查局(United States Census Bureau)調查了三十多萬家公司使用 AI 的情況。採用 AI 的大型公司,主要用於自動化和改善現有流程。換句話說,他們的 AI 是單點解決方案和應用解決方案,因此沒有改變系統,對採用者的產量影響有限。[11] 透過檢視現有工作流程,並確定哪些地方可以用 AI 取代人類,逐漸帶來有意義的好處。然而,這並不是最大的機會所在。

過渡時期,企業家和企業經理努力使採用的應用方案具有經濟價值。正如納森・羅森伯格指出,就所有技術而言,「許多新創失敗的例子,可以歸因於潛在的企業家未能考慮到他所關注的部分,與整個較大系統的相互依存條件。」[12]

只有在創新者轉向創建新的系統解決方案時,真正的轉型才會出現。這些解決方案將 AI 帶入擴及整個經濟體規模,它們的動力也會激發進一步的應用解決方案。這種規模和後續創新的潛力,將使 AI 系統具有值得追求的經濟價值。

由於這些解決方案深具重要性,因此需要仔細解釋代表的

意義。接著，讓我們定義提及的概念：

- 單點解決方案能改良現有程序，可以獨立採用，而不需要改變其嵌入的系統。
- 應用解決方案能夠獨立採用新程序，而不需要改變其嵌入的系統。
- 系統解決方案透過改變相關程序或執行新程序，來改良現有程序。

在這些定義中，「獨立」這個詞具有重要作用，它出現在單點解決方案和應用解決方案的定義中，卻不會出現在系統解決方案的定義中。想像我們擁有一個現有或新的程序，透過採用新技術，我們可以增加其價值。如果價值的增加大於開發和採用該解決方案的成本，那麼該解決方案在經濟上是可行的。此外，無論其他部分是否改變，它在經濟上都是可行的。然而，假設從新技術中獲得的好處太少，只有透過改變其他部分才能改善。在不進行這些改變的情況下，獨立採用這個方案並不合乎經濟效益。若要採用，則需同時改變多個流程。

因此，我們看到一些工廠發現將電力作為單點解決方案，融入到蒸汽中變得容易。某些應用程序也可以建立成結合電動引擎的形式，並在現有生產系統內使用。但在許多情況下，工

廠要重新設計，確實需要整個集中式的電力系統和電網，以使解決方案在經濟上變得可行。換句話說，系統解決方案將電力從現有電源的替代品，**轉變**為使用新電源的機會。

下一章中，我們將重新討論《AI 經濟的策略思維》一書中的主題，也就是現代 AI 的進步，本質上是預測技術的改進。此外，預測僅在作為決策的輸入時才具有價值。因此，我們修改了之前的定義，適用本書目的：

- AI 單點解決方案：如果預測能夠改善現有決策，且該決策可以獨立進行，那麼該預測作為單點解決方案即具有價值。
- AI 應用解決方案：如果預測能夠促成新的決策或改變決策方式，且該決策可以獨立進行，那麼該預測作為應用解決方案即具有價值。
- AI 系統解決方案：如果預測能夠改善現有決策或促成新的決策，但只有在改變其他決策方式的情況下才具有價值，那麼該預測作為系統解決方案即具有價值。

對於其他技術，我們可以藉著後見之明得知什麼是獨立的，什麼是相互依賴的，但是對於 AI，我們仍需釐清系統的各個面向。本書將告訴你如何進行。

系統變革具有破壞性

根據歷史經驗，大量採用 AI 時，就是系統變革的時候。但這樣的變革也將具有破壞性。我們所指的破壞性，是指改變許多人和公司在行業內的角色，以及這些變化引起的權力轉移。也就是說，可能會有經濟上的贏家和輸家，在系統變革發生得相對迅速時更是如此。

想要了解這種破壞性，可以想想農業領域的預測。農業是機械化大幅減少就業機會的行業，但農場管理仍由農民掌握。儘管農場規模很大，但有些決策還是由他們負責，因此許多農場仍由農民所有。農民使用氣象預測協助進行決策，但他們擁有的土地性質，與他們在預測和決策的技能密切相關。

一切正在改變。農民受到天氣條件的影響，但關鍵在於，他們受到的影響會因作物和當地田地條件而異。這種額外的風險是大衛・弗里德伯格（David Friedberg，編按：美國企業家）意識到的，當他試圖向美國農民銷售保險時，他是第一個提供可獲取網際網路天氣預報的平臺。如同天氣數據，美國政府同樣擁有資料——透過紅外線衛星圖像和 2900 萬片田地的土壤組成資料——這將使弗里德伯格能夠計算與田地或作物相關的天氣風險。[13]

弗里德伯格成立了氣候公司（Climate Corporation），向農民出售保險，但很快發現農民對與自己田地相關的資料也非常

感興趣：

> 他（弗里德伯格）向農民展示了田地在任何特定時刻的含
> 水量——在超過某個水準時，耕作則會損害田地。他每天
> 都會向農民展示降雨和溫度——你可能認為農民應該知道
> 這些，但農民管理了二、三十片不同的田地，分布在幾個
> 郡。他會向農民展示作物的確切生長階段，最佳的施肥時
> 機，最適合播種的八天期間，以及理想的收穫日期。[14]

預測是農民做出關鍵決策的重要因素，包括施肥、播種和
收割。這些決策的目標幾乎是一致的，即希望獲得最大產量：
「過去農耕向來根據農民的直覺進行判斷。氣候公司將農業變
成決策科學與機率問題。農民玩的不再是輪盤遊戲，而是 21
點紙牌遊戲，而弗里德伯格正在幫助他們算牌。」[15]

農民習慣把技術變革視為可用的新工具，但這種知識正在
取代他們的決策方式。事實上，不僅改變了決策，並且發生物
理上的移動。移動到哪裡？移動到了遠離美國鄉村的舊金山。
現在，這家位於西海岸城市的公司告訴堪薩斯（Kansas）的農
民，他們不應該再種植玉米了。

氣候公司目前尚未涉及所有的農業決策。農民仍必須做出
一些關鍵決策。然而，正如弗里德伯格指出，「隨著時間推

移，這將趨近於零。一切都觀察得到。一切都能夠預測。」[16]
農民逐漸能接受這一點。作家麥可‧路易士（Michael Lewis）
回憶：「沒人問過弗里德伯格這個問題：如果我的知識不再有
用，誰需要我？」[17] 換句話說，這預示著農業管理將發生干擾
並走向集中化。但我們不知道這需要多長時間，以及是否有些
決策無法自動化。我們確實知道該行業認為這些工具具有高度
潛力。孟山都（Monsanto，編按：德國製藥及化工跨國集團拜耳
旗下農業生物技術部門）於 2013 年以 11 億美元收購了氣候公
司。

　　隨著預測機器的不斷改良，農民不再只是接收這些預測後
做決策，而是把決策交給其他人。這很可能使農業管理變得更
好，因為那些具有正確資訊、技巧、動機和協調能力者，進行
愈來愈多的決策。但與此同時，農民的角色將是什麼？他們是
土地所有者，但多久之後這也會發生改變呢？

本書計畫

　　我們在這裡的目的是促進 AI 系統解決方案的發展。我們
的焦點則是決策與預測在其中所扮演的角色。

　　在 PART 1，我們討論了三位企業家的寓言，並介紹了在
「過渡時期」開發和部署 AI 所面臨的挑戰，這很可能類似於
電力和過去其他通用技術的挑戰。在第三章，我們重新探討了

先前出版《AI 經濟的策略思維》一書中的論點，並描述了 AI 在其核心涉及預測的方式，作為理解這些挑戰和機會的橋梁。

在 PART 2，為了建立我們的觀點：要產生高價值，不僅需要預測的單點解決方案，還要深入探討決策過程。我們探討了三個廣泛的主題。首先，做決策相當困難。這涉及認知成本，而不是簡單地遵循規則。決策的好處在於能夠根據新資訊改變你的作法。但在沒有預測的情況下，就無法帶來這麼多好處。其次，AI 預測可能會破壞規則與決策之間的平衡，以及為保護組織免受不良後果影響而採取的規則和因應行動，同樣隱藏了不確定性。因此，要找出可應用 AI 之處可能很難，因為當中含有不確定性。同時，這可能是最容易受到擾亂的地方。如果出現不確定性，致力隱藏它的企業將陷入危險中。第三，則是決策之間的關係。當決策彼此產生交互作用時，根據預測選擇不遵守規則，實際上會增加系統不可靠的程度。要克服這一點，通常需要系統性的改變。問題在於，規則通常以微妙且不明顯的方式，緊密結合現有系統，因此從頭開始建立新系統，可能比改變現有系統更容易。所以，歷史上需要重新設計整個系統以達到最佳化時，新的參與者和新創企業通常優於固有企業。因此，系統層面的改變是打破現有企業的途徑。

在 PART 3 中，我們檢視了創立新系統的過程，這不僅是根據預測改變決策，而是使所有相互作用的決策都能作出反

應。我們描述了採用系統思維的價值，並看到決策之間微妙的關係，尤其是如果之前都是根據規則進行決策更是如此。我們展示了 AI 預測已經在創新過程中產生系統變化的效應，這讓我們窺見其他地方可能需要哪些改變。

PART 4，揭示了系統性變革的重要後果：對權力的影響。顛覆過程涉及經濟權力的重新分配——也就是說，在新系統的情況下，創造最大經濟價值者將有所改變。我們重新審視最近的歷史，解釋了改變產業的擾動總是與系統變化相關。接著，檢視探討 AI 令人憂心的權力面向：機器是否具有權力。我們的解釋是，當你理解 AI 完全是用來預測並作為決策輸入時，即便看起來很強大，實際的權力並非來自機器，而是那些在機器背後的人，他們引導機器如何對預測做出反應，我們稱之為判斷。之後，會探討更精準的預測以及驅動預測的數據，可以為企業在競爭中帶來優勢。換句話說，預測如何推動權力的累積。

在 PART 5，我們會深入探討預測如何改變誰能擁有權力的機制，也就是 AI 如何顛覆現狀。我們解釋了 AI 能分離預測和判斷，過去決策者沒有預測機器可用時，兩者往往無法分離。這引發一個問題——目前的決策者是否真的最適合做出判斷。接著，我們會討論兩者分離後，誰可能成為判斷者。尤其是我們探討了決斷權如何從權力分散到大規模集中。同樣地，

當預測涉及規則到決策，再到新系統的變化時，新的一群人在決策中將扮演重要角色，因此成為新的權力所在。

最後在 PART 6 中，我們會將系統設計納入考量——尤其是基於新 AI 發展的可靠系統——並提供工具讓你用來理解自己的業務和行業，以作為決策（或潛在決策）系統。這包括從頭開始規畫任務到擁有強大的預測工具後，進而做出少數的關鍵決策。我們說明了家居保險業如何做到這一點。接著，我們看看醫療保健業在系統面臨 AI 應用挑戰時，如何實現。

我們會在書末舉出 AI 偏見的例子，這是很多人關注的主題。我們認為將 AI 偏見視為單點解決方案時，確實是個問題，可能導致人們不願採用預測機器。但從系統思維的角度來看，偏見是合理的。一旦我們理解系統可以如何調整，以因應 AI 預測，就更容易看到消除偏見是 AI 帶來的機會，而非造成顛覆。

總而言之，我們強調 AI 驅動產業變革需要一段時間。一開始如何實現並不明朗。許多人可能會進行實驗，並遭受失敗，因為他們誤解了需求，或者無法使單位經濟（unit economics）發揮效果。最後，某個人會成功，並建立盈利的途徑。其他人將嘗試模仿。行業領先者將試圖建立護城河保護其優勢，有時會奏效。無論如何，產業都將轉型，也總是會有贏家和輸家。

- 儘管 AI 具有令人驚嘆的預測能力，但過去十年測得的產量成長下降了一半，多數美國人的實際收入自 1990 年代末即停滯不前。這種產量悖論並不新奇。我們在 1980 年代的計算機時代，也經歷過類似情況。我們稱其為「過渡時期」：處在見證了 AI 的強大力量後，在其廣泛應用之前。儘管單點解決方案和應用解決方案可以相對迅速地設計和實施，但能夠釋出 AI 巨大潛力的系統解決方案，則需要花更多時間。

- 在單點解決方案、應用解決方案、系統解決方案三種 AI 解決方案類型的定義中，關鍵概念是「獨立性」。如果 AI 預測透過改善核心決策創造價值，且該價值創造與系統任何其他變化無關，則單點解決方案（改善現有決策）或應用解決方案（新決策）是可行的。然而，如果改善決策的價值不是獨立的，而是需要對系統進行其他實質變更才能創造價值，則需要系統解決方案。

- 系統解決方案，通常比單點解決方案或應用解決方案更難實施，因為 AI 改善的決策會影響系統中其他決策。單點解決方案和應用解決方案通常會改善現有系統，而系統解決方案的定義則是顛覆現有解決方案，因此通常會導致破壞。然而，在許多情況下，系統解決方案可能為 AI 投資帶來最大的整體報酬。此外，系統解決方案可能在某些產業造成顛覆，進而產生贏家和輸家。

03 AI 是預測的技術

在我們第一本書《AI 經濟的策略思維》中，探討了 AI 的簡單經濟學。我們將所有關於 AI 的潛在複雜性和噱頭，都縮減為一個關鍵因素：預測。將令人興奮的新事物簡化為較不帶情感的本質，正是經濟學家的重要工具之一。

提到 AI 時，一般人想到的是流行文化中到處可見的智能機器。他們想到了像 R2-D2（編按：電影《星際大戰》系列中一個機器人角色）或瓦力（WALL-E，編按：皮克斯製作的動畫科幻電影），這樣有用的機器人；想到像《星際迷航記》（*Star Trek*）中的百科（Data）或《鋼鐵人》（*Iron Man*）中的賈維斯（J.A.R.V.I.S.），這樣卓越的隊友。他們還會聯想到反派角色，比如《2001 太空漫遊》（*2001*）中的哈兒（HAL 9000）或《復仇者聯盟》（*The Avengers*）中的奧創（Ultron）。無論他們有什麼怪癖或意圖，這些對 AI 的描繪都具有一個共同點：沒有人質疑它們，能夠像我們一樣思考、推理和具有行動力。

我們可能開發出能夠做到上述一切的技術，但目前並非如此。我們現在擁有的是一種統計技術的進步，而不是能夠思考的東西。但這種統計技術的進步非常顯著。在這種進步發揮潛力後，就能大幅降低預測的成本，而預測正是我們在各處進行的活動。

近年來，AI 領域的一個重大事件是，展示了所謂「深度學習」的卓越機器學習新技術。2012 年，由傑弗瑞·辛頓領導的多倫多大學團隊使用深度學習技術，顯著提高了機器識別圖像內容的能力。團隊使用了名為 ImageNet 的資料集，其中包含數百萬幅影像，在十幾年的期間，一直試圖設計能準確識別圖像內容的運算法。該資料庫中具有人類預先分類的內容。他們打算利用這個資料庫開發演算法，然後將新圖像輸入該演算法。接著，這些演算法將與能夠識別圖像內容的人類進行比賽。人類在這項任務上表現得並不完美，但在 2012 年之前，他們遠遠優於任何演算法，但在 2012 年後，這種情況開始有所改變。

深度學習方法將識別圖像內容的任務視為預測問題，目標是能夠在給予新圖像時，預測出人類可能認定的圖像內容。在面對小狗圖像時，任務不是理解圖像中的小狗如何形成，而是猜測圖像中的東西最可能屬於現有標籤中的哪一個。因此，目標就是猜測最有可能的正確標籤，這就成了預測。在納入大量

屬性（attributes）及其組合（在運算上做到這點相當不容易）後，多倫多團隊展示了深度學習能夠在猜測方面超越其他演算法，最終甚至超越大多數人類。

這種描述可能讓人覺得機器做的是「即興發揮」，而不是在解決問題。但這可說是強化版的即興。機器的預測之所以有用，是因為它比其他任何方法更準確，成為我們決策時的關鍵輸入。

預測的配套

預測並不是唯一的決策輸入因素。要理解預測的重要性，有必要理解決策的另外兩個關鍵輸入因素：推斷和資料，並且最後套過例子來說明推斷的過程。

在電影《機械公敵》（ I, Robot ）中，凶殺案偵探史普納（Del Spooner）生活在機器人為人類服務的未來。這位偵探討厭機器人，正是這種恨意推動了故事的發展。電影中詳述了史普納憎恨機器人的背後故事。

史普納的汽車與另一輛載著 12 歲女孩的汽車發生了事故；兩輛車偏離橋面，顯然偵探和女孩都將溺水。有個機器人拯救了偵探，卻沒有拯救女孩。他認為機器人應該救女孩，所以他對機器人心存怨恨。

由於那是個機器人，史普納有權審查它的決定。他得知機

器人預測他有 45％的生存機會，而女孩只有 11％。機器人考量到時間只夠拯救一人，因此選擇拯救他。史普納認為 11％的機會足夠嘗試拯救女孩，人類應該會明白這一點。

或許吧。這是有關判斷的說明——在特定環境中決定特定行動有何報償的過程。如果拯救女孩是正確決定，那麼我們可以推斷他認為女孩的生命價值是他的四倍。如果她的生存機會是 11％，而他則是 45％，得知此資訊的人在被迫做出選擇時，必須確認他們生命的相對價值。顯然，該機器人將所有人類的生命視為等價。在使用預測機器時，我們需要清楚了解推斷的過程。

相關性與因果關係

數據提供了使預測成為可能的資訊。隨著 AI 獲取更高品質的數據後，預測的結果也日趨準確。所謂的品質，意味著你擁有預測目標的背景脈絡資料。統計學家稱之為需要在有數據的「支持」下，進行預測。根據你擁有的資料過度推論，預測可能不準確。

在資料的支持下進行預測，並不是從更多不同的環境中收集資料，以確保不會過度推論或避免過度預測未來，實際上沒有那麼簡單。有時你需要的資料並不存在。這就是世界各地統計學課程中一再重複的金句：相關性不一定等於因果關係。

在美國玩具業，廣告和收入之間有很強的相關性。廣告支出在 11 月底急劇增加，持續約一個月。在這段大量廣告的時間裡，玩具銷售額驚人。光看資料，可能會讓人忍不住想在全年增加廣告。當然，如果業界在早春時，像在聖誕節前一個月那樣進行廣告，那麼四月份的收入可能會增加。

然而，該行業並未這麼做。四月的玩具廣告量遠低於 12 月。這意味著沒有足夠的數據能夠用來預測，在四月份增加廣告對玩具銷售情況有何影響。從廣告和收入之間的逐月相關性看來，你無法判斷是廣告帶來收入，還是聖誕節同時帶來兩者。這種相關性可能是因果關係，因此增加四月份廣告支出可能導致玩具銷售顯著增加。當然，也有可能廣告並不是造成 12 月銷量的主要因素。而是因為聖誕節來臨，同時帶來廣告和銷量。此外，廣告確實可能增加 12 月的銷量，但由於四月份購買玩具的美國人遠少於其他時間，因此每年這個時候的廣告不會對銷售量造成影響。

換句話說，單憑預測機器無法獲得足夠的訊息：了解到如果改變業界的廣告策略，將對四月份的玩具銷售產生什麼影響。[1] 要發現這種關係，你需要使用不同的統計方法——「因果推論」（causal inference）。就像 AI 一樣，這個方法在過去幾年也出現重大突破（2021 年諾貝爾經濟學獎，就是為因果關係分析的進步而頒發），愈來愈清楚的是，這些工具本身是對

AI 的補充，在許多情境中，為 AI 提供了實現有效預測所需的資料。世界頂級的 AI 公司都體認到這一點。例如，2021 年三位諾貝爾獎得主中，有兩位替亞馬遜工作。除了原本的學術職位外，吉多‧因本斯（Guido Imbens）是核心 AI（Core AI）團隊的科學家，而戴維‧卡德（David Card）則是亞馬遜學者（Amazon Scholar）。[2]

因果推論的挑戰拘限了 AI 的運用，僅可用於收集相關資料。AI 在玩遊戲方面非常有效，包括西洋棋、圍棋和《超級瑪利歐兄弟》。每次的遊戲情境都是相同的，因此不需從過往資料中進行太多推論到當前遊戲。此外，由於遊戲是軟體，對於不在資料中的情況，可以進行模擬實驗。這些實驗使得 AI 能夠填補其餘資料，探索如果按下不同按鈕或嘗試新策略會怎樣。這就是 DeepMind（編按：AI 公司，2014 年被 Google 收購）的 AlphaGo 和 AlphaGo Zero，用以找出以往在高階競賽中未曾使用的策略。DeepMind 進行了數百萬次的模擬實驗，藉由模擬嘗試多種不同的方法預測獲勝策略。[3]

在許多商業情境下，皆有可用資料。如果沒有，通常可以透過實驗收集。商業實驗通常比遊戲需要更長時間，因為它是以人類的速度進行，而非以電腦運行模擬的速度。儘管如此，這仍是一種強大的工具，可以收集相關資料，成為對 AI 有用的輸入。

隨機實驗是統計學家發現因果的主要工具，也是批准新療法的黃金標準。一組人被隨機分配接受治療，另一組則接受安慰劑。儘管各組並不相同──是由不同人組成──但這些差異是偶然產生的。如果每組皆有夠多人數，就可以得出治療是否導致結果的結論。透過進行適當類型的實驗，通常可以填補所需資料，以得出因果關係的結論，而不僅僅是相關性。

有時要進行這種模擬的、隨機的，甚至是準隨機（quasi-randomized）的數據可能很困難，甚至不可能。極端情況下是在軍事情境中應用 AI。起初，戰爭看起來可能是應用 AI 工具的理想場所。正如軍事理論家卡爾·馮·克勞塞維茨（Carl von Clausewitz）在 19 世紀寫道：「戰爭是不確定性的領域。」預測可以減少不確定性，進而產生重大的軍事優勢。然而，面臨的挑戰在於戰爭涉及敵方。在戰爭中，「如果 AI 擅長最佳化任何特定問題的解決方案，那麼聰明的敵人就有動機改變問題。」[4] 敵人將超越訓練集（training set），和平時期的資料便毫無用處。

這個概念同樣適用於商業情境。當沒有競爭對手有動機破壞你的預測，或沒有客戶有動機找到規避預測的方法時，預測將發揮作用。如果客戶可以透過逆向工程（reverse engineering）破解 AI 的關鍵，並提供假資訊，那麼 AI 只能在客戶沒有發現其運作機制的情況下，實現你的目標。當預測不支持你的資

料，並且出現因果推斷問題時，看似單點解決方案的事情通常需要系統級別的改變。然而，對於已了解 AI 價值的 11%公司而言，預測通常是基於他們現有資料的支持，因此 AI 單點解決方案完全適用。

預測為核心

以接受或拒絕金融交易為例，這個決策的關鍵是預測詐騙，也是 Verafin 業務的核心。提出交易時涉及付款請求，亦即從一個帳戶轉移到另一個帳戶。如果交易獲得批准，錢就會轉手，觸發交換實際貨物和服務。如果交易未獲批准，資金不會轉移，這可能會阻礙背後隱含的實際權責。事實上，交易需要付款批准，是因為錯誤的代價昂貴。批准一筆來自非帳戶者的交易，會引發一系列的負債和問題。拒絕交易則不會有這種問題，而且阻斷背後實際程序的運作。

你可能認為，這會讓你想要能完全避免錯誤的系統，但主要挑戰不在於不可能避免錯誤。經過一段時間和仔細審查，銀行有可能做到這點。問題在於完全避免錯誤的代價非常昂貴，會導致放款過程變慢，增加交易費用，並且從根本上剝奪了首次交易時所期望的便利性。畢竟，如果透過發送數位訊息批准帳戶項目變更的交易成本過高，或許使用老派的現金，當場拿出現金還比較好。

相反地，為了使系統運作，銀行會參與猜測遊戲。他們必須平衡可能出現的錯誤猜測。如果他們對批准交易要求嚴謹，那麼有可能拒絕許多合法交易，最終導致客戶不滿。如果對批准過於寬鬆，就會為詐騙者創造非法交易的機會，造成追回錯誤的資金變得困難，直接損害了銀行的底線。因此，他們進行猜測並設置嚴謹的門檻值（thresholds），以平衡兩種難以避免的錯誤。

AI 是銀行改善猜測遊戲並減少錯誤的手段。過去十年來，經濟學家研究新 AI 發展時，我們意識到自己的角色是破除炒作。AI 吸引了哲學家、電影製片人、未來學家、預言家，和一大批其他能讓你的晚宴對話變得更生動的人。我們則扮演相反的角色。隨著電腦科學的發展，AI 出現各種花俏的名稱，包含神經網路、機器學習、深度學習或對抗最佳化（adversarial optimization）等花俏的名稱，總而言之，可歸結為進步——一個巨大的進步——也就是統計學中的預測。因此，實際上 AI 不是參與打擊詐騙的十字軍運動，而是在更低的成本下提高銀行分辨合法交易和詐欺交易的能力，也就是預測。

如今的 AI 就是一種預測機器，僅此而已。對於 Verafin 來說，這恰好是它想要的。要讓現代支付系統順利運作，需要高度自動化。你希望對這些批准有高度信心，這就是 AI 的用處。它利用銀行關於客戶、行為模式、交易時間和地點的豐富

資訊，將其轉化為關於交易是否合法的預測。在過去 20 年間，準確度已有所提高。現今，銀行和金融服務領域廣泛採用 AI 工具進行詐騙檢測，並聲稱在準確度方面取得了顯著的好處。[5]

預測是 Verafin 的業務，隨著 AI 在預測技術方面的巨大進步，像 Verafin 這樣的公司無疑將成為早期受益者。銀行和其他金融機構過去曾自行進行預測功能，批准是他們的業務。這些決策做得愈好，他們的工作就愈出色。而且他們可以運用所有獲得的資訊。事實證明，Verafin 透過利用數千家金融機構和其客戶處理的交易中，學習和完善演算法，進而提供資訊。這並不是說在預測市場取得領導地位是輕而易舉的。Verafin 擁有近二十年經驗。而重點在於，預測一直是它的工作核心，AI 為它提供了提升自身水準的新機會。

超越預測

本書並非針對像 Verafin 這樣的公司，但 Verafin 之所以讓人印象深刻，是因為它展示了 AI 運用及影響的一個例外，而不是常規。對 Verafin 來說，一切都有條不紊地進行著。首先是預測——AI 的主要輸出——其業務的核心。其次，Verafin 的客戶，也就是金融機構，採用 Verafin 的產品時幾乎不需要改變什麼，因為預測也是這些業務的核心。第三，這些企業已

根據預測做出決策，他們知道如何處理這些預測，也習慣處理預測錯誤的後果，因此可以安全地部署 AI。銀行業對於單點解決方案的創新，已做好準備。

總之，Verafin 已準備好在採用 AI 的系統中運作。該系統不需要為了使用預測而改變，同樣無需創建新的決策方式。Verafin 已經在為那些知道需要什麼預測的企業提供預測，這些企業已經準備利用這些預測，最重要的是，他們能夠根據預測調整自己的方向。

Verafin 是個範例，說明了當前和未來能從 AI 應用而受益的多數企業，即將面臨何種更具挑戰性的過程及最終步驟。如果你的企業想要採用 AI，可能需要先清理灌木甚至整片森林，才能做好實踐的準備。本書討論的是清理過程——辨識需要改變的內容，以及實施變革時將面臨的困境和挑戰。我們指的是系統層級的變革，而不是保留現有系統的同時，實施單點解決方案或應用解決方案。了解你將面臨的挑戰，是確定是否值得一試的關鍵步驟。

挑戰的闡述

我們早期出版品被引用最多的部分，是一個思考實驗。亞馬遜使用 AI 預測特定消費者可能想買的商品。當你在亞馬遜網站上購物時，這些預測會影響推薦給你的商品，這些商品來

自數千萬個目錄選項。你瀏覽推薦商品並訂購一些，商品會寄送給你。從你開始購物到商品送達之間有幾天的時間。

在這種情況下，我們想知道，如果亞馬遜預測你想買什麼東西變得更準確時，會發生什麼變化？亞馬遜可能希望透過預測你想要什麼，直接發送商品給你，讓你在家門口選擇接受或拒絕，將那幾天的等待時間還給你。換句話說，亞馬遜根據其預測先向你出貨，然後你從送到家門口的包裹中選購。我們稱之為從「先購物再送貨」轉變為「先送貨再購物」。雖然，有些人可能覺得商品突然出現在家門口有點恐怖，但不難想像這有多方便。

「先送貨再購物」是我們設想的一個應用解決方案，利用預測讓亞馬遜決定是否出貨，而不是讓顧客決定。許多人認為購物是種負擔，因此若能低價提供這種服務，那麼更準確的預測即為此應用提供了解決方案。

我們尚未看到亞馬遜這樣做，但並不表示他們未涉足其中。亞馬遜已經為「預期出貨」的概念申請了專利，但實施方式相對溫和。[6] 例如，它經常向消費者提供訂閱某種產品的選項，而不是讓他們主動訂購。它注意到你家使用的衛生紙量，並承諾定期提供該產品。這使亞馬遜得以確定需求，並將節省的成本以訂閱折扣的形式回饋給消費者。

然而，一旦超越這個思想實驗，你就會明白為什麼實施

「先送貨再購物」是個重大挑戰。如果預測是完美的，這似乎不是個困難的應用解決方案。但預測並不完美，且可能永遠不會完美。為此，亞馬遜需要方法收集你選擇退回的產品。光是安全送達產品已經很不容易了，更不用說放在門口等待退貨。退貨對消費者來說也很麻煩。因此，如果沒有趨近零成本的退貨系統，亞馬遜的「先送貨再購物」不太可能開始。事實上，亞馬遜目前處理退貨已經很困難，許多退貨商品不會再上架販售，而是直接送往垃圾場。[7] 對於亞馬遜來說，丟棄退貨的成本低於將產品重新放回物流系統。這裡的教訓是，「先送貨再購物」看似是個應用解決方案，但卻需要在系統的其他地方先進行變革，才能獲利。[8] 我們在撰寫《AI 經濟的策略思維》時並沒有意識到，「先送貨再購物」實際上是系統解決方案，因為會影響其他關鍵決策，所以需要重新設計亞馬遜的系統，才能促進更具成本效益的退貨處理方式。

接下來呢？

「好吧，接下來呢？」這是許多剛開始實施 AI 技術的企業和機構問我們的問題。這些公司聽說了關於 AI 的炒作，並按照我們在《AI 經濟的策略思維》中提出的策略，開始其 AI 之旅。他們設立團隊、審視任務，並找出利用 AI 的可能機會，也就是預測。預測就是將擁有的資訊轉化為所需資訊的過

程。正如我們在上本書中所記載的，最近的 AI 創新都是使預測變得更好、更快、更便宜。

　　進步的結果如此普及，以至於我們根本不會留意。你的手機充滿了 AI 技術。解鎖手機時，它能輕鬆識別你的面孔。你甚至察覺不到手機背後的安全屏障，只有你才能從前門進入。螢幕上的應用程式，是根據你當下所需而排列。你是否在最喜歡的咖啡店附近，想要點杯咖啡？你是否在車裡，需要導航？手機知道這些，而你只覺得方便。重點是，所有利用 AI 預測的成熟果實都已摘取。各企業都在問：「這就是全部了嗎？」

　　這本書提供了問題的答案：不是。即使 AI 看起來無處不在，但卻像之前許多突破性技術一樣，其實才剛剛起步。重大的技術革命，如電力、內燃機和半導體，都以緩慢的速度起步，需要數十年才能達到高峰。儘管 AI 預測被炒作為獨特的技術變革加速模式，實際上並沒有任何不同。

　　我們不是在坐雲霄飛車，被不可控的力量左右，而是坐在機遇的邊緣，正處於過渡時期。能夠找到「接下來怎麼辦？」這個問題的答案的人和企業，將為 AI 發展設定路徑。

　　身為經濟學家，我們透過經濟力量引導自己回答這類問題。然而，我們超越了簡單的經濟學，觀察到預測成本的下降意味著更多的預測應用。我們深入研究了顯而易見的事實：人們和企業決策的方式，並非快速找到最佳答案的神奇操作，而

是涉及了深思熟慮、過程及其自身成本。

要利用預測，你需要考慮如何使用這些預測，以及決策者之前是如何在沒有這些預測的情況下運作。當你沒有某些東西時，不會只是放棄，而是會對此做出補償。如果你沒有做出明智選擇所需的資訊，你會讓自己遠離盲目行事的後果。因此，AI 預測出現後，沒有馬上顯現應用機會，也就不足為奇了，因為潛在的決策者已經建立了缺乏這些資訊時的支撐結構。

這一切意味著，要確定下一步該怎麼做，不僅需要更仔細地檢視預測可用來做什麼，還需要拆除阻礙我們提問的高牆。我們將分解決策過程，為你提供一個工具包，讓你看到 AI 預測帶來的不僅是顯而易見的機會，還有那些不那麼明顯但更重要的潛在機會。

● KEY POINTS

· AI 的進步導致預測成本下降。我們利用預測將已有的資訊（例如，過去金融交易是為否詐欺的資料），轉化為我們需要但尚未擁有的資訊（如目前的金融交易是否為詐欺）。預測是決策的輸入。當輸入成本下降時，我們就會多加利用。因此，隨著預測變得更便宜，我們將更頻繁使用 AI。隨著預測成本下降，機器預測的替代品（如人類預測）的價值將下降。同時，與機器預測互補者的價值將會上升。機器預測的兩個主要互補者是：數據和判斷。我們利用數據訓練 AI 模

型，用判斷與預測一起進行決策。預測是可能性的表達，而判斷是願望（也就是我們想要什麼）。因此決策時，我們會考慮每個結果的可能性（預測），以及我們對每個結果的重視程度（判斷）。

- 或許最常見的 AI 預測誤用，是將它們識別的相關性視為因果關係。通常，相關性對某些應用已經足夠。然而，如果我們需要 AI 告知因果關係，就需要使用隨機實驗收集相關資料。這些實驗是統計學家發現因果關係的最佳工具。

- 在《AI 經濟的策略思維》中，我們提出一個關於亞馬遜推薦引擎的想法實驗。我們想像如果它變得愈來愈準確會如何。最初，該工具能更精準地向客戶推薦商品。然而在某個時刻，若達到某個精準度的門檻，亞馬遜的員工就會問：「如果我們這麼擅長預測客戶想要什麼，為什麼要等他們下單呢？讓我們直接出貨吧。」雖然，亞馬遜在「預期出貨」領域申請了專利，但尚未採用這種新商業模式。為什麼呢？原本的單點解決方案 AI——在現有平臺上提供更好的推薦，利用了亞馬遜現有的系統。新的模型則需要亞馬遜重新設計系統，尤其是如何處理退貨。目前，亞馬遜的退貨系統成本太高，因此直接丟棄退貨比重新入庫銷售給其他客戶更經濟。我們的想法實驗中的門檻，需要從單點解決方案轉變為系統解決方案。在《AI 經濟的策略思維》中，我們低估了這項差異。

PART
TWO

規則

04 決定與不決定

　　噓，你想知道一個祕密嗎？經濟學家其實並不真的相信人類是完全理性的。你知道的，那種精明的計算代理人（Calculating Agent）刻板印象，他們小心翼翼地列出所有選項——無數的時空選擇——精確地知道自己的目標是什麼，不論是盈利、幸福還是其他東西，然後做出選擇並恪遵計畫行事。說白了，這就是經濟學家模型中經常描繪的完美理性代理人。而經濟學家確實認真對待這些模型的預測。但他們知道，哪怕僅僅是從自身經驗來看，現實中的人們離那個理性的形象還差得遠了。當貼上「經濟學家相信每個人都是理性的」標籤時，經濟學家會翻白眼。他們並不這麼認為。相信這種說法反而是極度不理性。

　　然而，若想理解成千上萬人的行為，將他們視為精明、前後一致的，並根據一套利益法則行事，則是相當有幫助的。想知道香菸稅是否會減少吸菸嗎？產生的影響是如果成本更貴，

人們會少做這件事。究竟少了多少及是否足夠則是另一回事。你需要了解人們的歷史、壓力、社交群體以及菸草公司使用的行銷手段。但就社會科學觀點而言,一個很好的起點是:承認有人以有意識的方式做出某些決定。

人們每天決定穿什麼。賈伯斯(Steve Jobs)無論什麼場合或天氣,都穿著標誌性的黑色高領毛衣和牛仔褲。祖克柏(Mark Zuckerberg)保留了牛仔褲,但選擇了灰色 T 恤。作為總統的歐巴馬,只穿灰色或藍色的西裝,他向《浮華世界》(*Vanity Fair*)的麥克・路易士解釋了原因:

> 「你會看到我只穿灰色或藍色的西裝,」他說。「我試圖減少需要做的決定。我不想決定吃什麼或穿什麼,因為我有太多其他決定需要做。」他提到有研究表明,簡單決策的行為會削弱一個人進一步做決定的能力。這也是為什麼購物會讓人筋疲力盡。「你需要集中你的決策能量。你需要讓自己日常化。你不能在一天中被瑣事分心。」[1]

我們團隊成員約書亞(Joshua),曾買下了某款愛鞋的全球庫存(總共六雙,如果你想知道的話),因為他不想在接下來的十年再面對購鞋這件事。所有這些選擇都是為了避免做決定。當人們形成習慣或遵守規則時,就表示他們體認到試圖最

佳化的成本太高。所以，事實上，他們選擇不做決定。這種情況隨處可見。仔細想想自己，你會發現大多數你所做的決定並不是實際的決定，而是潛在的決定，是那些你可以選擇但選擇不做的事情。

對本書目的而言，這代表一個相當大的挑戰。AI 預測只有在你做出決定時才有用，但還不僅如此。我們構建相互依存的元件系統時，往往基於可靠性。你不希望某個部分的運作超出其他部分的預期或預料的事。你希望的是可靠，「規則」就是將可靠性嵌入系統的一種方式。然而，如果 AI 預測要打破規則並將其轉化為決策，那麼其中一項後果就是降低現有系統的可靠性。除非你能重新設計系統適應 AI 所做的決策，否則這個後果可能讓 AI 應用變得一文不值。

這就是為什麼我們要從決定不去做的決策開始。我們想了解為什麼自己這樣做，目的是評估採用 AI 是否能改變我們的想法，將那些潛在的決定轉變為實際的決定。正如你在本章所見，我們相信 AI 可以做到這一點，並且帶來巨大的好處和影響，促使組織必須作出相應調整。

設定後即遺忘

不做決定比做決定要容易。也就是說，避免收集資訊、處理資訊、權衡所有選項，然後不做決定要容易得多。經濟體幾

乎是基於此前提運行的，即使我們並不完全信任其他人能做出自己會做的決定，我們仍會將決策權分配給他們。

沒有人比赫伯特・賽蒙（Herbert Simon）更理解這一點。他因提出有限理性（bounded rationality）的研究獲得諾貝爾經濟學獎，也因作為 AI 先驅之一的工作而獲得圖靈獎。他在第一份工作——密爾瓦基公園管理部門中觀察到，活動資金並未以最佳方式分配；人們並不像經濟學家模型中那樣進行最佳化，這一點隨著計算機的到來更加明顯。[2] 在 1950 年代，賽蒙試圖撰寫程式讓新型計算機成為智能決策者時，他看到了最佳化的成本。即使我們理解在複雜環境中所需的高等動態微積分（我們肯定不理解），我們也沒有足夠的注意力解決決策所造成的問題。人們被迫使用有限的計算資源，就像賽蒙在其時代的原始計算機上所做的：湊合著用。

「湊合著用」，賽蒙巧妙地稱之為「滿意」（satisficing），指的是不要讓「完美」成為優秀的敵人。與其尋找所知可能更好的解決方案，不如採取夠好的行動。與其面對複雜的環境，不如縮小考慮的選項範圍。與其根據收到的新資訊不斷更新選擇，他們會採用規則、常規和習慣，這些規則、常規和習慣不會受到新資訊的影響，進而使他們可以完全忽略資訊。

然而，僅僅注意到人們有時默認遵循規則而不做決定，雖然有趣，但對我們的目的來說還不夠。我們需要了解人們何時

做出決策。是什麼決定了特定問題會被放在默認規則中，而不是主動決策中？

後果的嚴重性

決策受兩個廣泛的考量所驅動：後果是否嚴重以及資訊取得的成本高低。我們稍後會討論資訊。現在，我們來討論決策後果的嚴重性。當後果的嚴重性有限時，我們不應該為難自己，這是哲學中的常識。法國哲學家尚・布利登（Jean Buridan）提出了經典的寓言：一頭驢子被放在一堆乾草和一桶水的正中間，牠會選擇較近的那個。面對無法打破僵局並做出選擇的情況，驢子會因無法決策而餓死。可以想像，類似的困境會使電腦陷入無限迴圈。[3] 但對於我們的目的來說，相對承擔後果的嚴重性，決策時間的占比不該過高。

讓我們回到賈伯斯、祖克柏和歐巴馬，為了減少認知負荷而制定的著裝規則。他們每個人都意識到，選擇這套服裝而非另一套的後果並不嚴重。面對衣櫥裡的選項，他們每天都會被迫面對一些無關緊要的選擇。他們可以閉上眼睛，穿上隨手拿到的第一件衣服，但他們不信任自己。所以，他們有意識地限制了自己的選擇。

對大多數人來說，後果並不那麼嚴重。確實，賈伯斯和祖克柏隨便穿什麼上班都行。當然，大多數日子裡歐巴馬都必須

穿西裝，但沒人真正在乎那是什麼顏色，只要不是棕色就行了。[4] 但我們其他人沒有那種奢侈。你真的每天翻遍整個衣櫥嗎，還是你的衣服已經自動整理成經常穿的少數幾套？仔細想想，我們當中的許多人難道不是為了讓選擇變得更容易而限制了選擇？最終，我們試圖讓這些事情變得無足輕重，以符合減少決策複雜性的願望。

就選擇衣服的例子而言，潛在後果的嚴重性不高，但如果你試圖最佳化，則具有相對較高的認知負荷。然而，後果和認知負荷是相互關聯的。想想選擇終身伴侶或是生孩子。做出錯誤選擇的後果很嚴重，所以需要花時間和精力深思熟慮。因此，如果我們將潛在的決策視為進行前需要花時間和精力考慮的事情，而不是將其推遲或選擇默認規則擱置，在面臨預期後果嚴重的事件時，我們會更傾向於深思熟慮，而不是選擇不做決定。

昂貴的資訊成本

第二個驅動是否選擇主動做決定的因素——你是否擁有資訊，或者具體而言，是你做決定需要的資訊成本。昂貴的資訊可能使該決策看起來就像後果較不嚴重的決策，進而促使你採用默認規則而非深思熟慮。

今天是否要帶傘？雖然對其他人來說不是什麼重大選擇，

卻可能對你帶來嚴重後果。如果你選擇不帶傘而淋到雨了，這一天會很糟糕。你可以透過帶傘，確保這種情況不會發生，但這也有其成本。當然，如果你有正確的資訊（具體來說，是否會下雨以及你是否可能淋到這場雨），如果下雨的可能性很大，你就會帶傘，若可能性不大，你就不會帶傘。但如果這個機率是一半一半呢？

為了幫助判斷這個本質上是擲硬幣的問題，我們假設如果你淋溼了，會承擔十美元的個人成本，但如果你帶了傘而沒有下雨，也會因為不必要的累贅而承擔十美元成本。[5] 從你預期的成本來看，無論哪種方式你都可能遭受十美元乘以一半，也就是五美元的損失。這使得你對於是否帶傘感到無所謂。

在你站在門口決定這一切之前，你可以查看天氣預報。如果預報說下雨機率超過 50％，當天你就帶傘；如果低於50％，就不帶傘。但這裡我們簡化了問題，去掉了可能造成這些資訊不足的背景。如果預報說有 90％ 的信心是晴天，那麼事情就很明朗了，但天氣預報並非總是很清楚。我們很少有詳細的資訊可以判斷決定，如果有 40％ 或 30％ 的下雨機率，這與 50％ 的機率沒有什麼不同。此外，當你花時間思考這一切時，比如查看盛行風向或氣壓，又回到這樣的情況：做這個決定的認知成本，超過了你可能從中獲得的收益——在這種情況下，最多減少五美元的成本。

我們可以用決策樹（decision tree）表示這個決策，這是經濟學和決策分析企管核心課程中的基本工具。主要概念是由樹的分支代表選擇。例如，在下頁圖 4-1 中，選擇（在實心黑色節點）為是否帶傘。這個決定是在不確定的條件下做的，不確定性的結果也由雨或晴的分支（由自然「選擇」的圓形節點）表示。如果沒有預測，這些分支的機率可能都是 50％。然而，這裡有一個預測說下雨機率是 90％。最終分支的端點是結果。每個結果（有四個：帶傘＋下雨，帶傘＋晴天，不帶傘＋下雨，不帶傘＋晴天），都有一個我們之前用金錢等價描述的結果。

這裡我們將這些結果表示為壞事發生時的成本。這些金額是某人（在這種情況下是你）認為的成本。這就是為什麼我們稱這些金額為**判斷**。判斷是重要概念，將在本書中發揮關鍵作用。特別是，誰能進行判斷在很多方面控制了決策，而且，預測機器所能做到的是將預測與判斷分離，因為沒有機器的話，決策者通常會一起做這兩件事。這裡我們選擇將不良結果的成本相等，也就是說，兩者都是十美元。這意味著在下雨的預測下，如果你帶傘，預期的成本是一美元；如果你不帶傘，預期的成本是九美元。一個明智的人會選擇在這個預測下帶傘。

圖 4-1│帶傘決策樹

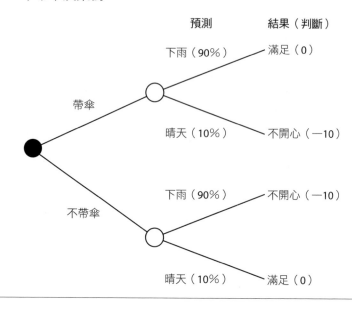

　　許多人會選擇不做決定，尤其是當他們沒有可用的預測時更是如此。例如，你可能一天中具有足夠的彈性，如果碰巧下雨，可以調整到戶外的時間。在這種情況下，你的默認行為可能是永遠不帶傘。或者，你可能會買價格較高但不太耐用的小型折疊傘，因為更易於攜帶。那麼你的預設行為就是一直帶傘，根本不去考慮是否下雨。

　　重點在於，當獲取資訊做出最佳選擇的成本過高時，我們會養成習慣或規則，以避免需要考慮資訊。我們每次都做同樣的事情，就不需要思考。

何種決策令人買單

如果你避免決策並遵循規則，乍看之下，AI 預測對你來說似乎毫無用處。AI 所做的事，是提供決策時所需的資訊。如果你不做決策，那麼這些資訊就毫無價值。

AI 的功能是提供更好的預測，基本上這意味著你擁有做出更好決策所需的資訊。如果有可信賴的天氣預報，而不是充滿不確定性的預測，就可以決定是否帶傘。有了更好的資訊，你可能就會放棄規則，發現花時間做出實際決策相當值得。

在帶傘的例子中，準確的資訊使你免於成本。不論是被淋溼的成本還是無需帶傘的成本，如果你知道將發生什麼，就不會承擔任何成本。為此，你需要打破帶傘的習慣，查看應用程式——你預測降雨情況的資料庫——然後決定是否帶傘。你也可以讓應用程式直接告訴你是否帶傘，連思考都不必。這仍算是從規則轉變為決策，儘管應用程式的工程師已經確定了帶傘的門檻值。在帶傘這件事上可能還沒做到這點，但現在許多人會關注推薦的歌曲播放清單，或社交媒體提供的新聞。這些的核心就是決策。選擇遵循建議意味著不再依賴規則（例如，從頭到尾閱讀報紙），而是允許做出決策。

根據 AI 預測做決策可能帶來非常大的價值。從過去的「被迫實驗」中，我們了解到，對於 COVID-19 期間不得不在家工作的人來說，非常熟悉。之前，我們並不知道在家工作的

效率如何，但被迫做出不同的事給了我們這樣的教訓。打破過去的習慣，我們學到了新的東西。如果疫情後我們不再像以前那樣返回工作崗位，這意味著工作地點的選擇對我們來說，現在變得有意義了。[6]

2014 年，倫敦地鐵網因罷工停運兩天，類似情況也迫使大家思考。超過 60％的車站關閉，改變了許多人的日常模式。由於車站關閉，對多數人來說，最方便的替代車站和原車站距離幾乎相同。而且，那幾天的英國還在下雨，使得人們較不願意步行或使用自行車。對此事件的一項研究顯示，儘管罷工時間短暫，但超過 5％的通勤者在經歷這次事件後，改變了通勤模式。[7] 最有可能改變的，是對（傳統上經過美化再現的）地鐵地圖感到失真最嚴重的人；也就是說，地圖上站與站之間的距離，與你將地圖如實再現時所感知的距離有所不同。統計結果顯示，改變通勤模式者每天節省時間超過六分鐘。對於平均通勤時間約為 30 分鐘的人來說，這相當於節省了 20％的時間，這樣的時間可以用來決定穿什麼衣服。

這顯示了規則可能無法適應並且不是最佳選擇，2015 年 5 月澳洲珀斯（Perth）爆發為期三週的零售汽油價格戰時，相關報導和價格波動引起許多人注意。有趣的是，自 2001 年以來，這個城市一直存在一個顯示不同加油站價格的平臺（後來是應用程式）。價格戰立即提高了使用該應用程式的價值。研

究者發現，在價格戰期間和價格戰結束後的一年間，該應用程式的使用率增加了 70％。實際上，價格戰為人們提供了足夠的動機，讓他們改變過去不尋找最低價格的習慣，並將其納入決策過程中。[8]

重點是，當你遵循規則時，可能不知道獲取資訊並做出決策的價值。這些例子證明了，做決策存在潛在和未開發的好處。因此，我們可以預見某些形式的 AI 預測，可能會以類似的方式解鎖這些可能。

避免決策的投資

賈伯斯、祖克柏或歐巴馬，真的避免決定日常穿著嗎？如果你只看日常生活，答案是肯定的，但如果你看整體情況，答案是否定的。如果你打算每天都穿同樣的衣服，最好選擇適合這個目的的衣服。你無法穿著在不同狀況下不自在，或在不同場合中不恰當的衣服。找到這樣的服裝並不容易。很可能他們每個人都花了相當多的時間，才選擇出最終搭配。

從這個角度來看，規則並不是缺乏決策，而是預先做出決策。我們在做計畫時經常這樣做。很少有人在旅行前不預訂住宿、不選擇返程航班，並且不花相當多的精力打包。那些經常旅行者，透過準備專門用於旅行的物品（如盥洗用品和充電器），減少與打包相關的認知負荷。這是一整套管理何時以及

多頻繁做決策的練習，實際上讓你藉由提前花時間來節省後來的時間。

當你在不做決策上進行這樣的投資時，形成的習慣就很難打破。如果這些習慣運行良好，會讓你無法意識到這些習慣可以透過決策改進。如果你在開發 AI，其價值在於使未做的決策成為可能，想讓別人採用將會是場苦戰。

公眾人物在其穿衣習慣上所做的投資，與大多數企業和組織在不做決策上的投資相比，簡直微不足道。大多數組織往往與其名聲大相逕庭，實際上是「不決策」的機器，其核心就是標準作業程序（Standard Operation Procedure, SOP）──詳細描述組織各個環節如何運作的文件。顯然，不同行業的 SOP 會有所不同，但沒有哪個企業能夠缺少這套程序。

雖然，SOP 可能減少了重新決策的需求，進而在減少認知負荷方面，引起類似於上述個人選擇的作用，但同時帶來另一項好處：可靠性。當組織中的人們遵循規則時，他們會做出使其他人更容易完成自己工作的事情，而無須進行如會議般高代價的溝通。

建築業通常將整個過程分解為更簡單的任務，會有一個施工時程表，逐行列出每天要完成的每項任務及其順序。這些任務的結果是提前計畫好的。現場的每個人只需考慮自己的任務即可。他們完成後的唯一職責，就是報告自己已經完工，打個

勾，然後繼續進行。雖然偶有需要更動和審視的例外情況，但大多數情況下，一切都按照計畫進行。每個人都完成自己的工作，並註明已完成任務。

這些規則產生的可靠性，減少了不確定性以及任何需積極協調的任務。實際上，決策已預先做好並置入計畫中，但計畫本身也意味著改變方向的成本相當高昂。只要出現的是小問題，事情便可以繼續進行。然而，若出現大問題，可能導致計畫偏離軌道。而一套固定的 SOP，可能使變革和適應窒礙難行。正如我們在後文中將看到的，如果你想將 AI 引入這個充滿微調的規則系統中，將面臨立即的挑戰。AI 的目的是允許決策，但當做出決策後，協調就變得十分困難。

新決策

AI 預測可能舉足輕重，能夠提供所需資訊，確保依照預測做決策而非墨守成規。

新決策會取代舊規則，但舊規則並不會獨立存在。相反地，基礎和架構建立起來後，就能保護這些規則，免受仍存在的不確定影響。整個行業和企業都致力於提供這種保護。因此，新決策的機會可能隱而不顯。挑戰就是要找出這些機會，找到那些隱藏的決策，並做出能夠取代現有規則的新決策。我們將在接下來的章節中，探討這種挑戰。

- 規則是我們預先做的決策。與遵循規則不同，做決策允許我們考慮決策當下的可用資訊。因此，來自決策的行動通常比來自規則的行動更好，因為能夠因應當下情況。那麼，為什麼我們會使用規則而不是決策呢？因為決策會產生更高的認知成本。什麼時候這個成本是值得的？就是後果嚴重且資訊成本較低時。引入 AI 並不會改變後果的嚴重性，但會降低資訊成本。

- 規則和決策之間的權衡，在 AI 系統脈絡下是至關重要的，因為 AI 的主要好處是增強決策能力。AI 對規則而言幾乎沒有價值。AI 產生預測，而預測是決策的關鍵資訊輸入。因此，隨著 AI 變得更加強大，就能降低資訊（預測）成本，並增加決策相對於使用規則的回報。因此，AI 的進步將使一些決策擺脫對規則的依賴。

- 然而，規則不僅具有較低的認知成本，還能提高可靠性。一個決策通常會影響其他決策。在具有相互依賴決策的系統中，可靠性可能非常重要。例如，大多數組織依賴 SOP，這些都是規則。SOP 減少了認知負荷並提高可靠性。如果你打算使用 AI 預測將規則轉變為決策，可能需要重新設計系統，以因應降低的可靠性。

05 隱藏的不確定性

經濟學家喬治・史蒂格勒（George Stigler）曾說過：「如果你從未錯過航班，那麼你在機場花費的時間太多了。」[1] 他在幾十年前說過這句話，但他今天還會不會說同樣的話呢？

設計韓國仁川機場新二號航廈的建築師們，希望他不會這麼說了。提前抵達機場等待起飛的時間，你有很多事情可以做，而非僅是乾等。你可以去水療中心，賭場博弈，參觀藝術展覽，觀看舞蹈表演或溜冰。你也可以盡情購物，享用一餐，或在「NAP 區」（NAP zone）打個盹。以新的機場航廈而言，這不是例外，而是常態。新加坡最近安裝了有五層樓高的瀑布花園。杜哈（Doha）則提供了游泳池和兒童娛樂中心。溫哥華有個水族館。阿姆斯特丹定期展示從其知名博物館搬來的藝術收藏品。[2]

對於仁川的建築師詹斯勒（Gensler）來說，目標是讓機場成為「目的地」：

新一代的機場不僅僅把航廈視為單純門戶。事實上，我們正體認到新現實：由於安全檢查，乘客在航廈內停留的時間更長了，這對航廈的收入增長和聲譽至關重要，並為機場帶來新的可能。這種認知使機場更進一步將航廈視為目的地，乘客在這裡也會花錢。[3]

接招吧，史蒂格勒。如果你想在機場消磨時間，那麼在機場花費再多時間也不為過。這正是人們在做的事：

專門從事機場設計的 Fentress Architects（建築設計公司）建築師兼首席設計師湯姆‧帝欣柏德（Tom Theobald）表示：「乘客在機場內停留的時間比十幾年前增加了多達一個小時。」他指出，即使航空旅行發生了巨大變化，訪客往往還是在建於 60 年代和 70 年代的機場中，待上更久的時間。[4]

但到底什麼先發生的？機場如今才被設計成「目的地」。儘管過去的機場不像現在這樣設計，人們卻已在那裡花了更多時間。這是一種選擇。為什麼？因為趕上航班變得更加不確定。人們需要應對交通、停車和安檢排隊。班機本身有更改費用、超賣、轉機和座位上方行李置物櫃之爭。按時趕上航班變

得更困難，而未能按時到達的後果也變得更嚴重。即使沒有九洞高爾夫球場（飛往曼谷看看吧），你可能還是想提早到機場，看看書都好。然而，每新增一項設施，你就會忘記為什麼要提前一小時到達機場。這成為了你的新規則。

想想這種狀況有多奇怪。自 1992 年以來，仁川機場已花費 100 億美元擴建機場。這些成本有很大一部分是用於安檢線之外，建造具有挑戰性和廣闊的航廈空間。但看看仁川機場的使命宣言目標：「確保航空運輸順暢。」[6] 你找不到任何一個機場聲稱除了運送乘客外，還做其他事情。然而，設計機場的人在思考如何讓人們留在機場。更何況，現在大約 40％的機場收入來自非航空費用，其中最大組成是零售商的租金。[7] 設計師們在做他們的工作——確保機場能夠產生更多收入，同時讓每個人不去思考自己在機場花費的額外時間。

現代機場，就是我們所說「隱藏不確定性」的紀念碑。當人們沒有最佳決策時所需的資訊，比如什麼時候出發去機場，他們會墨守成規。航空旅行和進出機場的變化，使你選擇在機場等待更久的規則變得理所當然。機場清楚明白，如果等待令人不悅，旅途也會變得不愉快，你便會減少旅行。因此，投資大型基礎設施時，他們不僅考慮如何讓人們順利通行，並且思量如何讓等待變得更愉快，以及在此過程中賺到錢。一旦早到機場，你更願意為了一餐或其他活動付費，就像你即將進入電

影院時，高價的爆米花看起來更吸引人一樣。如果你感受不到規則的成本，而且很少錯過航班，你就不會反思自己的規則和習慣。不確定性會轉移到幕後，而整個選擇的後果可以從閃閃發光的新建築和驚人的五層樓高瀑布中看到。

在尋找機會使用 AI 進行新決策時，上一章已指出你應該仔細檢視規則，看看是否可以轉變為利用 AI 做決策，進而接受而不是容忍不確定性。本章我們將說明，規則本身不僅代表了 AI 帶來新決策的機會目標；還有為了隱藏不確定性而建立的基礎和架構，所帶來的浪費和效果不彰。這些不僅是 AI 機會的象徵，也反映了機會的規模。事實上，對於機場來說，一些非常簡單的 AI 應用便能對現有設施構成威脅。

另一種機場的世界

在考慮 AI 預測對機場可能構成的威脅之前，就像所有事情一樣，會有非主流系統向我們展示另一種面向。舉例來說，另一個世界是極為富有者。他們不乘坐商業航班，因此無需面對傳統或新設計的公共機場航廈。相反地，他們乘坐私人飛機，使用私人航廈。通常，奢華、魅力、優雅的餐廳和藝術畫廊，是富人聚集地。但在機場的世界裡，私人航廈卻是極其簡樸的。

之所以沒有在提升私人航廈舒適度上進行投資，是因為困

擾我們多數人的不確定性並不會對富人造成困擾。乘坐商業飛機，你受制於時間表，飛機會留下遲到的乘客。而乘坐私人飛機，時間表更靈活，甚至不存在。如果乘客還沒來，飛機會等他們抵達才起飛。如果乘客早到，飛機就會提前起飛。整個系統的設計中乘客無需等待。沒有等待，就沒有必要投資在使等待更愉快的事物上。同時，富人並不需要何時出發去機場的規則。他們想走就走。如果有更多人可以擁有這種經歷，那麼最佳航廈肯定會更簡樸，而不是像大教堂般華麗。

然而，你不必是富人就能看到這個世界。只要比較入境區與出境區即可。當入境區與出境區分開時，入境區是簡樸的。你可能會找到一些輕食店，但其他設計都是為了讓你快速離開機場的。最重要的是計程車和停車設施有多麼近，儘管你可能完全不趕時間。除了怎樣離開最方便，你還記得常去的機場入境區有哪些細節嗎？

AI 對機場的威脅

機場對 AI 並不陌生。航空交通管制已經採用 AI 系統，更精準地預測飛機的抵達和擁塞。[8] 在恩荷芬機場（Eindhoven Airport），正在試行一種新的 AI 行李處理系統，乘客只需替行李拍照、放下，然後在目的地取回——無需標籤。[9] 根據隱私要求，機場希望對人員實行相同操作。[10] 所有措施都將幫助你

更快搭上班機。

　　然而，這些技術都沒有觸及飛行過程中主要的不確定因素──交通和安檢。不過，已經出現交通上的改變。像導航應用程式 Waze，考量了交通狀況，並可合理估算到達機場所需時間。這些應用程式雖不完美，但在不斷改進中。

　　這些應用程式讓乘客不再依賴早早出發去機場的規則。相反地，他們可以將飛行時間加進行事曆，應用程式會告訴他們最佳的出發時間，並依此安排時程。更好的是，在不久的將來，航班實際起飛時間的不確定性也將納入考量。應用程式不僅告訴你基於計畫起飛時間的出發時間，還會根據預測的實際起飛時間告訴你何時離開。再次強調，仍會存在些許不確定，但從沒有資訊到擁有更準確的資訊，可以節省數小時的等待時間。同樣地，以前許多 Uber 乘客認為不需要預測計程車到達時間，現在則將這些資訊列為該服務最有價值的功能之一。Uber 便是使用 AI 進行預測。[11]

　　AI 還可以預測安檢的排隊時間。透過以上種種，你可以使用 AI 決定何時前往機場，而不是仰賴規則。像所有事情一樣，有些人會比其他人更早接受這種可能。在仁川和其他許多機場，等待已經不再那麼糟糕，所以你可能不需做出深思熟慮的決策。

　　開發 AI 驅動的導航應用程式或航班起飛預測器的人，對

機場內活動的收入沒有直接興趣。然而，這些 AI 應用程式的價值主要取決於有多少人不想在機場空等。因此，如果機場目前的等待成本較低，這些應用程式的價值就會降低。

安檢排隊預測是另一回事。機場聲稱他們想改善安檢時間並減少不確定性。但作為經濟學家，我們不認為他們的動機與乘客一致。是的，縮短安檢時間可以讓乘客花更多時間在安檢後的設施。但同時，這會減少不確定性，讓人們晚點到機場。結合 AI 解決乘客到達航廈的其他不確定因素，機場是否真的想消除他們可控的不確定性？

適應規則

我們主要的觀點不僅關於機場，而是關於規則。規則之所以產生，是因為不確定性產生的成本高昂，但這也帶來了一系列問題。

科技作家克雷・薛基（Clay Shirky）提出所謂的「薛基原則」：「機構會努力保留它們能解決的問題。」企業亦是如此。如果你的業務是為人們在等待飛機時提供幫助，你會確保他們不必等飛機的可能性有多大？

如果你想透過創造新的 AI 支持決策來尋找機會，便需要跨越保護規則，亦即免受不確定影響的護欄，鎖定更容易承擔成本的活動，或是減少不守規則可能承擔的不良風險。

我們可以在英格蘭農民長期使用的保護措施中看到這一點
——建立樹籬。樹籬是精心規畫的堅固樹木和植物，作為田地
之間的間隔。如果你的田地充斥農場動物，你又不想雇人確保
它們不會四處亂跑，樹籬非常有用。如果你不希望大雨過快侵
蝕土壤，或是想保護作物免受強風侵襲，這也很有用。考量到
對風險事件的保護，我們就不難想像這種做法是「避險」術語
的起源，該術語後來演變為具有更廣泛的保險意義。

　　但樹籬也有代價。分割農田後，會無法使用某些耕作技術
——包括機械化——這些技術只有在大面積土地上才有效率。
二戰後，英國政府對移除樹籬有實質補貼，儘管在某些情況
下，移除過於極端，因為它們在風險管理中有著重要作用。如
今，正由威爾斯親王（Prince of Wales）主導推動恢復樹籬。[12]

　　在許多情況下，昂貴的投資是為了保護或庇護決策者免遭
風險。數英里的高速公路被護欄包圍，以防止汽車滑下坡道、
山丘或撞上對向來車。幸運的是，多數護欄從未使用，但能使
道路建設變得更安全，若非如此，考慮到人類駕駛員的易錯
性，這些道路可能在其他情況下並不夠安全。

　　更普遍地說，建築法規精確規定各種措施，保護建築內的
人員免受不確定事件的影響。這些事件包括火災，但也包括天
氣、建築地基薄弱和地震等自然現象造成的損壞。

　　這些保護措施的共同點是，通常會產生看似過度設計的解

決方案。針對某些事件——比如一生一次的風暴或百年一次的洪水——進行設計。當這些事件發生時，工程設計就是值得的。但在這些事件不存在時，我們會質疑其價值。多年來，《蘋果橘子經濟學》（*Freakonomics*）的作者史蒂芬·李維特（Steven Levitt）和史蒂芬·杜柏納（Stephen Dubner）指出，考量到很少有飛機成功降落在水上，飛機上的救生衣和救生筏看起來很浪費，更不用說每次的安全演習了。[13] 但在 2009 年，薩利機長（Captain Sullenberger）成功地將一架沒有工作引擎的美國航空飛機降落在哈德遜河（Hudson River）上。此低機率的單一案例是否使預防救生衣變得值得？很難說。但我們不能因為某個可能的結果沒有發生，就認為其機率為零。

然而，李維特和杜柏納的主要觀點是：雖然在採取保護措施時，可以評估隨著時間推移潛在不確定性的可能性或其變化，但無法衡量為減輕嚴重後果發生機率所進行的投資是否過度，因為其採取的風險管理策略剝奪了這些資訊。完全有可能在某些由於其他原因已不再有高度風險的事情上，浪費太多的資源。

溫室系統

要使用 AI 顛覆不確定性的成本，機場可能不是個容易之處。但機會可能就存在你自身的活動中。發現隱藏的不確定，

並創造 AI 預測促進新決策，可能會徹底改變你經營業務的運作方式。

種植作物充滿了不確定性，主因是天氣。如果條件過熱、過冷、過溼、過乾或風太大，產量可能會很低。這一切可能讓你選擇在室內種植，以便控制天氣。問題是，作物還需要光。因此，溫室應運而生，它是能讓植物在室內生長並享受陽光好處的地方。溫室讓農民可以全面控制溫度、溼度和灌溉。[14] 這種控制並不便宜。供暖、降溫和補充照明都需要能量，但所需的能量是可預測的，並可進行管理。

然而問題在於，不僅僅是作物喜歡受控的氣候，害蟲也會在那裡茁壯成長。蚜蟲、蚋、血蟲（bloodworms）、蟎蟲等，在溫室內的生長和繁殖速度比在戶外更快。[15] 麻薩諸塞州有一本溫室管理手冊，其中三分之一內容是關於害蟲控制。[16] 農民需要花費相當多的時間，檢查植物、清除積水，對工具進行消毒並使用殺蟲劑。大部分溫室管理工作涉及保護溫室免受害蟲入侵，或減少任何進入害蟲的影響。

AI 有助於解決這個問題。Ecoation 是一家使用 AI 改善溫室害蟲管理的新創公司。[17]Ecoation 是一個偵察系統。人類操作員在溫室內駕駛機器巡視。機器視覺系統生成可能具蟲害和風險區域的預測。這個技術讓當前情況變得可預測：告訴農民今天哪裡需要使用殺蟲劑或其他害蟲控制工具。這些資料讓

AI 得以預測整個溫室未來一週的害蟲壓力。提前一週的準備時間，正是訂購和部署害蟲控制工具所需的時間。[18] 最主要的優勢是節約成本：AI 確保在合適的時間訂購合適的害蟲控制工具，這也是 Ecoation 目前推廣其服務的方式。

但是，從整個系統來看，除了節約成本外，還有更大的好處。農民遵守許多規則使害蟲問題最小化，包括種植耐蟲作物、縮小溫室規模以便檢查，以某種方式校準氣候條件等。鬆綁這些規則具有真正的價值。如果預測害蟲的 AI 變得夠好，那麼溫室運行方式就會有所不同。農民可以種植對害蟲敏感的作物，建造更大的溫室也變得可能，此外可能出現節省能源的替代策略。如果像 Ecoation 這樣的 AI 公司，能夠足夠有效地控制害蟲，我們可以取代現有規則並建立新系統。在農業中，就像在機場一樣，AI 可以促使遵循規則轉向決策。

● KEY POINTS

- 規則本身不僅代表了採用 AI 帶來新決策的機會目標；還有為了隱藏不確定性而建立的基礎和架構，所造成的浪費和效果不彰。
- 現代機場是用來隱藏不確定性而建造的昂貴基礎和架構的案例。主要的不確定來源是由交通和安檢引起的潛在延誤。豪華新機場的設計用來幫助人們忘記他們在遵循一個規則，這個規則迫使他們在預定起飛時間前很久就到達機場。

- 溫室中，AI 對害蟲侵擾的預測可以用來增強種植者防止害蟲的能力。這是單點解決方案。如果預測害蟲的 AI 變得夠好，那就不僅僅是單點解決方案，還可以實現系統級的變革。整個溫室的結構設計和工作流程，都受到害蟲侵擾風險的影響。有了更好的預測，農民可以種植不同的（對害蟲更敏感的）作物，經營更大的溫室，並追求新穎的替代節能策略。

06 規則如膠

　　外科醫生和醫學作家阿圖·葛文德（Atul Gawande）非常推崇清單。他力讚清單之作《清單革命》（*The Checklist Manifesto*）只有一個目標：向高度專業的超級專家解釋，勾選清單並不是貶低他們，而是在愈來愈複雜的環境中，完成工作的重要部分。

　　清單是現代組織生活的必需品。當美國陸軍尋找新型轟炸機時，儘管最初波音的 Model 299 具有五倍載荷量、飛得更快、飛得更遠，還是無法順利成為麥克唐納·道格拉斯（McDonnell Douglas，編按：美國飛機製造商和國防承包商）的替代機型。這是因為……它墜毀了。墜毀不是因設計問題，而是由於飛行員失誤。這是一架比較難駕駛的飛機。

　　最終美國陸軍還是決定購買幾架新飛機。但正如葛文德指出的，與其給飛行員提供更多培訓，他們選擇一種更簡單的方法：擬一份清單給飛行員，當中列出各種活動（如起飛和降

落）所需的步驟：

> 它的存在本身就顯示航空技術的長足進步。早期的飛行，
> 讓飛機起飛可能會令人緊張，但絕不複雜。使用清單起飛
> 對飛行員來說，就像叫司機看著清單倒車出車庫一樣不可
> 思議。但這架新飛機太過複雜，任何飛行員都無法僅靠記
> 憶駕駛，無論他多麼熟練。
> 有了清單，飛行員成功駕駛 Model 299 總計 180 萬英里，
> 零事故。最終，美國陸軍訂購了近一萬三千架這種飛機，
> 並將其命名為 B-17。[1]

葛文德表示，現代醫學已經變得如此複雜，可以從同樣的
方法中受益，這點深具說服力。他知道這很難被接受。畢竟，
頂尖外科醫生仍然在抵制刷手的規定。[2]但從建築工地到芝士
蛋糕工廠，清單在複雜的環境中隨處可見。如果能因此挽救生
命，醫生當然應該接受。

我們不會與葛文德爭論清單的價值，但我們會同情使用它
們的人。清單的存在是因為不確定性。由於複雜系統中有許多
相互關聯的部分，有許多人在其中執行任務使系統得以運作，
清單不僅僅是完成某事的指標，而是規則和遵循規則需求的具
體體現。其存在目的是確保可靠性並減少錯誤。另一種方式是

專家根據自己的觀察做出決策，這樣反而會給其他人帶來問題和不確定性。

　　大型企業有清單、還有標準作業程序，這些程序的作用也很類似。如第四章所討論的，SOP 是列出人們需要遵循的所有步驟的大型手冊，並進行勾選是否完成。SOP 使複雜的組織能夠運作，但我們必須體認其代表的意義：這些是需要遵循的規則，而不是需要做出的決策。

　　SOP 和清單是隱藏不確定性的產物，這些不確定導致組織形成各種規則。每一條規則背後，都有導致它產生的不確定性。對於每條規則，我們可以提出這樣的問題：如果我們有 AI 預測，是否就能將規則轉變為決策，並將其從 SOP 手冊中移除、提高生產力？

不同人有不同的需求

　　規則意味著對每個人都做同樣的事，彷彿他們都是一樣的，但實際上並非如此。不同的人有不同的需求，這或許是行銷中最重要的一課。因此，行銷人員會劃分客群，並針對可能有興趣的客群行銷產品。

　　行銷人員對大家一視同仁時，是因為他們缺乏資訊。如果他們擁有所需資訊，就會提供個人化的產品和服務。行銷人員可以從對所有人一視同仁的規則，**轉變**為向合適的人、在合適

的時間提供合適的產品。

廣播電台遵循的都是規則。電台雇用 DJ 向所有聽眾播放相同的歌曲。而串流媒體音樂服務，如 Spotify、Apple Music 和 Pandora（編按：美國的串流音樂服務平臺），則允許創建個人化的播放清單。

但是，創建個人化播放清單的過程有哪些挑戰呢？Pandora 的研究人員大衛‧萊利（David Reiley）和張宏愷（Hongkai Zhang，音譯），將注意力轉向檢查公司其他規則時提出了這個問題。儘管播放清單是個人化的，但整個業務運行卻是依照規則。Pandora 採用的是免費增值模式（freemium model）。一些客戶支付費用，可以享受無廣告的聆聽體驗；而其他人只要每小時忍受一定數量的廣告，就可以免費聆聽。

萊利和張宏愷與華盛頓大學（University of Washington）教授阿里‧戈利（Ali Goli）合作，領會他們可以將 AI 應用於實驗資料，以了解大家對廣告的厭惡程度與對服務的喜愛程度。AI 提供了個人化預測，讓他們不僅能評估平均而言大眾有多厭惡廣告，還能評估不同人之間的差異。有了這些資訊，就不再需要堅守插播廣告數量的規則了。相反地，有些人可以收到較多的廣告，有些人可以收到較少的廣告。[3] 透過個人化廣告數量，他們發現可以大幅增加利潤。AI 會預測如果廣告數量減少，哪些客戶願意聽得更多，也預測了哪些客戶可能會轉向

付費版本。

有了這些資訊，他們不再需要對每個人展示相同數量的廣告。針對每小時減少廣告數量，就會聽更多內容的消費者，他們可以決定投放少一點廣告，並對那些可能轉向付費版本的消費者投放更多廣告。Pandora 的研究部門示範了 AI 如何啟用新決策。

但這並不簡單。擴大廣告容量需要找更多廣告商。戈利、萊利和張宏愷估計只會填滿三分之二的廣告空缺。挑戰在於，他們需要新廣告商來避免反覆向同一客戶發送相同的廣告。[4]這需要新的廣告行銷方式才能實施這個策略。

此外還需要了解客戶的反應。運用 AI 最能獲利的方式，是對那些在免費和付費版本之間徘徊的客戶，投放更多廣告。降低免費版本的品質後，這些客戶可能會轉向付費版本。然而，如果這是 Pandora 使用他們資料的方式，客戶可能會感到不滿。因此，該策略存在著風險，可能導致客戶完全放棄這個服務。

這些限制意味著 Pandora 尚未實施此項 AI，目前仍然使用規則決定展示多少廣告。構建 AI 是擺脫規則的第一步。流程仍需改變，才能實現決策。

另一道高牆

教育充滿了規則：要坐在哪，怎麼守規矩，該做什麼。我們團隊中的艾維（Avi），從孩子的學校收到了長達 59 頁的《家長政策和實踐指南》，當中涵蓋了與過敏、頭蝨、受傷和預防接種有關的健康和安全規則，以及家庭作業政策、生日慶祝方式、手機使用、接送方式和班級安排方針。這只是針對家長的部分！

這些規則有其目的，是為了安全高效地運行教育系統。正如《歡樂單身派對》（*Seinfeld*）中的科斯莫‧克萊默（Cosmo Kramer）所說，「規則就是規則，讓我們面對現實，沒有規則，就會有混亂。」[5]

當然，規則太多也是可能的。關於教育造成千篇一律的擔憂由來已久。1859 年，約翰‧斯圖爾特‧彌爾（John Stuart Mill）在《論自由》（*On Liberty*）中寫道，「普通的國家教育只是一種讓人們變得一模一樣的手段。」[6]

教育工作者非常清楚規則和彈性之間的緊張關係。教育相關著作已描述並試圖解決這個問題。紐約州幼兒園學習標準（The New York State Kindergarten Learning Standards）強調：

> 與其為所有孩子在所有環境中，規定步調一致的課程進度，這些標準旨在闡明孩子接受指導後，園所期待他們所

學與所能做到的不是標準化，而是個人化、差異化、具適應性、有文化和語言相關性，以及符合整體脈絡。雖然，我們給所有孩子的學習目標皆相同，但達成這些目標的方式卻高度反應了個別孩童的需求。[7]

所以，雖然訂定了適用所有人的標準，但每位學生得到的教育卻不同。這是個美好的願景，卻也充滿挑戰。最優秀的教師能夠實踐這點，他們會調整使課程符合教室裡個別的孩子。有些教師則覺得這麼做相當具有挑戰性。從全球角度來看，要做到這一點更加困難了。在高收入國家，每個孩子的教育支出達到數千美元；而許多低收入國家，每個孩子每年的教育支出僅有 50 美元。在如此少的資源下，很難擺脫規則。[8]

但我們可以從創業教育著手。像世界銀行這樣的援助機構，以及各國政府每年花費超過 10 億美元，培訓發展中國家大約 400 萬潛在和現有的企業家。[9] 許多培訓計畫旨在改善經營實務和利潤，但其成本高昂，投資回報卻不甚明朗。線上培訓前景看好，卻無法一體適用。非客製化的資訊廣告則無法發揮影響力。我們從中得到的主要結論是，個人化的密集訓練效果最好。主要挑戰在於如何大規模地提供這種個人化教育。

經濟學家靳毅洲（Yizhou Jin）和孫正芸（Zhengyun Sun，音譯）認為，AI 有助解決這個問題。他們與一個大型電子商

務平臺合作，向成千上萬的新賣家提供創業培訓。培訓計畫包括數十個可能的模組，重點在建立網站、行銷策略和客戶服務。例如，培訓可能會提供檢點表，以利撰寫最佳的產品說明，讓顧客了解自己買的是什麼。培訓的另一個面向則是最佳化搜索引擎和選擇關鍵字。

並非所有模組都適用所有賣家，而新賣家可能不知道什麼樣的培訓會有所幫助。AI 使個人化成為可能。首先，可以納入有關賣家實際營運與產品的資料，並制定培訓順序，然後向賣家推薦模組。接著，賣家們實施這些模組。這意味著向成千上萬的賣家提供個人化的創業教育。如此一來，每個賣家不會接收相同資訊，而是透過 AI 決定哪些企業家接受哪些培訓。

該計畫透過隨機對照試驗進行，以便衡量其效果。[10] 平臺上 800 萬個新企業中，會有 200 萬家接受培訓機會。其中，約 50 萬家使用了該培訓。使用培訓的企業收入增加了 6.6%。在一年內，該計畫使賣家收入增加大約 600 萬美元。這聽起來可能不多：每家企業每年 12 美元。但這是從總收入 200 美元開始的。由真人教師提供個人化培訓計畫，絕對不符合成本效益。透過 AI 可以決定哪些培訓應該發送給哪些企業家，同時觸及成千上萬的企業。AI 讓決策超越了規則，並大規模地創造了價值。

解開規則的束縛

當規則存在已久，就很難看清其所處系統。由於規則是可靠的，大量規則和程序會緊密結合。如果要改變，就必須全部一起改變。

在 Pandora 的免費版本中，每個用戶會收到相同數量的廣告。這在仰賴廣告獲得收入的媒體中是普遍情況。有線電視台每半小時播放八分鐘廣告，這就是推動網路收入的規則。接著，根據這項規則發展其他流程。節目被設計為 22 分鐘或 44 分鐘，這意味著編劇需要讓每集節目保持相同長度，並在廣告播放間隔處安排自然的停頓。這個規則緊緊嵌入這個系統。

YouTube 則是另一種內容系統的範例。與有線電視不同，YouTube 內容創作者可以創作任何長度的內容。系統的 AI 可以預測哪些觀眾對哪些內容最感興趣。驅動搜索引擎和推薦引擎的 AI，使觀眾在看似無限的選項中找到合適內容。此外，AI 可以預測哪些用戶對哪些廣告最感興趣。重要的是，**這種預測能力在允許不同用戶觀看不同內容的系統中，價值更大**。即使有線電視擁有能生成類似預測的 AI，價值也會小很多，因為其系統強迫每個觀眾觀看相同的內容，充其量只能預測哪個廣告對最多觀眾最有吸引力。

換句話說，預測觀眾對內容和廣告吸引力的 AI，在 YouTube 系統中的價值遠大於在有線電視系統中的價值。而

且，雖然 AI 直接促成在龐大內容目錄中發現內容和廣告配對，但也間接實現了彈性的內容長度。因為發現和提供廣告的解決方案，解決了內容、廣告和時間安排的無限組合問題，這使得彈性的內容長度在有線電視中難以實現。

在學校系統中，同年級的學生學習相同事物。課程是固定的。「根據年齡，學生分批接受教育，好像他們之間最重要的共同點是他們的出生日期。」例如，我們居住的安大略省（Ontario），幾乎所有 2009 年出生的學生，會在 2015 年入讀一年級，2023 年上高中。這些規則是為了處理學生在學業與社交上程度的不確定性。這些規則進而形成一個系統：教師受訓管理有限的多種學習需求；為落後學生提供額外的幫助和資源。在高中階段，對不符合標準流程的學生有各種不同名稱的計畫，包括替代學校、工作學習計畫和獲取高中同等學歷的流程。

預測每個學生最佳學習內容的 AI，將做個人化教育，讓迅速掌握主題的學生，在覺得無聊之前就能學習新主題。同時讓需要更多練習的學生，在繼續進行下個主題之前能有更多時間消化，獲得更多範例和練習來發展該領域的能力。作為單點解決方案，這種 AI 在某種程度上可以在現有學校系統中增強學習效果，儘管影響有限。因為，一旦學生完成該年級的基礎課程，他就完成了該年的學習內容，或者必須在有限的教師支

持下進一步學習。因教師所受的訓練，通常僅限於特定程度（如中學數學）。在現有系統中，這個問題會在高年級時變得更加嚴重，因為一個學科領域中，快慢學習者之間的差距會隨時間增大。為了支持學生，教師需要掌握愈來愈多主題。

想像一下，在這樣的系統中，全班學生會一同進步（他們的身體和社會發展由生物學控制），但根據個別學習需求，會有不同的導師和教師來來去去協助不同學生。個別指導學生的導師和教師與學生的年齡無關，而是由他們學科領域的問題性質和能力所決定。AI 在這個新系統中的影響，將遠大於在現有系統中的影響，因為，每個學生可以根據其學習需求和風格接受個人化教育。那些在某一學科中學習較快而在其他學科中學習較慢的學生，可以獲得適當的支持。需要專注於特定技能的學生，將擁有專門從事這些領域的教師。教師不需要選擇對大多數學生最有利的教學風格。擅長幫助有閱讀障礙學生的教師，和擅長幫助學生在數學競賽中脫穎而出的教師，將把所有時間花在他們最擅長的事情上。

就像 22 分鐘的節目和基於年齡的課程等規則，是為了解決不確定性所制定的。然後，發展了各種形式的鷹架讓系統性能變得更好。雖然，普通觀察者看不到這點，但這些規則成為了將系統緊密結合的黏膠。因此，引進使規則變成決策的 AI，乍看之下可能很吸引人，但影響可能相當有限。因為，它

所要取代的規則與系統的其他元素緊密結合了。

在現有的學校系統，預測接下來最佳學習內容的 AI 影響有限，因為基於年齡的課程規則和每班一名教師，是當前教育系統的基石，在小學階段更是如此。相較之下，使用完全相同的 AI，但將其嵌入新系統中，讓系統利用 AI 的個人化內容和進度，搭配個人化討論、小組計畫和教師支持，這將需要更加靈活的導師和教師分配，以及改變教育者培訓，這可能會對教育和個人發展產生更大的影響。

換句話說，基於年齡的課程規則是現代教育系統的黏著劑，因此，個人化學習內容的 AI 在該系統中只能提供有限的好處。要充分發揮個人化教育 AI 的潛力，主要的挑戰不是建立預測模型，而是讓教育系統脫離目前依年齡進行課程分級的規則。

● KEY POINTS

- 和 SOP 一樣，清單是規則和遵守規則需求的具體體現，其存在目的是為了確保可靠性並減少錯誤。另一種方式是人們基於自身觀察做出決策。雖然，從規則轉變為決策可能會提高特定行動的品質，但也可能為其他人帶來問題和不確定性。

- 規則在系統中會相互黏合。這就是為什麼用 AI 驅動的決策來替代單一規則，是很困難的。因此，一般情況下，即使是非常強大的 AI 也只能增加邊際價值，因為其嵌入的系統設計本

身會適應規則和抵制變革。它們是相互依存，互相結合的。

- 一個良好的範例是個人化教育 AI，能夠預測學習者下一步最合適的內容。將此 AI 置入依年齡分級的課程系統中，好處很有限。相反地，將同一個 AI 嵌入利用個人化（而非基於年齡）的討論、小組計畫和教師支持的新系統中，可能會對整體教育和個人成長與發展產生更大的影響。要完全發揮個人化教育 AI 的潛力，主要挑戰不是建立預測模型，而是讓教育系統脫離目前依年齡進行課程分級的規則。

PART
THREE

———

系統

07 黏合系統與潤滑系統

　　AI 並沒有讓我們免遭 COVID-19 的肆虐，但其實原本有機會做到的。之所以沒有，是因為在面對不確定時，許多國家遵循的是基於規則的公共衛生程序，而不是基於決策的程序。我們已經指出，AI 預測具有從規則導向轉變為決策導向的潛力。因此，這場疫情是我們開始討論 AI 如何促進這種變化的絕佳起點。

　　AI 沒有拯救我們免於疫情肆虐，並不意味著 AI 尚未做好準備，而是我們還沒準備好。在許多國家，由公共部門公衛當局建立的傳統規則無法做出決策，在處理突如其來的疫情的同時維持經濟運作。然而，也有一些例外。我們已舉例說明，有些大公司建立了創新平臺，就為了幫系統潤滑，以便在具有不確定性的情況下進行決策，防止嚴守規則的系統無視資訊而導致停工。

所費不貲的規則

現在，我們都熟悉疫情期間出現的健康風險。2021 年 1 月，美國大約有 900 萬人感染了 COVID-19。[1] 對他們來說，COVID-19 是嚴重的健康問題。然而，對於其他 3.2 億的美國人來說，COVID-19 不是健康問題。他們沒有染病，也不具傳染性。然而，許多人在工作、學習和娛樂上，仍然遭受嚴重影響。大多數人受到 COVID-19 影響的原因不是健康問題，而是預測問題。我們缺乏預測資訊，不知道誰具有傳染性，可能將病毒傳播給他人。

公衛當局的資訊是，將每個人視為同樣具有傳染性和危險性，就能確保安全無虞。就人際傳播的傳染病而言，如果你不知道誰具有傳染性，與他人接觸就會變得危險。這就是為什麼疫情期間我們要與他人保持距離，因為這是保護自己最簡單的方法。

讓我們在決策樹的背景下思考這一點：採取的行動是隔離還是與他人互動（如下頁圖 7-1 所示）。如果你選擇隔離，就不會傳播疾病，但你必須保持距離，這對個人來說是有成本的。如果你選擇互動，那麼結果取決於你是否具有傳染性。如果你具有傳染性，可能會因此傳播病毒。如果沒有，生活就可以正常進行。

決策樹突顯了這個問題，因為大多數人並不具有傳染性。

如果你已經感染了 COVID-19，就比未感染者更危險。換句話說，如果我們知道誰被感染，誰未被感染，就可以採取不同行動。我們可以遠離感染者，並在未感染者周圍正常行動。這是疫情中的核心預測問題：如果我們知道誰具有傳染性並將他們隔離，可以避免許多疫情成本。[2] 其他人則可以安全地進行日常活動，同時保持對傳染者的隔離。這樣做，不僅可以使一切照常，還可以透過打斷傳播鏈來控制疫情。問題在於，我們需要資訊，才能將保持社交距離從規則轉變為決策。而解決不確定性所需的資訊，意味著我們必須面對預測問題。

圖 7-1 | 隔離或互動的決策樹

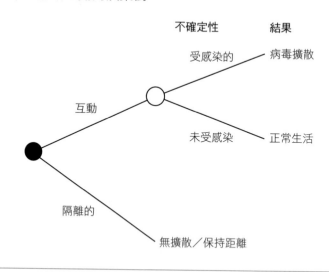

將 COVID-19 視為預測問題

識別預測問題的第一步——找出不確定性在哪裡。從這個角度來看，疫情充滿了不確定性。最大的未知是何時可能出現具有大流行潛力的病原體。這確實可能是 AI 能解決的問題。然而，我們希望關注的是更接近現實的問題：疫情管理。也就是說，出現即將成為大流行或已成為大流行的病原體時，迅速控制疫情的關鍵不確定性是什麼？

用這種方式構建疫情管理問題或許有些奇怪。畢竟，我們習慣將其視為公衛問題。如何找到疫苗終結疫情，開發拯救生命的治療方法，或如何採取適當措施以減少傳播？但是，當我們剖析真正使疫情成為疫情的因素，不僅是健康問題，還包括經濟生計和社交生活時，就會發現那些阻止人們互相感染的緩解措施，也奪走了我們的正常生活。

在疫情爆發的前幾個月，有許多新開發的工具可用來預測誰可能被感染。公衛官員分辨誰可能被感染的老方法之一，是追蹤接觸者。如果你接近具傳染性的人，就比較可能被感染。這種接觸追蹤法，可幫助官員預測近期誰可能已遭到感染。在許多國家，這是勞動密集且不確定的過程，官員們會打電話給感染者，詢問他們的行蹤。在韓國，公衛當局透過結合監視器影像資料、信用卡刷卡記錄和手機資料，協助接觸追蹤工作。[3]

創新不僅用於接觸追蹤而已。AI 專家還開發了預測傳染

的工具。有個團隊開發了檢測無症狀感染的工具，只要人們對著手機咳嗽即可。[4] 在希臘邊境，有項 AI 工具考量到旅行方式、出發點和人口統計資訊，並每週進行更新，檢測到的無症狀感染者是隨機監測的 1.85 倍，有助於識別哪些旅客可以進入該國而不需要進一步接受檢驗。[5] 此外，也開發了許多非 AI 預測工具。許多地方使用熱像儀相機和溫度計檢測發燒者，認定高體溫者更可能感染 COVID-19。在泰國，則用訓練有素的狗來嗅出人體中的疾病。[6]

到了 2020 年秋季，許多人則認為快速抗原檢測（rapid antigen tests）是預測傳染的最有效工具。雖然，聚合酶鏈連鎖反應（PCR）檢測可以驗出非常少量的病毒，但比快速抗原檢測慢，且昂貴許多。

預測是填補缺失資訊的過程，而檢測 COVID-19 病毒有助於補足某人是否具有傳染性的資訊。與其他預測一樣，抗原快篩並非百分之百準確。然而，抗原快篩的偽陽性很少，這意味著某人快篩呈陽性且不具傳染性的可能很低。[8] 因此，如果你可以讓大家接受檢測，並要求抗原快篩呈陽性的人們待在家裡，就可以控制疾病的傳播。PCR 檢測則不然，因為在傳染期結束後數週或數月內，檢測結果仍可能呈現陽性。換句話說，2020 年秋季，我們擁有了可以大規模生產的廉價 COVID-19 病毒預測工具。這並非 AI 工具，卻是一種不同類

型的預測工具。

了解這一點後，我們與加拿大流行病學家蘿拉‧羅瑟拉（Laura Rosella）、政治學家珍妮絲‧史坦（Janice Stein）和創新破壞實驗室執行董事索妮雅‧申尼克（Sonia Sennik）合作，設計並幫助企業實施快速檢測計畫，安全地開放工作場所。

這個想法是讓員工定期接受檢測，讓 COVID-19 抗原快篩檢測陽性的員工待在家裡，其他人就能安心去工作，因為他們知道同事最近檢測的結果為陰性。當時已有可用的預測工具，計畫看起來很容易實施。這使得未關閉的必要工作場所更安全，一段時間後，逐步重新開放經濟。

然而，我們很快發現預測工具是最簡單的部分。系統被許多規則黏合在一起，這些規則不利於基於資訊的決策。例如，有關收集人們健康資訊的隱私規則，限制進入工作場所的工會規則，有關儲存和處理個人資訊的資安規則，快篩後丟棄緩衝液的有害廢棄物處理規則，工傷賠償規則，誰應負擔快篩陽性者休假成本的規則等，類似的例子不勝枚舉。

儘管解決威脅經濟的資訊問題迫在眉睫，但系統受規則黏著的程度，使得基於資訊的決策解決方案幾乎不可能實現。我們需要找出方法潤滑系統，讓它能針對資訊採取相應措施，尤其是針對疾病的傳染性。

我們與一群執行長和思想領袖（thought leaders）討論了這

個問題，包括英格蘭銀行（Bank of England）和加拿大央行前行長馬克・卡尼（Mark Carney）、亞特蘭大的疾病管制與預防中心（CDC）前主任布蘭妲・費茲傑羅（Brenda Fitzgerald）以及作家瑪格麗特・愛特伍（Margaret Atwood）等。到了 2020年 10 月，12 位執行長一致同意為系統潤滑設置提供支持。[10]每個人都承諾任命一位直屬部下親自參與這個計畫，並在可能的情況下消除規則上的障礙。我們的目標是在這個潤滑環境中，設計一個具有足夠吸引力的系統，激勵其他公司與公衛官員，轉而使用基於資訊的決策取代基於規則的黏合系統。

這 12 家大公司——CDL 快篩聯盟（CDL Rapid Screening Consortium）的創始合作夥伴——涵蓋了製造、運輸、金融服務、公用事業、娛樂和零售業。他們共雇用了超過 50 萬名員工。這些執行長期待著手檢測計畫，開放工作場所並保護員工安全。進行不久後，接受調查的員工表示，知道自己和同事在進入工作場所之前會接受檢測，讓他們感到放心。[11]

2021 年 1 月 11 日，有位創始成員在多倫多市中心啟動了第一個檢測點。在接下來的幾個月，該系統運行良好，能找出少數感染者，且這些人從未接觸到他們的同事，員工表示他們感到更安全了，管理者讓那些原本可能需要關閉的工作場所維持開放。隨後，我們製作了一本手冊，與其他公司甚至是其他類型的組織分享，包括非營利組織、軍營、日托中心和學校

等。手冊提供了如何設置資料回報流程、管理抗原快篩檢測、設置實體檢測站、培訓管理流程的工作人員、與員工及其工會溝通該計畫、管理資料流、丟棄用過的試劑、應對檢測陽性員工的相關安排、向政府訂購快篩試劑等指導。

經過一段時間後，其他公司的「黏合」開始鬆動。在加拿大，無論是全國還是各省，一開始員工可以在受監督的情況下，在工作場所進行自測；後來在家進行檢測，而無需醫療專業人員參與。

此外，也需要追蹤快篩結果。人們擔心一些受檢者會誤解陰性檢測結果，認為自己幾週內不會發病，而實際上最多只能保障幾天。頻繁的檢測能減少了此風險，因此，我們需要資料系統追踪誰進行了檢測以及何時檢測。然而，這些公司只有在資料系統保護員工隱私的情況下，才會接受。我們開發了資料追踪系統，既能消除員工對隱私的隱憂，也能符合公衛要求，確保合規。

公司政策逐漸改變支持快篩。由於缺乏病假和其他工作場所保護措施，員工對於參與持謹慎態度。因此，雇主需要確定由誰進行檢測，以及何時檢測。公司需要決定檢測是否為工時的一部分，檢測在哪裡進行，以及有人檢測呈陽性時該怎麼辦。他們還需要分配這些關於健康和安全決策的責任歸屬。最初，並沒有現成的流程可以確定員工、經理和醫療專業人員的

責任。隨著許多公司對我們的操作手冊愈來愈有信心，這些規則開始鬆動。該手冊包括標準操作程序，可自由共享且會不斷更新。

最終，我們的工作場所快篩檢測系統在二千多個機構中使用，人們檢測呈陽性並待在家裡時，讓成千上萬的 COVID-19 病例遠離工作場所和學校。儘管如此，挑戰依然相當艱鉅。初期，大多數參與者花了六個月的時間才能大規模部署檢測，而在一年內，數萬名員工定期接受檢測。預測工具是最簡單的一部分。然而，這只是幫助解決 COVID-19 資訊問題，並讓人們重返工作和學校所需變革的一小部分。

潤滑系統

本章想要傳達的訊息是，如果要利用預測機器的優勢，就需要將規則轉變為決策。然而，完成某事的整套程序，也就是整個系統必須能夠適應這種變化。如果為了確保系統的可靠性，將一條規則與另一條規則緊密結合，那麼將決策放入該系統中可能只是白費力氣而已。

在這裡，我們強調 2020 年春季許多人遵循的規則：待在家裡。我們不知道誰具有傳染性，這種不確定性意味著規則就是遠離他人。

但這條規則卻帶來各種困難。首先，許多人並非在家工

作，他們的業務需要客戶外出。餐廳、零售店和劇院在封鎖期間無法營運。如果人們不得出門，許多人將失業。各國政府增加了工資補貼和企業補助，這是一個昂貴的解決方案，為了彌補該規則帶來的挑戰。

其次，隔離本身也帶來挑戰。它影響了人們的心理狀態。造成想要確認兒童是否安全，以及年長者是否得到所需物品，都變得相當困難。看醫生變成線上進行或完全取消。這些問題產生了新的規則，例如家庭成員互相檢查，許多學校有打電話回家的政策，醫療院所要求醫生主動檢查他們的病人。在世界上某些地區，則是增加了家庭監控設備以確保老年人的安全。

這次疫情提醒我們，我們經常會趨於規則，而規則本身帶來低效率。對於 COVID-19，沒有預測解決方案能解決傳染問題，意味著我們不得不迅速關閉整個經濟，導致大規模失業，以及中斷社交生活與學校教育。如果有預測可用，並整合至運作良好的潤滑系統中，則可以在不犧牲健康結果的情況下，利用決策管理疫情，同時將整個社會成本降至最低。我們在第六章中討論了這個問題。規則，意味著我們對每個人提供相同的產品或相同的教育，限制了我們做出決策和創造的價值。

在尋找 AI 預測可能解鎖的新決策機會時，規則是我們的主要目標。針對疫情，目前已研發出預測所需的工具。抗原快篩檢測，有助填補某人是否具有傳染性的缺失資訊。同時仰賴

程序的創新，比如疾病給付和隔離。當決策相互影響時，從規則轉向決策便需要潤滑的協調系統。決策者需要知道其他人在做什麼，鎖定目標並做出改變。然而，新系統可能深具顛覆性，因此必須在新組織中開始，使其自然成長，而不是試圖在現有組織中適應新系統。

更廣泛地說，發現不確定性是透過預測開啟新決策的第一步。若要有效做到這一點，就需要改變仰賴的程序，正如第二章所述，這定義了一個系統解決方案。

● KEY POINTS

- 我們使用了一條規則──社交距離──管理疫情。此規則成本高昂，導致多數教育系統、醫療系統和全球經濟都因而關閉。產生的隔離對心理健康造成的影響，我們需要數十年才能完全釐清。其他許多規則則是基於社交距離而建立，如餐廳容量限制、公共交通協議、學校教學方法、體育賽事限制、工資補貼和緊急救護程序。

- 儘管大多數人將 COVID-19 視為健康問題，但我們將其重新構建為資訊問題。[12] 對於感染者而言，COVID-19 確實是健康問題。然而，對於絕大多數未感染者來說，COVID-19 不是健康問題，而是資訊問題。因為沒有誰被感染的資訊，我們不得不遵循規則，將每個人都視為可能的感染者。這導致經濟停擺。如果我們能夠做出合理準確的預測，就可以解決資訊問

題，只隔離那些具有高傳染性的可能者。在尋找 AI 預測可能解鎖的新決策機會時，規則是我們的主要目標。

· 若要利用預測機器，我們必須經常將規則轉變為決策。然而，系統必須能夠適應這種變化。如果為了確保系統的可靠性，將一條規則與另一條規則緊密結合，那麼將決策放入該系統中，可能只是白費力氣而已。我們舉出一個與 COVID-19 相關的例子，在這個例子中，我們開發了小型的潤滑系統，最初由 12 家大公司組成，這些公司的執行長指導其高階主管團隊根據抗原快篩員工的傳染性預測，做出基於資訊的決策。使得這 12 家公司在多數系統可能被迫關閉的環境下，繼續營運。這一成功範例，隨後促使二千多個組織採用此系統，並從規則轉向決策。

08 系統思維

　　每年，在布萊切利公園（Bletchley Park）都會聚集一群參賽者，進行人類與電腦程式的比賽。該地正是二戰期間艾倫・圖靈（Alan Turing，編按：被譽為電腦科學與人工智慧之父）破譯德國密碼之處。這場比賽奠基於著名的模仿遊戲（現在稱為圖靈檢測〔Turing test〕），即人們透過電腦與看不見的實體進行訊息對話。這個實體可能是電腦程式，也可能是一個人。每個實體都試圖讓對方相信自己是人類。如果你是參賽的人類，如作家布萊恩・克里斯汀（Brian Christian）所言，實際上你是在努力成為「最像人的人」。[1] 通常，人類會贏，但許多人很難讓對方相信他們是人。

　　這種人類對抗機器智慧的賽馬活動，是 AI 的重要研究主題。某個演算法在識別圖片內容方面的表現有多優秀？自動駕駛汽車與人類駕駛的汽車相比，事故率是否更低？AI 能否比你的人資部門更能選出合適的求職者，進行面試和聘用？電腦

能否擊敗世界圍棋冠軍？

　　這些比賽引發了比較，並讓人產生機器是否會取代人類的焦慮。有趣的是，汽車比馬更優秀，但馬仍在比賽。而當機器在任何距離間的移動都比人們更快時，奧運會仍然繼續進行。即使機器在下圍棋方面表現更好，情況為何有所不同？這些指標捕捉到了一些資訊，但並不一定會導致替代。

　　然而，在人選擇由誰來完成特定任務時，情感或體育無法解決問題。選擇的標準是根據純粹的效率評估績效，並根據成本找出替代方案。如果機器能完成該任務且成本更低，替代必然會發生。馬可能仍會比賽，但不再負責運送人們。正如機器取代了人類的體力活一樣，在認知上可能也會做到這一點。

　　因此目前出現了新興產業，試圖逐項審視人們的工作，以評估 AI 時代機器是否可能完成這些任務。放射科醫生的職業有 30 項不同的任務。[2] 其中只有一項任務與機器預測直接相關：判讀造影的結果。

　　每個工作都可以這樣拆解，並評估其面臨 AI 衝擊的脆弱性。2013 年，牛津大學馬丁學院（Oxford Martin School）的一項研究顯示，美國近一半的工作面臨自動化的風險。[3] 這是人們對 AI 的主要擔憂。艾瑞克・布林優夫森、湯姆・米契爾（Tom Mitchell，編按：機器學習教父）和丹尼爾・羅克，評估了 964 個職業、18156 項任務和 2069 項工作活動的「機器學

習適應性」。高風險職業，包括我們已提及的那些需要進行許多預測活動的工作者，例如禮賓服務員（提供推薦）和授信人員。按摩治療師、動物科學家和考古學家的工作，仍然安全無虞。不出所料，世界領先的勞動力和總體經濟學家擔心，AI接管某些任務後，留給人類員工的工作將愈來愈少，尤其是那些收入分配不屬於頂端的人。[4]

在當前 AI 浪潮興起的十年後，機器取代人類的工作其實不多。聊天機器人在客戶服務中，扮演著愈來愈重要的角色，機器翻譯在該活動中的工作也日益吃重。但技術性失業尚未完全浮出檯面，人們仍有許多工作要做。儘管有些 AI 表現可以超過人類，但在許多情況下，那些有著缺點的人類仍比機器替代品便宜。因此，雖然經濟學家如戴倫・艾塞默魯（Daron Acemoglu）和巴斯卡爾・雷斯特雷波（Pascual Restrepo）可能認為，這是由於勞力相關的資本成本目前仍獲補貼，會持續多久不得而知，但至少目前我們可以暫時鬆一口氣。

然而，AI 可能如何改變我們的工作生活和生產方式，還有另一種觀點。史丹佛大學教授提姆・布瑞斯納罕（Tim Bresnahan）主張，將 AI 的潛力分解成 AI 可能執行的任務，忽略了過去促使大家採用新技術的因素：系統性變革。

布瑞斯納罕認為，我們已經在積極採用 AI 的地方看到了這一點，如亞馬遜、Google、Facebook 和 Netflix：

在這些 AI 技術的應用中，任務層級的替代並不重要。這些非常具有價值的早期應用，並不是用資本替代勞動來完成任務。觀察者關注任務層級的替代，不是因為它已經發生，而是因為 AI 的定義包括「通常由人類完成的任務」。在一般 AI 商業化應用前（這在可預見的未來是不太可能的），分析應該聚焦在實際 AI 技術的能力和應用上。雖然，未來可能會有一些任務層級的替代，但這與 AI 技術的價值主張無關。[5]

科技巨擘公司中的 AI 不僅僅是示範項目，而是能夠產生數十億美元收入的全規模生產系統。這些系統並非按照工作項目逐一構建，當中的 AI 僅參與其中一部分工作而已。大型科技公司其實構建了全新的系統。

AI 的成功採用，展現了我們所謂的「系統思維」概念。這與「工作項目思維」形成明顯對比，因為它看到了 AI 更大的潛力，並體認到要產生真正的價值，需要重新構建並建立包含機器和人類在內的決策系統。有些地方已經這麼做了，但歷史告訴我們，新進入某個產業的企業比老牌企業更容易實施系統變革，有效利用 AI 預測這樣的新通用技術。汽車能夠比馬更好，但汽車需要加油站、良好的道路和一整套新法律。

價值與成本

經濟學家往往相當注重成本，而身為經濟學家的我們也不例外。我們第一本書《AI 經濟的策略思維》中的大前提，是 AI 的進步將大幅降低預測成本，進而擴大其使用範圍。雖然，那本書提出初期應將 AI 運用於明顯進行預測的領域，例如銷售預測或天氣預報；或隱含預測的領域，例如照片和語言分類等。但我們也意識到，真正的機會在於當預測成本夠低時，隨之採用的新應用和用途。

同時，我們和新創公司「創新破壞實驗室」合作時，注意到企業家最早提出的賣點，主要是強調某個 AI 系統如何為企業節省成本，因為它可以減少人員聘雇的成本。在為這些 AI 產品定價時，他們採用了成本思維，計算節省的工資和其他成本，並基於此要點為自己的替代機器定價。

然而，這往往難以讓人買單。如果你告訴企業透過消除這個工作、每年可以節省五萬美元的勞動成本，那麼你的 AI 產品最好能夠完全消除這個工作。事實上，企業家發現他們的產品可能只消除了人們工作中的一項任務，不足以為潛在客戶節省任何有意義的勞動成本。

更好的推銷方式是不要聚焦在取代，而是聚焦於**價值**，展示 AI 產品如何讓企業創造更多利潤，例如向自己的客戶提供更高品質的產品。這樣做的好處是，不必證明 AI 能夠以比人

類更低的成本完成特定任務。如果因此減少內部對採用 AI 的抵制，那麼這只會讓銷售任務變得更加容易。這裡的重點是，採取增值方法而不是節約成本的方法來推銷 AI，更可能找到採用 AI 的真正契機。[6]

在過去的技術革命中，我們也看到了同樣的二分法。就第一章討論的電力而言，取代製造業中的蒸汽動力相當緩慢，花了幾十年的時間。對於已經設計使用蒸汽運行的工廠來說，只有當電力成本低於蒸汽時，才值得採用電力。要向原本靠蒸汽運作的工廠，推銷電力相當不容易。相較之下，一旦製造商意識到電力使他們有機會重新設計工廠，在租金昂貴的城市外建造大型平面設施，投資新工廠的興趣也就大為增加，並能大幅提高生產量。

事實上，電動車曾被認為是比汽油車更有前途的技術。然而，汽油使汽車能行駛更長的距離，使其在 21 世紀初電池技術進步之前，因此勝出。在重新設計的工廠中，電力提升了價值，而在交通運輸方面則沒有。價值最終決定了勝負。

很重要的一點是，若採用新系統，就必須取代現有系統。單純的成本計算很少會促成這種替代。建設新系統需要過渡成本，如果你最終只能節省現有系統的一小部分成本，這可能不太值得。相反地，如果新系統能做一些新的事，也就是帶來創造價值的新機會——那才是真正促使企業採用的原因。

系統性變革的挑戰

關於 AI 在醫療領域的潛力，已有大量文獻紀錄。[7] 艾瑞克・托普（Eric Topol）的著作《AI 醫療 DEEP MEDICINE》（*Deep Medicine*），說明了 AI 如何改善診斷，讓醫生有更多時間與病人交流，了解他們的需求。AI 在醫療中的應用包括疾病診斷、自動化手術、居家病人監測、個人化治療以及藥物發現和再利用。[8] 這些機會引發了眾人對醫療 AI「黑暗面」的擔憂，認為 AI 將與醫生在診斷方面出現競爭。[9]

《AI 醫療 DEEP MEDICINE》的影響之所以深遠，或許是因為托普了解醫療系統（他是心臟病專家和斯克里普斯研究所〔Scripps Research〕的分子醫學教授），同時了解 AI（因為這項技術與醫療有關，他投注了大量心力研究其能力與限制），他也是傳達複雜事物的高手（身為斯克里普斯研究轉譯研究中心〔Scripps Research Translational Institute〕創始人和主任）。[10] 唯一的問題是，他不是經濟學家。所以，他沒有從激勵的角度書寫人類行為。或者，他也許認為醫生超越了這種原始本能。我們擔心的是，如果我們只是將新的 AI 技術引進現有的醫療系統中，醫生可能沒有使用的動機，這取決於這麼做是否會增加或減少醫生的收入，而醫生的收入則可分為以服務計價或以量計價。

托普認為，如果 AI 能為醫生節省時間，醫生便會將這額

外的時間用來與病人交流。證據無法清楚證實，過去提高醫生產能的工具是否增加了他們與病人交流的時間。事實很可能正好相反。如果 AI 提高了醫生產能，在不減少收入的情況下，他們可能會在每個病人身上花較少的時間。為了實現托普追求的目標，我們需要的不僅是新的 AI 技術。我們需要一個新的**系統**，包括新的激勵措施、培訓方法和文化，以便醫生能夠按照托普書中追求的方式利用科技工具。

不出所料，儘管《AI 醫療 DEEP MEDICINE》和其他地方描述了許多利用 AI 提升醫療的機會，但醫療並不是率先採用 AI 的產業。在針對各產業 AI 和機器學習工作的研究中，醫療產業排名接近底部。

截至 2019 年底，醫療產業涉及 AI 的工作比例比多數產業都少，僅略勝於建築業和藝術娛樂產業。即便是住宿和食品服務業、運輸和倉儲業，也都有更多具備 AI 相關技術的工作者。[11] 其中一項原因可能是醫療系統特別複雜。下頁圖 8-1 顯示：美國國會在 2010 年為了繪制歐巴馬健保法（Obamacare）圖表而創建的美國醫療系統圖。[12]

在如此眾多的協調決策中，除非進行其他變革，否則，單點解決方案和應用解決方案的價值相當有限。雖然，我們可以輕易想像 AI 如何實現個人化治療，但要實踐這一點，需要太多人改變他們的做法（例如，收集更多個人資料，提供更多個

圖 8-1 ｜ 2010 年美國醫療系統圖

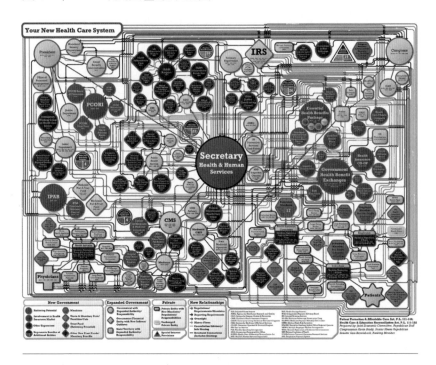

資料來源：聯合經濟委員會，共和黨職員，《理解歐巴馬醫改圖表》，2010 年 7 月，https://www.jec.senate.gov/public/_cache/files/96b779aa-6d2e-4c41-a719-24e865cacf66/understanding-the-obamacare-chart.pdf。

人化照護，創建更多以護理為中心的費用補貼）。醫療中的 AI 單點解決方案，往往提供無人能使用的預測（例如，因為沒有可用的治療方式）。AI 應用解決方案，則通常提供無法採取的行動（例如，由於責任規範使採用變得困難），或無人願意採

取的行動（例如，與費用補貼系統不同步）。主要挑戰不在於預測不夠好或行動無用，而是讓各部門相互合作。

要實現這個目標，就需要系統變革。對於 AI 驅動的新醫療系統，人們有著許多願景。如果 AI 能提供診斷，就應該改變醫療領域中誰能做什麼的規則。[13] 有了機器進行診斷，醫生的主要角色可能會轉向醫療的人性化層面。這需要配合其他各種改變。醫學院將不再需要背誦事實，也不再根據學生理解生物學的能力來選拔學生。這些技巧可能不會在十年的高等教育中有太大的提升，因此，面對病人的醫生可能只需要類似大學學位的教育。在此同時，也需要大幅變革相關法規，規範誰能提供何種醫療照護服務。也許藥劑師的主要角色將是病人照護，或許社工會涉入曾屬於醫生的領域。

在第 18 章，我們會提供開發醫療 AI 系統解決方案的流程，並提出急診醫療系統的願景。也許這些都不會實現，因為需要改變的東西太多了。

AI 還可能改變全球的公衛系統。世界銀行強調了像 AI 這樣的技術，如何在各國之間創造公平的競爭環境。[14] 遠距病人監測結合機器診斷，可以改善偏遠地區的醫療服務。

喀麥隆（Cameroon）的心臟病專家集中在城市醫院，但其 2500 萬人口中有許多人生活在遠離這些醫院的地方。大多數心血管疾病患者從未得到診斷。喀麥隆發明家亞瑟・贊

（Arthur Zang），開發了心臟平板儀器解決這個問題。心臟平板儀器能夠遠距測量心電圖，不需要當地心臟病專家進行檢測。這個工具能替成千上萬的患者進行遠距診斷，但最終診斷仍需要心臟病專家進行。

2020 年，與心臟平板儀器合作的 20 位心臟病專家忙得不可開交。喀麥隆只有 60 位心臟病專家。心臟平板儀器解決了獲取心電圖的問題，但沒有解決診斷規模化的問題，這需要能進行診斷的機器和願意接受診斷的人。此外，一旦成千上萬的人被診斷出來，就需要能夠治療這些疾病的基礎設施。

目前，診斷和治療的數量是緊密結合在一起的。透過限制診斷，現有系統在需要治療的病人數量上創造很小的不確定性。心臟平板儀器是該系統的一部分，解決了心臟病專家和病人之間的距離問題。要在喀麥隆大規模改善心血管醫療照護，需要改變診斷的方式。新治療途徑的發展，也需要利用診斷的改變。這些系統解決方案仍有待開發。在此之前，心臟平板儀器將繼續改善成千上萬名喀麥隆患者的健康照護，但卻無法改善全國人民的心血管健康。

IBM 是比心臟平板儀器更大的公司，其研發的 Watson 本應成為公司的一大突破，對醫療產業帶來巨大影響。但它未能兌現承諾，存在著資料問題和預測錯誤的真實風險。正如一位 IBM 合作夥伴所言：「我們以為這很容易，但事實證明真的非

常困難。」[16] 辨別哪些任務適合 AI 單點解決方案和 AI 應用解決方案，相對容易。IBM 發現了這一點，但要在現有系統中嵌入這些解決方案並提升產能，則太過困難，目前新的系統尚未出現。

反向思維

在過渡時期的開端，採用 AI 的機會往往是被動的。供應商會向你推薦新的 AI 技術，能用來預測與你的組織相關的事項。或者，你可能要求內部團隊分析他們的工作流程，看看是否有機會使用 AI 來完成一個或多個任務。[17] 這是一個不錯的方法，但這只是用來尋找 AI 單點解決方案的好方法。

行文至此，我們希望已經說服你，找機會採用可以帶來變革的 AI 是深具價值的。這需要檢視整個系統，並了解 AI 如何促進改變這些系統。最大的 AI 機會就在於此。

但是，說要有系統思維容易，真正培養這種思維卻很難。顧名思義，隱藏的不確定性是很難發現的，黏合現有系統的規則也很難消除。首要之務是體認系統變革是必要的。這種認知已經出現在一個經濟產業中，接下來我們會討論這個產業。

- 目前,在為各產業引入 AI 的規畫中,主導方法是任務層級思維。主要概念是找出職業中仰賴預測的特定任務,這些預測由 AI 生成比人類更準確、更快或更便宜。企業領導人、管理顧問和學者們大多趨向於使用這種方法。

- 令人驚訝的是,迄今為止最具戲劇性的 AI 施行方式,不是用來取代人類勞務的任務替代,而是新系統層級設計,這些設計只有在 AI 的預測能力下才有可能實現(例如亞馬遜、Google、Netflix、Meta、Apple)。任務層級思維產生了單點解決方案,背後促成的原因往往是取代人力以節省成本。相較之下,系統層級思維則產生了系統解決方案,背後的驅力則是創造價值而非節省成本。

- 醫療領域的 AI 應用相當多元:AI 在醫療中的應用包括疾病診斷、自動化手術、居家病人監測、個人化治療和藥物發現及再利用。然而,迄今為止,醫療系統從 AI 中獲得的好處可說微乎其微。部分原因是獲得有關當局核可需要時間,但更多因素是現有醫療系統中,使用 AI 單點解決方案的效益有限。想要充分利用 AI 在醫療中的力量,需要採用系統解決方案。我們必須從一張白紙開始,想像在新設計的系統中,透過強大的預測新技術促進人們健康。這意味著必須重新思考培訓、進行醫療處置、補償、隱私和責任。這代表了要採用系統思維。

09 最偉大的系統

《富比士》（*Forbes*）的一篇文章宣稱：「AlphaFold 是有史以來 AI 領域最重要的成就。」誠然，這家媒體經常誇大其詞。然而，嚴謹的學術期刊《自然》（*Nature*）同樣宣稱，「它將改變一切。」[1]

AlphaFold 能夠預測蛋白質結構。蛋白質是生命的基礎，負責細胞內大部分的活動。蛋白質的功能和作用由其三維結構決定。在分子生物學中，「結構即功能」。

長期以來，科學家們一直在探尋這種結構來源，如何從蛋白質的組成部分，找出造成其最終形狀的眾多扭曲和折疊。數十年來，實驗室實驗一直是獲得精確蛋白質結構的主要方式。

有了 AlphaFold 這個工具，科學家可以從胺基酸序列（amino-acid sequence）預測蛋白質結構，進而發現有關生命基礎的新事實。[2] 加州大學（University of California）舊金山分校的研究人員，利用 AlphaFold 發現了新型冠狀病毒（SARS-

CoV-2）關鍵蛋白先前未知的細節，促進了 COVID-19 療法的發展。科羅拉多大學博爾德分校（University of Colorado Boulder）的科學家們花了數年時間，試圖確定某種細菌蛋白質的結構，以利解決抗生素抗藥性的問題。他們使用 AlphaFold 在 15 分鐘內解析得出結構。[3] 另一個實驗室指出，AlphaFold 在 30 分鐘內給出了一個蛋白質結構，而他們用其他工具試了十年都沒成功。[4] 該實驗室的負責人安德雷・魯帕斯（Andrei Lupas）表示：「這將改變醫學，改變研究，改變生物工程。」

創新的發明方法

如果要指出 AI 最有潛力改變的經濟領域，那就是遠遠位於多數普通商業活動上游的創新和發明系統。好消息是，這也是 AI 從業者在採用 AI 時，便體認到需要系統思維的地方。如果 AlphaFold 要改變醫學、研究和生物工程，就不能僅是個單點解決方案而已。

2017 年，我們主辦的首屆美國全國經濟研究所（NBER）AI 經濟學會議上，經濟學家伊恩・考克柏恩（Iain Cockburn）、瑞貝卡・韓德森（Rebecca Henderson）和史考特・史登（Scott Stern）認為，AI「有潛力改變創新過程本身。」資料科學已經是科學過程的一部分。AI 將使資料科學變得更好、更快、更

便宜，也將啟用新型預測，開啟新的研究途徑，並提高實驗室的生產力。[5] 作為創造產品的新方式，而非改良特定產品，研究工具在經濟方面的影響不僅限於降低創新成本，[6] 而是完全改變了創新的遊戲規則。

顯微鏡也是一種新發明方法。透過顯微鏡，誕生了細菌理論。這個理論又衍生出現代醫學的許多內容。疾病的細菌理論使對抗病毒和細菌成為可能，也改變了醫學其他方面。外科手術變得有醫療價值。分娩變得更安全。醫院成為人們康復的地方，而不是等死的地方。[7]

然而，AI 不僅僅是一種發明方法。它很可能成為一種通用技術。這就是為什麼應用 AI 需要系統變革，也是為什麼 AI 的潛力可能帶來矛盾。

新的創新系統

創新包含了結構化試錯過程。下頁圖 9-1 顯示了這個過程在許多情境下的運作方式。研究機構指定一個目標，產出如何實現該目標的假設，接著設計並進行實驗檢測主要假設。這些實驗通常會失敗。希望這些失敗能夠帶來教訓和新的假設，當中有一個假設可能讓實驗成功。之後機構會進行試點，如果成功，創新就可以大規模部署。

這個過程適用於相對簡單的創新系統，例如內容推薦引

圖 9-1 | 創新的過程

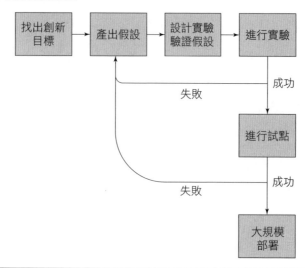

擎,也適用於更複雜的系統,如藥物開發。我們將逐一檢視這些系統。

　如亞馬遜和 Spotify 使用的推薦系統,目標可能是讓用戶參與度最大化或增加銷售額。商學院教授李渡雲(Dokyun Lee,音譯)和卡提克・霍薩納加(Kartik Hosanagar)與一家大型線上零售商合作,研究推薦引擎的細節如何影響銷售。他們比較了「買了這個的人也買了那個」建議的「協同過濾」(collaborative filter)推薦引擎,與用戶輸入關鍵字匹配的引擎。他們合作的公司有一個假設或理論——推薦引擎會增加銷售額。隨後,他們進行了實驗,隨機向一些用戶展示新的推薦

引擎，向其他用戶展示舊的關鍵字搜索引擎。在大多數產品類別中，使用新引擎的購買量更高。因為這次干預有效，因此公司決定進行部署。

推薦引擎還提出了一些新機會，能改變產品的分布，讓更多人購買相同的熱門產品，較少人購買不太熱門或長尾產品。這種分布改變是因為「買了這個的人也買了那個」的推薦，增加了最熱門產品的銷售額。當時的書籍領域，幾乎每個人都買了《達文西密碼》（*The Da Vinci Code*），因此會向所有人推薦這本書。公司決定不進一步改良以增加整個分銷領域的利潤，尤其是長尾產品的利潤。推薦引擎是符合現有工作流程的 AI 單點解決方案。想要扭轉長尾產品購買量下降的趨勢，需要與其他部門協調。工程師們擔心實施起來會非常繁瑣，害怕新演算法帶來意想不到的後果。最重要的是，「工程師們不想破壞現有系統。」考量到預期利益，系統層級的變革實在是太過艱難了。[8]

以創新為重點的 AI 可以改變這個過程。AI 可以使用現有資料，生成數千種可能的推薦引擎，而不是假設哪種推薦引擎最好（見下頁圖 9-2）。一旦這個假設生成步驟變得更快，就能產生比短期購買更具影響力的創新措施，如翻桌率或長期銷售額。透過更好的假設，有可能進行更多高產量和高投資報酬率的實驗。此外，如果預測夠好，更可能跳過實驗或進行試營

圖 9-2｜簡單：引擎推薦的 AB 檢測

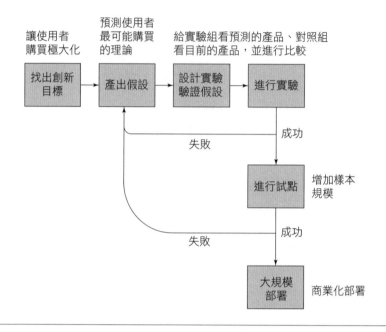

運。我們團隊成員阿杰（Ajay）與經濟學家約翰‧麥克海爾（John McHale）和亞歷克斯‧歐特爾（Alex Oettl），把這個想法應用在新材料發現領域並進行建模。[9] 在假設開發階段，更好的預測可能帶來全新的系統。

同樣的系統變革，也可能發生在更複雜的藥物開發研發系統中。其目標是設計新藥。這個過程是類似的：假設、實驗、試點和部署。

這些機會當然必須仰賴 AI 預測的重大進步。AlphaFold 可

能正是進步的範例。光憑 AlphaFold 的預測不會改變醫學、研究或生物工程。那些已經在尋找預測結果的研究人員，現在能夠更高效地運作。就像本書前面討論過的金融詐欺檢測公司 Verafin 一樣，更好的預測是可以嵌入現有系統的單點解決方案，使其運行得更加順利。

　　圍繞 AlphaFold 的誇張宣傳，源於對新醫學研究系統的願景。這個系統將「需要更多思考，減少實驗」。[10] 一旦可以輕易預測任何蛋白質結構，研究方法將會發生變化。那些努力利用 AlphaFold 提供機會的人體認到，因為發現蛋白質結構現在變簡單了，開發針對相對罕見疾病的治療方法有了更多機會。專門確定蛋白質結構的實驗室，不再有太大用途。未來需要更多將已知蛋白質結構轉化為有用治療方法的實驗室。

　　AlphaFold 提供的預測，改變了研究方式。透過改變創新過程，AlphaFold 可以改變醫學。更廣泛地說，AI 對創新的影響最終可能超過其他 AI 應用。因為創新是生產力、經濟增長和人類福祉的核心，透過 AI 對創新的影響，可能比以往的通用技術（從蒸汽機到網路）產生的影響更大。

　　有了 AlphaFold，預測目標蛋白質結構不再是理論和實驗之間反覆的繁重過程。這一階段已經解決，創新目標可以更加遠大，檢測更多的藥物蛋白質反應。AI 可以透過改善創新在研發途徑中的優先次序，來影響發現管道的生產力。AI 可增

圖 9-3 ｜ 複雜：藥物研發

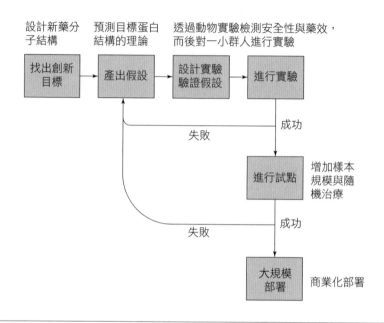

加創新的預期價值，並根據創新情況增加或減少下游檢測。AI 可以減少發現管道中明確瓶頸的相關成本支出（見圖 9-3）。

儘管人們普遍認知需要新系統，但若沒有投入大量時間、精力和資源，就不會出現這樣的系統。

認識系統

我們的觀點是，即使體認到系統變革的機會也相當困難。我們開始看到 AI 影響創新系統已有一些進展。許多 AI 系統正

在創新過程中出現。例如，多倫多大學教授艾倫‧阿斯普魯-古吉克（Alán Aspuru-Guzik）正將 AI 應用於化學領域。他將預測應檢測哪個假設的 AI 納入系統解決方案中，該系統具有 AI 控制的機械手臂和完備的行動實驗室，可用於自動化實驗。他將這個系統稱為「自驅化學實驗室」。[11]

然而，經濟中其他許多產業還未看到變革的必要性。而體認到系統變革的必要只是第一步，還需要出現正確的變革，這需要大量投資和一點運氣。大公司很少認為改變其產業運作方式是值得的，如果該產業目前有獲利時更是如此。做錯的風險實在太高了。

這就是為什麼技術變革可以導致顛覆。技術帶來增加業務和服務客戶的新機會，但究竟如何實現並不明確。在新創企業和小公司有動力創新、而大公司沒有時，創新會由小公司服務的小市場中孕育。直到他們的產品成熟，足以成為大市場的可行替代品，最終會使現有企業崩潰，新營運方式從這些意想不到的地方出現。接下來我們將討論這種變革。

KEY POINTS

· 創新系統本身的創新，可以對其他許多系統產生連鎖反應。鏡片研磨技術的進步，促使個人光學市場（如眼鏡）的創新，也促使研究工具市場（如顯微鏡）的創新，進而促成創新系統的進一步創新。顯微鏡促成了細菌學說，使對抗病毒和細菌成為可能，並改變醫學其他方面。

· AI 在創新系統中的核心作用之一，是預測新組合的結果。以前我們仰賴科學理論或試錯生成假設，但現在如果我們有足夠的數據來訓練模型，有時可以使用 AI 進行預測。

· 自動化假設生成可以大幅提升創新的生產力。然而，要充分受益於這項技術，我們必須重新考慮整個創新系統，而不僅是假設生成這單一步驟。例如，如果過程中的下一步──假設檢測──沒有改變，只是在下游造成瓶頸，那麼更快生成假設的影響則相當有限。

PART
FOUR

———

力量

10 顛覆與力量

讓我們花點時間回顧一下。AI 是一項具有改變潛力的技術。歷史告訴我們，變革從來不是輕而易舉的。新技術的初期成果通常是單點解決方案和應用，只有在該技術驅動創建新系統時，才會出現真正的採用和變革。AI 提供預測，透過改善決策創造了價值。單點解決方案讓預測結果改善現有決策，應用程式則可能開啟新的決策。而這些新決策並非無中生有，而是會取代規則。規則會容錯，因此常在其周圍建立「鷹架」（例如機場航廈）以減輕不良後果。所以，很可能掩蓋了 AI 預測目標的不確定性。由規則構建的系統可以非常穩固，也就是我們所謂的「黏合」。這意味著除非我們採用系統思維，否則將規則轉變為決策，並使用 AI 可能不太值得。

要在系統層面進行創新，使 AI 發揮其變革潛力，仍有待努力。本書接下來的部分概括說明了這些工作，以及許多組織將面臨的挑戰。最重要的一點是，我們必須了解這是個顛覆性

過程。

顛覆，這是一個有問題的字。身為經濟學家，我們會盡量避免使用流行語，但在科技界，沒有比「顛覆」更流行的字了。然而，考慮 AI 在系統性變革中的應用時，這個字可說相當恰當，原因有三。

首先，正如我們所見，AI 應用的機會可能隱而不顯，因此現有產業容易有盲點。其次，拆除現有系統並建立新系統的挑戰和權衡，是技術變革帶來創造性破壞過程的一部分。最後，隨著新系統取代舊系統，必然會出現權力的轉移——特別是經濟權力的轉移，使得權力的積累成為系統創新和潛在顛覆的獎勵，這會引發恐懼和抵制。這三點都與許多人所說的「顛覆」有關，因此，此處使用這個字是相當合適的。

預測可能造成的顛覆

本書後續部分將探討 AI 預測，及採用 AI 為何具有顛覆性。由於這些變革尚未完全實現，我們在過程中融入推測，這些推測奠基於我們對 AI 預測和技術經濟學的了解。我們在預測能力上也曾出現進步，這些進步得益於資料收集和電腦化。

1990 年代以前，發電仍是高度管制的領域。在大多數國家中，生產和輸送電力給企業和家庭的整個過程，都是在垂直整合的實體內進行。這樣做的原因是，發電成本高昂且幾乎無

法儲存電力。如果你知道需要多少電力，就可以生產相應數量的電力。但每天、每分鐘都有數百萬個獨立的用電決策。如果無法滿足需求，整個電網可能會崩潰。

實際上，你可以生產任意數量的電力，但需要處理其他各種問題。你必須確保不同地區的輸電線路不會達到容量上限，還要考慮發電廠無法發電的情形，以及率先考慮燃料成本的變動。最終結果是在任何時間都必須保持嚴格控制和過剩供應，以防萬一。謹慎成為了當時的主導原則。

然而，隨著時間推移，包括天氣預測、工程預測和停機預測等，都變得更加準確。電腦化和經驗的累積同樣有所幫助。在運營方面，這使得電力公司能夠稍微放寬謹慎態度。但這些計畫中的系統，在節省燃料成本方面效果不佳。相較之下，經營大型火力發電廠或核電廠，要比啟動和關閉小型燃氣電廠容易得多。

這些預測的改進最終促進了產業組織結構的變革：走向更大的模組化和更少的集中協調。由於對需求和分配的預測變得更準確，發電廠不再需要緊密控制和計畫，而是可以在當地市場競標出售電力。到了 1980 年代末，經濟學家和電力專家意識到，這樣的電力池市場（electricity pool markets，編按：電力交易平台，透過競價機制協調電力買賣）可以在不犧牲品質的情況下降低成本。

但確保供應超過需求的核心問題並未消失。相反地，對當地電力需求的高品質預測，意味著各個發電廠的生產決策可以分散。他們可以提前一天接收競標，供應量滿足需求量，幾乎沒有價格異常高漲的風險。當然，有時會出現價格飆升的情況，發電廠的擁有者無疑喜歡這種情況。在整個系統中，更好的預測代表著更少的集中計畫和更多的競爭。整體電力成本大幅下降。[1] 不難想像，現在幾乎所有主要經濟體，都有了過去難以想像的電力池市場，而這一切都得益於更好的預測。

預測開創了一種組織電力產業的新方式，實現了分散式發電。更好的預測意味著需求大幅超出預期的情況，在現實中變得更加罕見。因此，預測資訊可以提前超過一天發送給各個發電廠、輸電線路運營商和分銷商，然後每個單位可以將其供應意向告知中央系統運營商。這代表他們擁有更大的自主權，進而為投資不同的發電廠和其他提高效率的選項提供了機會，不需要對所有事情都擬定中央計畫。

電力產業的變革涉及從集中化轉變為分散化。但關鍵是要記住，這影響了誰掌握權力，不是掌握電力方面，而是掌握經濟權力。

如果你擁有或控制的物品，在市場上既有價值又稀缺，那麼你就擁有經濟權力。這就是為什麼擁有一幅畢卡索為妻子畫的肖像，與擁有你五歲孩子畫的配偶畫像是不同的。兩者都是

獨特、稀缺的，而且兩者在表現人物外貌上同樣不準確，但其中之一更有價值。這也是為什麼擁有一幅畢卡索的原作，與擁有同一幅畫的印刷品是不同的。兩者在美學上是等價的，但一個是稀缺的，而另一個不是。

稀缺性是經濟權力的基礎，但這會因競爭而削弱，因此經濟學家有時將經濟權力和壟斷權力視為同義。當先前稀缺的事物出現競爭者時，權力就會轉移。

電力產業的變革，對於那些仰賴其垂直整合結構來抵禦競爭的生產商而言，是極具顛覆性的。對於發電廠來說，競爭意味著利潤降低，因為它們必須透過競標獲得調度機會，而不是依靠長期合約和其他安排。同樣地，更多經銷商有機會將本地系統互連成更廣泛的區域市場。在美國本土，有十個跨越多州的市場。

這種情況在顛覆性變革中經常出現。一個傳統供應商擁有經濟權力的產業突然面臨競爭，會削弱其權力。但權力不會就此消失，只是發生轉移。在電力產業中，權力從垂直整合的供應商轉移到其他市場參與者，但最明顯的是轉移到了電力消費者手中。

在其他情況下，競爭形式的顛覆可以將權力從傳統生產商轉移到新生產商。換句話說，壟斷權力依然存在，只是壟斷者的名字發生變化。因此，經濟權力並不會因創新而受到威脅；

它是創新帶來的獎賞。正如我們將看到的，當顛覆以系統創新的形式出現時，便會顯現權力的交接。然而，那些在現有系統中沒有獲利的人，往往最有機會從創建新系統中獲得回報。

顛覆的威脅

為什麼顛覆對現有企業構成如此大的威脅，特別是來自系統創新的顛覆會剝奪其經濟權力，並為新進入者帶來如此大的機會？

「顛覆」一詞源自創新大師克雷頓・克里斯汀生（Clayton Christensen）的研究。[2] 克里斯汀生指出，現有企業在面對新技術及其對客戶價值的問題時，可能會發現自己「問錯問題」。因此，他們會避開對自己客戶幾乎沒有優勢的新技術。相反地，這些技術對那些未被現有市場領導者服務或服務不足的客戶，卻很有吸引力。例如，現今的硬碟驅動器製造商強調性能和存儲容量，但有些客戶願意在這些方面做出妥協，以換取更小的尺寸或更高的效能。新進入者可以抓住這些機會，如果進一步改善這些技術，他們最終可能成為產業中的強大競爭者。[3]

真正具有挑戰性的顛覆，發生在徹底的技術變革、不沿著傳統指標提升性能，而是在某些情況下提升不屬於現有產業焦點的指標時。這會成為現有企業的盲點。正如歷史學家吉兒・

萊波爾（Jill Lepore）描述的理論：

> 在 1997 年出版的《創新者的困境》（*The Innovator's Dilemma*）中，克里斯汀生提出，很多時候，企業並非因為高層做出不良決策，而是因為他們做了正確的決策，這些決策正是幾十年來使這些公司成功的關鍵。（「創新者的困境」就是「做對的事情其實是錯的。」）正如克里斯汀生所言，問題在於歷史的速度，與其說這是個問題，不如說是被錯失的機會。就像一架飛機起飛了，你卻沒有搭上一樣，你甚至不知道有這架飛機，然後誤闖飛機跑道，以為那只是片草地，結果飛機起飛時把你碾過了。[4]

我們已經看到，關於 AI 的盲點成因，在於規則和隱藏的不確定性。當這種情況發生時，管理顛覆不僅僅是針對不同的客群，而是關於重新構建企業組織及需要優先處理的問題。忽視技術需要組織變革的事實，將會導致快速被顛覆，這點完全不令人意外。

典型的例子是，英國在第一次世界大戰末期引入坦克。坦克速度相對較快，能夠在敵軍中造成混亂。至少這是當時英國坦克總指揮富勒將軍（J.F.C. Fuller）的想法。但在兩次大戰之間，英國忽視了富勒的計畫，而是將坦克納入騎兵部隊。當德

國改組軍隊時，「英國陸軍最高指揮官——阿奇博爾德·蒙哥馬利—梅辛博德元帥（Sir Archibald Montgomery-Massingberd）的應對措施，是將馬料開支增加了十倍。騎兵軍官會配備第二匹馬，坦克軍官也會得到一匹馬。」[5] 相較之下，德國人縮編軍隊組織並沒有試圖將新技術納入現有組織中。他們明白新技術代表了新的軍隊組織和戰術。他們稱之為「閃電戰」，並邀請富勒參加啟動儀式。

雖然，英國軍事的愚蠢行為使這樣的故事很容易被視為自大或愚蠢，但在商業史上類似的故事不斷重演。學術界也沒有忽視這點。1990 年，克里斯汀生在哈佛大學開發其顛覆理論時，同樓的瑞貝卡·韓德森和金·克拉克（Kim Clark）也在研究同樣的現象。[6] 與克里斯汀生專注於需求端（即忽視客戶價值）不同，韓德森和克拉克關注供應端（即缺乏組織適應性）。他們發現，在許多情況下，技術變革是架構性的，改變了組織的優先事項，而由於組織變革困難，這給了從零開始的新組織一個機會。[7]

更近期的一個例子是 iPhone。2007 年，手機產業被加拿大公司 Research In Motion（也就是 RIM，後稱為黑莓公司〔BlackBerry〕）所主導，該公司開發了黑莓通訊設備。這是一部手機，但更重要的是，它有內建鍵盤，是一部可發送電子郵件和簡訊的機器。商務人士對其愛不釋手。甚至有一位美國國

務卿非常喜愛這款設備，以至於任職期間設置了自己的私人伺服器繼續使用。它之所以成功，是因為其鍵盤硬體設計精良，訊息傳輸的硬體網路高效且安全，設備也堅固耐用。

相較之下，iPhone 較為脆弱，也沒有黑莓用戶喜愛的鍵盤，使用速度較慢的行動網路基礎設施，耗電量大，而且通話功能也很糟糕。難怪包括 RIM、諾基亞（Nokia）和微軟在內的整個產業，都對它嗤之以鼻。他們要 Apple 退出這個產業，將其留給專家。

這或許再次被視為自大的行為。但事實上，當時那些企業的批評一點也沒錯。他們不了解的是，Apple 為智慧型手機打造了新的架構，整合硬體和軟體。為了實現一種不同組合的設備，Apple 不得不犧牲所有組件的效能。如果單獨看這些元件，的確顯得糟糕透頂。但如果你了解這個系統，情況就有所不同了。難怪看到 iPhone 機會的科技公司——Google，並不是按照傳統的產業發展組織。

這裡揭示了處理架構性問題，或我們在此所說的系統變革的挑戰所在。首先，要實施這種變革，需要的產品在初期看起來並不具競爭力，因為它們必須做出選擇，犧牲顧客似乎關心的性能。其次，現有組織專注於這些性能，因此無法迅速理解新技術做的所有取捨。換句話說，他們見樹不見林。最後，對於這種錯誤的反饋並不會快速顯現。iPhone 花了四年時間，才

對現有手機製造商的銷售產生影響。黑莓在 2007 年後的銷售額達到了最高點。只有在 Apple 和 Google 都推出設備後，大家才偏好新的手機設計。到那時，即使現有企業嘗試重組並追趕，也已經太遲了。

系統改變的困境

當 AI 驅動的決策成為系統的一部分時，採用 AI 可能需要重新設計組織並建立新系統。正如先前提及，現有組織在創建新系統時面臨的困難之一是，它們已經最佳化以便從現有技術中獲得高性能，而採用 AI 可能需要改變重點。在某些情況下，AI 會促使組織變得更加模組化，而在其他情況下，它可能會促使組織內部之間進行更多協調。挑戰在於體認到當前的重點是問題所在，需要進行全面變革。

當管理高層明白需要新的組織設計才能採用 AI，將 AI 預測融入一個或多個關鍵決策領域時，才會出現進一步的挑戰。這是因為組織設計不可避免地涉及到不同資源供應者的價值和權力變化。那些預期在權力重新分配中，會失去利益者將會抵制變革。組織很少像教科書中說的一樣：一人做主，CEO 說什麼就做什麼，讓變革自然而然地發生。相反地，那些預期會失去權力的人會抵制變革。在這個過程中，他們可能會採取行動，充其量只能減少變革實施的難度；最壞的情況是，這些預

期的行動可能會完全中止或逆轉組織重組。[8]

　　採用顛覆性技術時，出現抵制變革的例子很多。以百視達為例。百視達在 1990 年代和 2000 年代初，是錄影帶租賃市場的巨擘。人們普遍認為百視達的衰敗是由於 Netflix 和 21 世紀初期影片點播的崛起。但事實上，百視達並沒有被動地屈服於新方式。它理解即將到來的變革，但最終卻未能適應。

　　Netflix 剛起步時，是利用新的 DVD 技術，這種技術比百視達租賃的錄影帶更小且更堅固。Netflix 進行了實驗，最終建立了客戶訂閱的業務模式，允許客戶同時租賃三張 DVD，沒有任何保留時間限制。Netflix 的客戶在線上訂購 DVD，然後將 DVD 郵寄給他們。這種模式有兩個優勢。首先，客戶不需要去實體店領取或歸還 DVD。其次，沒有滯納金，對於典型的百視達加盟店來說，滯納金可能占其收入的 40％。劣勢是 Netflix 不一定有最新的影片，而且顧客需要事先計畫其觀賞體驗，無法即興租片。

　　百視達注意到 Netflix 能夠吸引顧客，這在某些情況下影響了自身收入。2000 年代初期，百視達注意到自身模式的一些劣勢，這正是 Netflix 所利用的；百視達開始嘗試影片點播服務，更是第一個提供影片點播服務的公司！但當時的寬頻速度並不像今日這樣，所以那次嘗試並未成功。但百視達確實意識到，他們也可以採用類似於 Netflix 的 DVD 租賃模式。不同

之處在於，他們可以提供在商店選擇和歸還 DVD 的選項，而不僅是透過郵寄。

問題在於，這種訂閱服務削減了加盟店 40％的滯納金收入。此外，那些顧客不一定會進店購買其他商品，如爆米花和糖果。因此，雖然百視達總公司可能從跟隨 Netflix 模式中受益，但加盟店的利益卻受到了損害。尤其當新模式證明更成功時，就引起了抵制。最終，導致百視達董事會決定更換管理高層，恢復支持零售加盟店的原有模式。為了對抗 Netflix，它試圖加強這些商店提供的服務，而不僅是簡單的影片租賃。最後，這個作法沒有奏效，幾年內百視達就退出了市場。[9]

百視達是具戲劇性的案例，說明了面對新技術時變革失敗，以及內部力量在為時已晚前阻止了改變。但這是一個有先見之明的例子，因為新技術的受益者和受害者之間的衝突相當鮮明。在新的世界裡，零售店根本沒有存在的角色，但這足以阻止企業自身適應，即使管理高層理解新的組織必須具備什麼也不例外。

從廣義上來說，正如我們即將在後續章節中概述的那樣，AI 可以產生組織變革，這種變革可能使權力分散或透過協調集中化。無論哪種方式，從這些變革中受害的一方通常非常明確，且正因為其權力是來自當前的組織系統，他們會努力維護現狀。

顛覆與機會

系統層面的變革是相當困難的，但成功的回報可能相當巨大。關於 AI，一個持續出現的問題——無論是實體機器人還是軟體演算法，這些具備 AI 預測功能的機器本身是否具有權力。當你了解 AI 的本質時，對於機器擁有權力的擔憂是毫無根據的。由於這些爭論持續存在，我們將在下一章進行討論。

● KEY POINTS

- 現有企業往往能輕鬆採用單點解決方案，因為這些方案可以改善特定決策或任務，而不需要改變其他相關決策或任務。然而，現有企業在採用系統層面的解決方案時，往往會遇到困難，因為這些方案需要改變其他相關任務，而企業已經投資最佳化其他任務。此外，系統解決方案在某些任務中，特別是在短期內，可能表現不佳。這為顛覆埋下了伏筆。

- 我們將權力定義為經濟權力。如果你擁有或控制的東西相對於需求是稀缺的，你就擁有權力。稀缺性是經濟權力的基礎，但競爭可以緩解稀缺性，這就是為什麼經濟學家有時將經濟權力和壟斷權力視為相同的原因。當一樣東西不再稀缺而出現競爭者時，權力就會轉移。

- 有時，為了充分利用 AI，必須採用系統層面的解決方案。系統的重新設計可能導致產業層面（例如，隨著 AI 變得更加普及，資料密集型產業變得更有權力）、公司層面（例如，第 12 章中討論的案例），或職位層面（例如，在轉向線上電影

租賃和郵寄 DVD 的過程中，百視達的加盟店失去了權力）的權力轉移。那些可能失去權力者會抵制變革。那些抵制變革者通常是目前擁有權力者（這就是他們抵制的原因），因此，他們可能非常有效地阻止系統層面的變革。這就形成了顛覆的背景。

11 機器有權力嗎？

　　新聞標題寫著「亞馬遜如何自動追踪倉庫員工的『生產力』及依此解僱」、「亞馬遜使用 AI 自動解僱低生產力員工」、「你會讓機器人解僱你的員工嗎？」、「被亞馬遜的機器人解僱：『你對抗的是機器』」，以及「對於低薪員工來說，機器人霸主已經來臨」。最後一個標題來自《華爾街日報》（*Wall Street Journal*）2019 年 5 月的一篇文章，葉偉平（Greg Ip，編按：加拿大裔美國記者）在當中寫下了關鍵摘要：現在別擔心機器人會奪走我們的工作，而是要開始擔心它們會決定誰能擁有工作。

　　我們大可以說，這些標題成功地引起許多人的注意。它觸動了原始的恐懼：機器會控制人類嗎？

　　這些文章會讓你相信，員工們下班離開時會進入一個小房間，接受掃描，然後看到亮綠色的標誌寫著「明天見」，或是紅色的標誌寫著「解僱」，並自動印出一張解僱通知單。

最終，現實情況並沒有這麼誇張。沒錯，亞馬遜確實使用AI 預測員工表現。而且，這的確可能觸發審查。而且審查之後，員工可能會被解僱。但這不是在沒有人類參與的情況下，員工就被無情地解僱。相反地，亞馬遜所做的是評估員工表現，使用 AI 評估這些表現是否令人擔憂，接著由人類經理決定該怎麼做。如果經理只是盲目地遵從 AI 的預測，確實會顯得 AI 在控制決策，就像經理可能會躲在資料後面一樣。由此觀之，這與任何績效評估方式並無不同，而且顯然不像多數人面對的一些主觀方式那樣糟糕。

但如果這些新聞頭條都是真的，而你真的可能在沒有人類參與的情況下，被評估然後解僱呢？機器是否決定誰能得到工作？機器現在是否成為了我們無產階級的資產階級？

正如我們在本章中所提及，答案絕對是否定的。機器人和機器，整體來說，不做任何決定，因此沒有權力。是人類或人類團體在背後做出這些決策。確實，有些事情可能自動化，看起來像是機器在做苦活。但這只是一種錯覺。在我們目前的AI 水準上，真正做出決策的是人類。

我們這麼說並不是要提出某種哲學觀點，這方面的辯論留給別人去做就好。相反地，如果我們要正確評估 AI 顛覆的潛力，接受機器不做決策這一點至關重要。**雖然 AI 不能把決策交給機器，但卻可以改變由誰來做決策。**機器沒有權力，但在

部署後，卻可以改變誰擁有權力。

當機器改變由誰決策時，底層系統必須隨之改變。構建機器的工程師必須理解他們嵌入產品中的判斷後果。那些曾經在當下做出決策者，可能不再是必要的了。

機器不做決策並非全新的概念。英國數學家愛達·洛芙萊斯（Ada Lovelace）在 1842 年編寫了第一個電腦程式時，早已洞察此局限：

愛達警告讀者，如果使用者輸入「虛假」資訊，電腦將無法做出任何反應。今天我們稱這個概念為「垃圾進，垃圾出」。她是這麼說的：「分析引擎沒有任何創造能力。它只能執行我們知道如何命令它執行的事情。它可以進行分析，但它無法預測任何分析相關性或事實。」[1]

機器遵循的指令必須來自某個地方。

假設亞馬遜版本中的解僱演算法，會實際評估績效並解僱員工而不涉及人工過程。在編寫這個演算法時，某人在某個時刻已先行列出判斷要素——包括如何權衡當前工資、是否有可取代的員工、培訓要求以及其他工作場所法規等因素，以及如何衡量與 AI 預測類似的技能、能力和文化契合度等隨機要素。某個工程師可能只是想完成一個程式，但更可能的是，如

果部署這樣的自動化系統，那些判斷要素會來自更謹慎的過程。這需要一個新的決策系統。

將整個決策過程交給機器相當令人心動。然而，雖然決策的實施可能完全自動化，但在預測後採取何種行動，則仍須由單人或多人做出決策。

全球化進程

由於 AI 允許自動化，機器看似能夠做出決策。預測機器可以改變決策的時間和地點，使人類能在遇到情況時仔細考慮，判斷該怎麼行動，然後將此判斷編碼到機器中。

自動化需要將判斷編碼。在部署機器時，必須有人明確指出如何進行判斷，而不是在接收預測後再作判斷。這意味著判斷必須能應用在許多決策上，並且須以編碼的方式描述。要做到這點並不容易。

值得一提的是，多倫多新創公司——Ada 用自動化方式服務客戶的過程。[2]Ada 創始人認為那是促進公司與客戶之間互動的自動化層（automation layer，編按：自動化處理重複性任務，簡化、加速或替代人工操作）。

2020 年上半年，也就是 COVID-19 疫情前後，Ada 提供了背後的自動化層，[3] 使 Zoom 的每日用戶從 1000 萬增加至 3 億，自動化了 70％的行銷電話、98％的免費用戶和 85％的付

費用戶進行客服互動。如果你需要重設 Zoom 密碼，或攝影機無法正常運作，就可能與 Ada 的自動化系統進行互動。

構建判斷的過程至關重要。Ada 從預測客戶啟用服務互動時的目的開始。客戶的目的可能是修改密碼、更新信用卡資訊或升級到更全面的服務。Ada 可能一開始只會自信地做出一個預測：客戶想要修改密碼。

接著，Ada 開發了工作流程和判斷。工作流程是幫助客戶修改密碼的一系列操作。如果機器確信客戶想要修改密碼，Ada 就會啟動自動化修改密碼流程。否則，Ada 就會將其轉由人工處理。

這就是需要判斷的時候。Ada 在啟動自動化程序之前，需要有多大的信心？這視情況而定。這就是為什麼它以自動化的方式處理了 98％ 的免費用戶互動，而付費用戶則只有 85％。這不僅是因為免費用戶的查詢較簡單。此外，它判斷與付費用戶互動時出錯的代價較大，風險更高，因此允許自動化的門檻也更高。

Ada 收集了愈來愈多有關來電查詢和客戶目的的資料後，建立了更多自動化工作流程。除了密碼外，它還可以更新信用卡資訊和處理各種技術問題。並且可以辨識哪些來電是業務電話，例如購買付費服務還是升級到更高級別的服務。

現在，判斷變得尤為重要。搞砸業務電話的後果比搞砸密

碼恢復的後果更嚴重。為了做好這一點，Ada 需要獲取資料和決策過程，以判別哪些來電查詢可以自動化。決策權從客服代表轉移到公司管理階層和 Ada 工程師。更準確地預測客戶目的，創造了自動化機會。但這個機會是否值得，仍取決於人類判斷，也就是權衡自動化的好處與錯誤的成本。要做好這一切，需要針對資料收集、決策和責任分配方面，進行系統層級的變革。

你覺得自己幸運嗎？

另一個關於機器擁有權力的恐懼是，預測機器現在常負責我們接收的資訊，幫助我們理解世界並做出決策，從購物到投票皆是如此。如果是由機器提供資訊給我們，那麼我們的權力是否在無形中被削弱？正如我們將在此看到的，我們與預測機器的關係並非單向。沒錯，它提供資訊給我們並影響我們，但我們同樣提供資訊給機器來改變機器的預測。換句話說，從經濟角度來看，機器（及其所有者）並未掌握所有籌碼。他們需要我們來維持其品質。因此，儘管你可能覺得自己沒有控制權，但實際上你擁有的比想像中還多。

讓我們想想當今最接近超級 AI 的東西：Google 搜尋引擎，那是個預測機器。你向它提問，或者只是輸入幾個你想要了解更多資訊的詞語，它就會搜尋網站，然後提供列表（有時

多達數萬筆），按照 Google 認為你可能最想要的順序排列。以前，這些排名主要由賴瑞‧佩吉（Larry Page，編按：美國電腦科學家及網路企業家）創建的 PageRank 評分系統決定，該系統假設你可能更想要其他連結到的網站。現在，基於數萬億次搜尋和點擊，Google 排名是一種深度學習預測，不僅考慮到過去其他人做過的事，還不斷更新，並利用它對你的了解提供個人化排名——專門為你訂制。你有多幸運呢？

事實證明，不一定那麼幸運。你可能沒有注意到，大多數 Google 搜尋並不在 Google 首頁（www.google.com）進行，但該首頁有兩個按鈕（見下頁圖 11-1）。當你輸入搜尋的字詞時，你可以點擊「Google 搜尋」，然後返回熟悉的網站排名列表，以及資助整個網站行銷的廣告。但旁邊還有另一個按鈕「好手氣」（I'm Feeling Lucky）。點擊那個按鈕，它會直接帶你到排名第一的網站。我們很少點擊那個按鈕的事實顯示，我們不覺得自己那麼幸運。這些預測還不夠好。

這並不是個新按鈕。它其實出現在最早的 Google 首頁上（見下頁圖 11-2），儘管 Google 以追求極簡的首頁著稱，力求保護首頁的版面空間，但它仍然存在。「好手氣」按鈕最初由 Google 共同創始人謝爾蓋‧布林（Sergey Brin）設置，他認為這是強調 Google 搜尋在推出時有多麼優秀的一種方式。2007 年，布林表示，Google 用戶只有大約 1% 覺得自己幸運，這相

圖 11-1 ｜ 2021 年 Google 首頁

資料來源：Google 和 Google 標誌均為 Google LLC 的商標。

圖 11-2 ｜ 1998 年 Google 首頁

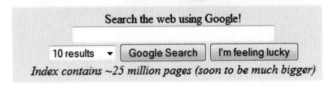

資料來源：Google 和 Google 標誌均為 Google LLC 的商標。

當於使用「好手氣」按鈕搜尋的比例。同時，據估計，保留這個按鈕讓 Google 每年損失了一億美元的廣告收入。Google 保留這個按鈕純粹是出於品牌考量，讓整個營運中保持人性化的一面，而不是人造操作。[4]

為什麼我們沒有感覺幸運？答案很簡單，第一個結果通常不是我們想要的。我們通常會瀏覽第一頁，並選擇一些內容，接著可能意識到這不合適，所以會回來再選擇另一個連結。從 Google 的角度來看，它無法改善這點。如果有人在 Google 搜尋「預測機器」並使用「好手氣」按鈕，就會帶往我們第一本書的網站（predictionmachines.ai）。但如果他們想從亞馬遜購買呢？在那種情況下，這就不是通向該資訊最有效率的方式。如果他們不想要書，而是要一篇摘要文章呢？你可能知道自己的選擇，但 Google 不知道你會做什麼決定。沒有這個資訊，它只能提供最佳預測，但仍留下一些空間讓你自行判斷完成這個過程。Google 可能渴望成為決策機器，但沒有判斷力，它無法成為你的決策機器。所以，它只能在預測中扮演部分角色，剩下的必須交給你，當然那樣也很好，因為你可能會選擇點擊廣告。

Google 搜尋的例子展現了自動化決策的困難。困難，但並非完全不可能。截至撰寫本文為止，Google 確實感覺「更幸運了」。隨著語音輔助搜尋的出現，人們的問題愈來愈完

整，Google 對此有更明確且更有信心的回答。因此，對於很多常見問題或目的更明確的查詢，Google 無論在語音搜尋還是其他搜尋，都會給出明確的答案，甚至不需要造訪其他網站就能獲取進一步資訊。在其他情況下，即使使用語音搜尋，它也會將用戶引導到一個畫面，讓他們自己決定。同樣的情況也適用其他語音搜尋軟體，如 Alexa（編按：亞馬遜推出的智慧型助理）或 Siri。這個過程和 Ada 的運作方式大同小異。當這種情況發生時，Google 的機器會觀察使用者做的選擇，並利用這些資訊更新其預測。**人類是這個系統的重要組成部分。**

有足夠好的預測且判斷和行動明確時，自動化是可能的。否則，就讓人類決定。這個過程稱為例外判斷。正如作家珍尼爾・雪恩（Janelle Shane）評論的那樣，AI 在範圍狹窄的情境和目標下會表現得更好。[5] 解決方案通常是在新情況下建立判斷機制，但如果可能情境的組合過於複雜，有時候 AI 的建議就會出現問題。

由此可以得出結論，我們可能已經形成適當的判斷，並能夠描述這些常見情境下的判斷。在這些情況中，可以將判斷編碼寫入自動化過程中，獲得良好的結果。在這些情境外，較罕見的情況是不可能進行編碼的。如果我們能辨識出這些情況，而不是期望機器自動處理所有情況，那麼混合解決方案會更加合適。關鍵在於，當某種情況超出機器編碼的判斷範圍時，需

要告知人類，由他們決定該怎麼做。

總結一下，AI 的預測是不完美的。為了減少錯誤風險，我們採取了兩條路徑。首先，事前我們先處理各種偶發事件並得出結論，了解出現各種偶發事件時，機器應該做出什麼選擇。其次，事後承認這麼做無法涵蓋所有偶發事件，因此必須由人類介入並做出決策。隨著 AI 預測的進步，我們將需要分配更多的人力資源處理這些判斷功能。換句話說，需要有包括人機協作的系統設計處理例外情況。

大規模判斷的責任

有時，可以透過事先指定判斷來完全自動化決策過程。你刷卡時，就啟動了一組演算法決定是否應處理或拒絕這筆交易。決定處理哪些交易的判斷，早在你刷卡之前就已完成。

沒有任何 AI 能夠做出這些判斷；這些判斷也不能以某種分散的方式合理地進行。相反地，在進行數百萬個接受或拒絕之前，就必須先有決策，再以編碼的方式大規模使用。機器不做決策。不過，機器可以改變決策者，當下由誰做決定，以及在具體決策之前由誰判斷重要事項。

這使我們回到了：為什麼機器能夠解僱員工這個概念會產生如此大的衝擊。機器不能解僱（或雇用）人。相反地，是一個（或一組）人進行判斷，選出機器運用預測做選擇的標準。

更廣義地說：從未有人因為機器人而失去工作。他們失去工作，是因為某人決定了如何替機器人寫程式。

我們怎麼走到這一步，輕易地把人類行為導致的結果怪罪到機器上，這是個有趣的問題。諷刺的是，資本主義一個主要特徵，正如弗里德里希・海耶克（Friedrich von Hayek）所強調，是它允許個別決策者操作；以我們的話來說，將他們自己的判斷應用於選擇。歷史學家路易斯・孟弗德（Lewis Mumford）觀察到：「正是因為資本主義的某些特徵，身為中性媒介的機器常常在社會中被視為惡意元素，漠視人命，對人類利益漠不關心。機器承受了資本主義的原罪。」[6] 事實上，「資本主義」這個詞似乎喚起了機器的力量。實際上，**真正擁有權力的人類正是那些將判斷編碼到機器中的人**。這些人應肩負責任，法律和規範系統必須了解這一點。

機器自動化的問題在於——模糊了最終負責決策者的身分。將判斷編碼意味著一個人的決策可以具有巨大的規模。基於各種原因，我們想知道那個人是誰。畢竟，沒有責任及其認定，如何讓人對決策負責？當我們考慮到將當下、限地決策時應用的判斷，轉變為事先編碼並遠離決策之處做出判斷的可能，這意味著我們需要新的系統設計。接下來將在第 13 章詳述這一點。

在駁斥了機器擁有權力的論點後，我們轉向 AI 的另一個

面向——回饋，這通常與被機器控制的恐懼並存。預測機器是學習機器。在某些配置中，它們可以被編程為繼續自動學習和更新。這就是價值所在。它們可以隨著環境的變化而發展。但涉及到權力的同時，領先的機器可以保持優勢。在這個過程中，與之競爭變得更加困難。採用 AI 者具有累積權力的潛能，這是我們接下來要討論的。

> ### ● KEY POINTS
>
> · 機器不能做決策。然而，AI 會使人們誤以為機器在做決策。當我們將判斷編碼化時，機器看似能夠做決定。AI 會生成預測，然後機器根據編碼化的人類判斷執行動作（決策）。
>
> · AI 預測是不完美的。為了減少錯誤風險，我們採取兩項措施。首先，事先處理各種偶發事件並得出結論，了解出現各種偶發事件時，機器應該做出什麼選擇。其次，事後承認這麼做無法涵蓋所有偶發事件，必須由人類介入並做出決定。
>
> · 雖然機器沒有權力，但可以透過規模創造權力，並且透過改變何時何地使用誰的判斷來重新分配權力。基於 AI 的系統可以將判斷與決策分離，使其在不同的時間和地點提供。如果由人為判斷每個決策轉變為將判斷編碼到軟體中，可能造成：一、因為市占率變化而導致的規模化和隨之而來的權力轉移；二、決策者的變化，隨之而來的是權力從原本應用判斷者轉移到提供編碼判斷者，或擁有嵌入該判斷系統的人。

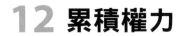

12 累積權力

　　系統級創新是困難的。為什麼不讓你的競爭對手經歷所有的痛苦和花費解決問題,再去模仿他們呢?因為 AI 給予了先行者優勢。AI 會學習,部署得愈早,學習的時間就愈長。學習得愈多,預測的準確性就愈高。預測的準確性愈高,新系統就愈有效。這形成了飛輪效應(flywheel effect,編按:企業透過持續積累小的成功,最終形成穩定強大的增長動力)。這個飛輪解釋了為什麼有些創投圈的投資者積極投資於看似新興的 AI 項目。學習來自數據,因此先行者優勢來自數據中的回饋迴路(feedback loop)。

　　BenchSci 是一家醫學 AI 公司,目標是縮短藥物開發流程。它的挑戰是要「大海撈針」,讓科學家更容易在堆積如山已發表論文和製藥公司的內部資料庫中,找到關鍵資訊。想要將可能的新藥物推進到臨床實驗階段,科學家必須進行實驗。BenchSci 意識到,如果科學家能從過去大量實驗中找出更精關

的見解，就能減少實驗次數，也更容易成功。

透過機器學習來閱讀、分類並提出科學研究中的洞見，BenchSci 發現科學家只需要進行正常情況下一半的實驗，即可將藥物推進到臨床試驗階段。透過在發表文獻中找到合適的工具（在這種情況下是生物試劑——影響和測量蛋白質表現的基本工具），而不是從頭開始重新發現它們，就能大幅縮短製造候選新藥的時間。這一切加起來，每年可能節省超過 170 億美元。在研發報酬率已變得微薄的產業中，這或許可以改變市場。此外，若能更快地將新藥推向市場，還能拯救許多生命。

最引人注目的是，BenchSci 正在做 Google 為整個網際網路所做的事：搜尋，只不過是在專門領域內進行。沒有機器學習，BenchSci 將無法處理已發表的生醫研究，並以能為客戶實際降低成本的方式解讀。就像 Google 幫助你找到修理洗碗機的方法，不需要長途跋涉去圖書館一樣；BenchSci 幫助科學家找出合適的試劑，而不需要進行一系列實驗。在 BenchSci 出現前，科學家通常會使用 Google 或 PubMed（編按：生物醫學相關文獻的書目索引摘要型資料庫）花上好幾天搜尋文獻，然後再花幾天閱讀文獻，再用幾週的時間訂購並測試三到六種試劑後，從中選擇一種。現在，他們使用 BenchSci 搜尋只需要花幾分鐘，訂購並測試一到三種試劑後選擇一種，這意味著減少了實驗次數及花費的週數。

BenchSci 是否應該擔心來自 Google 的競爭？這取決於它是否能根據業務打造具防禦功能的護城河，而這又取決於 AI 背後的資料本質。[1]

資料與預測業務

要了解在 AI 的世界中如何與他人競爭，首先我們需要考慮若想產出更好且更便宜的預測需要什麼。沒有那種魔法棒讓你揮一揮就瞬間擁有 AI。實際上，這需要辨識和管理生成預測的元素，以及將這些元素連結在一起所需的資料。

因此，預測業務就是獲取更好、更便宜演算法和資料的業務。那麼，這些從何而來？想想演算法。要建構一個預測演算法，你需要輸入（例如圖像）和輸出（例如圖像中的文字描述）來訓練模型。但首先需要用來訓練的資料。訓練資料愈好，你的預測演算法在起步時就會愈好。許多企業面臨的主要挑戰是，他們要嘛需要創建所需的訓練資料（例如，雇用專家分類），要嘛從其他來源獲取（例如，健康紀錄）。

訓練資料只是故事的開始。AI 與其他工具不同之處在於它會學習。你用得愈多，就會變得愈好。AI 會從回饋中學習，擷取資料並做出預測，然後再觀察預測是否實現。如果實現了，AI 就會對其演算法更有信心。如果預測沒有照預期發生，AI 就會學習如何改進未來的預測。

由於背後環境的變化，AI 模型經常需要最新的資料進行再訓練。這可能發生在導航應用程式中，因為道路會改變，人口也可能在某個地點移動；或是發生在目標式廣告（targeted advertising，定向廣告）中，因為消費者的習慣會改變。所以，AI 模型會變得過時，預測在經過一段時間後會變差。

　　雖然，新的訓練資料可以緩解這個問題，但在某些情況下，透過刻意收集新資料以應對每個新情況，或許是保持預測準確性最具競爭力的方法。也就是在動態環境中，不斷用我們稱為**回饋資料**的東西來更新模型。回饋資料是透過不斷評估預測的表現所生成的。為此，你需要獨立收集關於預測準確性的資訊，並將這些資訊對應到生成預測的輸入數據上。彙整這些資料後，你就擁有可用來更新演算法的回饋資料。

　　例如，當你要使用手機的人臉解鎖功能前，會先訓練手機辨識你。但即使你的面容有所改變，也不需要再重新訓練。你可能會戴眼鏡，也可能不戴。你臉上的毛髮可能會生長，或者你可能會化妝。在這些情況下，手機對你身分的預測可能變得不那麼可靠。因此，手機會使用你每次解鎖時提供的圖像，更新其演算法。這一切都可能在手機上發生，因為所有的訓練資料都是關於你。在其他情況下，訓練資料需要透過許多用戶的輸入資料和預測結果來更新。在此狀況下，隱私問題可能很棘手，並且會帶來協調多個來源資訊的挑戰。

總之，要在預測競爭中勝出，你需要擁有良好的演算法和獲取輸入資料的管道。但在許多情況下，你還需要獲取回饋資料。因此，你的資料策略將決定你能否以永續的方式參與競爭，這點實在讓人不意外。在某些時候，可能會有相當大的先行者優勢，因為更高品質的預測會吸引更多用戶，這些用戶反過來會生成更多回饋資料，進而改進預測、吸引更多用戶。在這種狀況下，那些沒有收集回饋資料並納入其設計的競爭對手，可能無法追趕上來。回饋迴路可以創造先行者優勢。

最低可行預測

　　這些先行者優勢取決於進入市場所需的預測品質。在工業經濟中，工廠通常會以最低規模打造，才能具備足夠的成本競爭力進入市場。這是因為在製造業中，平均單位成本通常隨著工廠規模的增加而下降，直到達到某個臨界點。這個臨界點被稱為「最小有效規模」（minimum efficient scale）。

　　許多 AI 也面臨最小有效規模。然而，這個規模並不是基於工廠的產量，而是基於訓練資料，此外，臨界衡量標準不是單位成本，而是預測準確性。AI 市場成功與否取決於其預測的準確性。為了具有商業可行性，預測必須夠好才行。最低預測準確性可能由法規規範（例如，用於醫療診斷的 AI 需要達到的最低預測準確性）、可用性（例如，自動電子郵件回覆服

務所需的最低預測準確性，以確保螢幕空間的代價），或競爭（例如，進入現有市場如搜尋引擎市場與 Google 和 Bing 競爭所需的最低預測準確性）決定。

撰寫準確的 AI 程式並不需要大量投資硬體設備；軟體不是資本密集型產業。主要的障礙來自數據。為了使 AI 夠準確，需要有足夠的數據。收集足夠的資料，達到最小有效規模，需要投入時間和努力。先行者優勢取決於達到商業可行預測所需的努力程度。

有時候，不需要太多努力。在網際網路搜尋的初期，我們有高度的錯誤容忍度。搜尋引擎提供多個連結，使用者可以瀏覽這些連結並選擇最好的。如果搜尋引擎顯示了不相關的連結，影響不大。在商業網際網路的早期，這導致了數十個不同的搜尋引擎出現，每個都有自己的方法找出最佳搜尋結果。競爭非常激烈。

相較之下，就自駕車而言，我們對錯誤的容忍度很低。AI必須明顯優於人類，才能受到信賴，讓我們將人命託付給車輛。第一家建構此類 AI 的公司幾乎沒有初期競爭，因為建立此類 AI 所需的資料規模龐大。這有一定的緊迫性，因為 AI 愈早達到最小有效規模，就能愈早開始從預測中獲得報酬。

然而，若市場快速成長，那麼這種早期達到最小有效規模的優勢便為時不長。其他公司所需的就只是獲得足夠資料，建

構跨越最低門檻以具備商業可行性的預測。最小有效規模不足以產生持久的先行者優勢。

原因在於，就技術而言，數據的規模報酬會遞減。你從第十次觀察中獲得的資訊會比第一百次多，從第一百次中獲得的資訊比第一百萬次更多。在增加觀察次數後，每次新增觀察對預測品質的影響愈來愈小。

為了使數據產生長期優勢，早期的先行者需要利用更重要的經濟力量來維持有利地位，那就是回饋資料。在實際運營中，他們可以收集回饋資料，然後用這些資料直接改進預測，使其他人難以望其項背。優勢不在於在其他人無法積極投入市場，而是啟動商品後能夠收集回饋資料。

推出產品還能激發對計算硬體和人才的投資，以充分利用數據。早期參與者之間的競爭，加速了這些投資，提高了品質，使其他人更難加以競爭。這種早期領導者能夠主導一個產業的現象，存在於許多技術密集型產業中。隨著已站穩腳步的公司改進其產品，與他們競爭所需的學習和研發投資變得非常高昂。例如，過去曾經有許多商用飛機製造商。現今，要成立一間在性能、安全和成本效率上與波音和空中巴士（Airbus）競爭的飛機製造商，可能需要數十億甚至數百億美元的成本。

倫敦經濟學院教授約翰・薩頓（John Sutton）在其著作《技術與市場結構》（*Technology and Market Structure*，暫譯）中

指出，製藥、半導體、液相層析等數十個這樣的例子。事實上，技術的穩定改進意味著：最小有效規模隨著時間推移而增加。這種增加（薩頓稱之為「內生沉沒成本」〔endogenous sunk costs〕）可以導致長期的市場權力，進而為早期先行者帶來非常大的獎勵。

這種情況已經發生在線上廣告和搜尋中。與黃頁（Yellow Pages）或報紙相比，Google 能夠更準確地預測誰在何時需要什麼，這使得目標式廣告成為可能。透過將廣告與購買行為連結起來，Google 可以從回饋迴路中受益，系統就能學習每次預測是否正確，然後為下一次更新模型，這使得任何新競爭者都很難追趕。儘管 1990 年代啟動搜尋引擎的最小有效規模相對較低，但 Google 透過持續投資硬體、人才和數據，使得今日任何新的搜尋引擎都很難進入市場。

快速回饋迴路

如果你能夠在早期將 AI 投放到市場，AI 就可以從客戶那裡收集資料。這些資料會使預測變得更好，進而產生正向回饋迴路，並對其他想要競爭的公司形成進入壁壘。如果回饋迴路夠快，會加速早期的領先優勢，這些數據也會繼續產生更好的預測。

透過這種方式，預測機器增加了傳統上屬於人類的優勢

——可以從結果中學習。AI 從學習中獲得的優勢與回饋延遲有關。在人壽保險的死亡率預測中，回饋可能會延遲數十年。在這種情況下，由於回饋迴路緩慢，對於早期在死亡率預測上具有領先優勢的公司，將限制其維持領先的能力。但如果在生成預測後能迅速獲得回饋資料，那麼早期的領先可以轉化為更大的領先優勢，進而形成持續的競爭優勢。

當微軟在 2009 年推出 Bing 搜尋引擎時，得到公司的全力支持。微軟在這方面投資了數十億美元。然而，十多年後，Bing 的市占率在搜尋量和搜尋廣告收入上仍遠低於 Google。Bing 難以追趕的一個原因便是回饋迴路。[2] 在搜尋中，從預測（根據查詢提供多個建議連結的頁面）到回饋（用戶點擊其中一個連結）的時間很短，通常是幾秒鐘。在這種情況下，回饋迴路非常強大。Google 已經營運奠基於 AI 的搜尋引擎多年，每天有數百萬用戶和數十億次搜尋。它收集了更多的數據，並更快地學習到用戶偏好。新內容不斷上傳到網際網路，因此搜尋空間不斷擴大。每當用戶進行查詢時，Google 會提供其對前十個連結的預測，然後用戶會選擇最佳的連結。這讓 Google 得以更新其預測模型，進而在不斷擴展的搜尋空間中持續學習。由於擁有更多用戶提供的訓練資料，Google 能夠比 Bing 更快地找出新事件和新趨勢。最終，快速的回饋迴路，加上持續投資互補性資產（complementary assets，編按：從主要投資中

產生價值所需的資產）如大型資料處理設備等，使得 Google 保持領先地位，而 Bing 從未追上。這也意味著任何其他試圖與 Google 和 Bing 加以競爭的搜尋引擎，都未能獲得起步。像 DuckDuckGo 這樣放棄個人化以保護隱私的搜尋引擎，則服務於重要但小眾的市場。

快速回饋迴路會引發競賽，因為如果你的競爭對手已經從這樣的循環中受益，它的預測就會迅速進步。快速回饋迴路放大了薩頓的內生沉沒成本。如果你落後太多，可能無法追上。想像一下，第一個能夠安全駕駛汽車穿越紐約市的 AI。一旦該 AI 獲得監理機關批准，它將持續收集資料並不斷改進。當第二個 AI 獲得批准時，將無法獲得相同數量和品質的數據，不太可能一樣好。在沒有真正的成本優勢且預測品質較低的情況下，次好 AI 的消費者價值也會較低。

因此，快速回饋迴路導致了競賽。早期參與可能帶來巨大優勢，公司可能會積極投資以啟動「飛輪」。在此背景下，大規模投資尚未成熟的 AI 變得更有意義。據估計，通用汽車（General Motors）支付了 10 億美元收購自動駕駛新創公司 Cruise，而該公司看起來僅有一個樣板和幾十名員工。[3] 為何通用汽車會付這麼多費用？一旦飛輪開始轉動，有快速回饋迴路和內生沉沒成本，任何後來加入的競爭者都難以望其項背。

差異化預測

競爭產品通常具有差異，往往會吸引不同客群。例如，可口可樂和百事可樂競相銷售口味和品牌形象不同的可樂。同樣，BMW 和 Mercedes-Benz 銷售的是風格和特徵不同的豪華轎車。這些品牌形象和特徵吸引了不同人。在這些情況下，很難定義哪個「比較好」。可口可樂本質上沒有比百事可樂好，只是稍有不同。在產品具有差異化時，就有競爭者的空間，而不是單一的主導供應商。自從可口可樂和百事可樂在百年前推出以來，許多成功的新飲料，如紅牛和 Honest Tea，都找到其利基市場且都能蓬勃發展。

同樣地，AI 也會吸引不同的群體。考慮一家公司希望用聊天機器人取代電話客服。一旦聊天機器人好到能夠發揮作用，就有許多方法可以定義何謂最好的聊天機器人。不同的公司會有不同的需求。某家公司可能希望聊天機器人能夠有效率，快速回答客戶問題。另一家公司可能希望專注於銷售，將來電查詢轉化為新收入。第三家公司可能希望聊天機器人讓人感到欣慰，使人放鬆並消除憤怒。由於這些不同的「更好」定義，讓數十家聊天機器人公司能同時存在，當中有許多小公司找到獨特且能盈利的利基市場。

另一個相關例子是黑色素瘤檢測。[4] 歐洲建構的 AI 不成比例地大量使用膚色較白者的資料。相較之下，亞洲建構的 AI

使用的是亞洲患者的資料庫。這些 AI 是具有差異的。歐洲的 AI 對白種人更好，而亞洲的 AI 對亞洲人更好。雖然「更好」通常代表了「更準確」，但 AI 在一個環境中的準確性並不代表在另一個環境中同樣準確，因此存在差異化的 AI。

與飲料、聊天機器人和黑色素瘤檢測不同，許多 AI 只有品質之分。更好的預測是什麼相當明確，並且可以實際測量。在明確定義品質的情況下，就如同在其他產業，品質最高的產品將會因需求更高而獲利。然而，AI 與其他產業不同，因為在其他大多數產業中，更好的品質意味著成本較高。低品質鞋子的賣家透過收取較低的價格生存。但在 AI 脈絡下很難做到這一點。AI 是基於軟體而來的。這代表著一旦建立模型後，生成高品質預測的成本與生成低品質預測的成本相同。如果較好的預測成本與較差的預測相同，則沒有理由購買品質較低的預測。

如先前所述，Google 擁有更多數據並受益於快速回饋迴路。這還不足以創造優勢，必須讓客戶明白什麼是更好的搜尋引擎。針對普通的搜尋，Google 和 Bing 都提供類似的結果。在 Google 或 Bing 中輸入「天氣」，結果可能看起來大同小異。而 Bing 失敗的地方在於搜尋較少見的字詞時。在輸入關鍵詞「disruption」時（截至撰寫本文時），Bing 的首頁僅提供詞典定義，而 Google 則提供定義和有關顛覆性創新的研究連結。

雖然，Bing 在某些方面有所追趕，但在其他方面並沒有。而且，Bing 沒有在任何類別中普遍被大眾認為較優秀的。搜尋時，「更好」代表了找到使用者更可能點擊並停留的連結。這對所有使用者來說都是如此，即使對每個人而言，最佳連結都不一樣。由於有明確的預測定義和快速的回饋迴路，Bing 無法透過充分差異化來獲取較高的市占率。

回饋系統

回饋迴路是刻意設計的。能夠預見回饋價值的 AI，便確保了可以收集結果的數據。在第六章中，我們討論了一個 AI 系統解決方案，可以預測個人在特定日期最佳的學習內容。這將使教育個人化，讓學生以適合自己的步調學習，使每個人都能學到更多。我們從教師分配和社交發展的角度，討論了系統層級的挑戰。回饋迴路顯示需要進一步的系統性變革。AI 需要數據判斷提供的內容是否提升了學生的表現。AI 愈早獲得這些資料，效果愈好。挑戰在於如何設計學術課程，既能確保學生深刻理解並記住觀念，又能保持足夠快的回饋迴路改進 AI。這點需要克服獲取學生資料的法規障礙，同時需要提升保護學生隱私的技術。與這個系統的其他部分一樣，個人化教育的 AI 系統解決方案中回饋部分目前尚未準備好。

雖然，單點解決方案 AI 會生成預測，但在產業中作為早

期採用者所獲得的優勢來自於回饋。AI 必須能夠獲取結果數據才能學習。自動駕駛 AI 需要獲取事故資料。每個自動駕駛系統都會確保能夠獲得這類回饋。幸運的是，事故相當罕見。為了能夠良好運作，自動駕駛系統需要獲取差點發生事故的數據。這類差點發生事故的資料愈多，學習速度就愈快。這就需要一個辨識差點發生事故的系統，然後建構學習過程以避免未來類似事件發生。避免事故還不夠，乘客的舒適度也很重要。因此，一個為早期採用者創造優勢的 AI 系統解決方案，還需要有能夠測量舒適度的方法。所以，AI 可能需要設計成從多個結果指標中學習和權衡。

贏者通吃

預測機器的潛力相當大。回饋迴路意味著早期進入者具有真正的優勢。早期進入代表了擁有更多數據。更多數據意味著更好的預測。更好的預測便有更多的客戶，而這又反過來帶來更多數據。回饋迴路創造了一場大規模部署 AI 的競賽。

但要記住，預測就像精確設計的產品，為適用於特定脈絡和目的。即使只在脈絡和目的上稍有差異，也能創造出讓不同公司可生存的空間。魔鬼（或可說是天使）就藏在資料收集與使用系統的細節裡。

- 儘管要在系統層級進行 AI 創新會面臨巨大挑戰，但仍應儘早啟動，理由相當充分：AI 給予先行者優勢，因為 AI 會學習。愈早部署，就能愈早開始學習。學得愈多，預測的準確性就愈高。預測愈準確，新系統就愈有效。

- AI 是軟體。因此，一旦建立 AI 模型後，生成額外預測的邊際成本趨近於零。所以，如果某個 AI 在市場發展的早期階段稍微優於其他 AI，就會有更多用戶選擇使用這個 AI 系統。隨著更多用戶加入，該 AI 會從更多的回饋資料中受益；隨著回饋資料的增加，AI 會生成更好的預測。更好的預測吸引更多用戶。如此循環。一旦「飛輪」開始轉動，起初只具有微小優勢的 AI 在一段時間後，可以獲得巨大的優勢。這種顯著的先行者優勢導致多方競速。乍看之下，公司似乎過於積極地投資，因為成為第一的獎勵非常大。

- 回饋迴路對系統設計有著重大影響。為了讓 AI 學習，就必須獲取結果資料。例如，AI 教育系統根據預測顯示下一個最合適的學習內容，必須設計成儘可能頻繁地收集回饋資料，以確定學生是否學會內容，並評估他們的參與度。因此，這不僅僅是在現有教育系統中加入下個最佳內容預測（單點解決方案），而是需要重新設計教育系統，以建立和收集高頻回饋資料，單位是以分鐘計算，而不是以段考來計算。

PART
FIVE

AI 如何顛覆

13 大脫鉤

問：「你的 AI 能為你的客戶做什麼？」

答：「會為他們提供洞見。」

如果每次新創公司創始人針對「創新破壞實驗室」導師的提問，給出這個答案時，我們都能得到一美元，那我們早就發大財了。

「洞見」這個詞對我們來說是個觸發詞，因為它代表了關於 AI 如何創造價值的錯誤思考方式。對於新的 AI 預測來說，「洞見」就像是「我們不知道如何利用這個預測」的代號。

正確的回答應該是概述預測將會改進的決策。只有當 AI 帶來更好的決策時，它才具有價值。這意味著，AI 創造價值的新機會就在於它們如何改進決策。

好消息是，決策無處不在。決策置入了「通用」概念，使 AI 成為通用技術的核心。對於良好決策的需求也在不斷增加。據估計，1960 年代，只有 5％的工作需要決策技能。到了

2015 年，比例超過了 30％。這些工作薪酬更高，並且在教育程度、技能和經驗方面，有更嚴格的聘用要求。[1]

AI 預測有潛力提升決策技能的價值——也就是將人們所謂的「洞見」轉化為更好的決策能力。然而，正如我們將在本章中說明的，關鍵問題不在是否，而是誰將抓住這些新的決策機會。

決策的關鍵在於判斷

「如果你頭痛得厲害，我給你一瓶藥，其中九顆能治好你的頭痛，但有一顆藥會致命，你會吃嗎？」[2]

芝加哥公牛隊老闆傑瑞・藍斯道夫（Jerry Reinsdorf）對籃球傳奇人物麥可・喬丹提出這個假設性問題。我們大多數人會回答不會。其實真正要做的決定是，喬丹在他腳骨折恢復後是否應該重返賽場。那是他在 NBA 的第二個賽季，喬丹想要回到賽場。但醫生告訴他，如果他參加比賽，有 10％的可能再次受傷，[3] 並且恐會終結職業生涯。喬丹卻認為有 90％的機率一切都會沒事，這樣已經夠好了。因此，才有了關於頭痛藥的問題。

關於吃藥的問題，喬丹給藍斯道夫的答覆是：「這取決於頭痛有多嚴重。」[4]

在這個說法中，喬丹表示，重要的不僅僅是機率（也就是

預測），回報同樣重要。在這個例子中，回報指的是人們對頭痛的痛苦程度相對於治癒或死亡的評估。我們所說的回報就是判斷。

為了像麥可‧喬丹那樣具體區分預測和判斷，我們繪製了下頁圖 13-1 中的決策樹。在樹的根部有兩個分支，一個是喬丹吃藥，另一個是不吃藥。如果他選擇吃藥，會有兩個代表不確定結果的分支：頭痛治癒了，或是因為藥而喪生？在這些分支的末端是感覺良好或死亡的結果。

相較之下，如果他不吃藥，實際上沒有不確定性。他會頭痛，但沒有死亡或無頭痛的風險。因此，不吃藥的分支末端就是故事的結尾，結果是喬丹肯定會頭痛。

我們很容易對結果進行排序。感覺良好比頭痛好，頭痛又比死亡好。但是，10％的死亡機率是否足以排除感覺良好的選擇？描述性的結果是不夠的。正如喬丹所言，需要某種強度的衡量來比較避免頭痛所帶來的好處。這種決定事物重要程度的能力就是判斷力。

當然，設計這個假設性問題是為了使決策變得更令人印象深刻，因為你很難想像頭痛會讓人願意冒十分之一的死亡風險。所以，讓我們考慮喬丹和藍斯道夫的真實決定（如196頁圖 13-2 所示）。在這裡，我們為特定結果添加了數字以反映其強度，也就是納入判斷的具體呈現。除了項目名稱外，決策樹

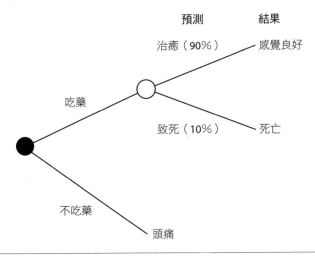

圖 13-1｜麥可‧喬丹的吃藥決策樹

預測　　　　　結果

治癒（90%）　感覺良好

吃藥

致死（10%）　死亡

不吃藥

頭痛

看起來與圖 13-1 相同。但隨著判斷的數字增加，我們現在有足夠的資訊來計算決策。休息肯定會給喬丹帶來−10；而比賽給他帶來 90%的機會獲得 100，和 10%的機會獲得−2000。因此，比賽給喬丹帶來的收益為−110＝0.9（100）＋（0.1）（−2000）。喬丹不應該比賽，因為−10 比−110 好。

　　但是，喬丹和藍斯道夫爭論的是判斷。喬丹認為他應該被允許出賽，並認為這對他和球隊來說應該值 200，職業生涯終結的代價為−1,000。如果這是正確的判斷，那麼出賽的回報將變為 80＝0.9（200）＋（0.1）（−1000）。他們意見分歧之處不在於預測，那有待醫學專家評論。他們的分歧之處在於判斷。

圖 13-2 ｜ 麥可‧喬丹出賽或休息決策樹

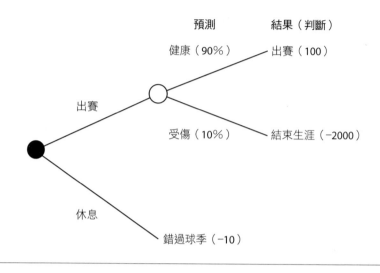

最後，喬丹「吃了藥」，重新回到球場，只不過藍斯道夫對他的上場時間設定了嚴格限制。儘管芝加哥公牛隊因為喬丹的缺席而在賽季初期輸了許多比賽，但最終還是打進了季後賽。他們以 30 勝 52 敗的戰績，亦即史上第二差的成績獲得季後賽資格。他們獲得的回報，就是在季後賽首輪面對賴瑞‧柏德（Larry Bird）強大的波士頓塞爾提克，該球隊最終贏得了那一年的 NBA 總冠軍。

然而，在東部聯盟（Eastern Conference）首輪系列賽的第二場比賽中，喬丹得到了 63 分，這個數字截至撰寫本文時，仍是 NBA 季後賽單場得分最高紀錄。

AI 預測促成明確的判斷

喬丹和藍斯道夫之間的分歧，源於他們已經從專業醫師那裡得到了診斷，事實上是一個預測，兩者都無法質疑這一點。但想想有多少決策是在沒有明確預測的情況下所做的，那會如何呢？當消防員在緊急情況下必須決定救哪個人時，他們會考慮救援成功的相對可能性，以及這些人是誰，例如一個老人和一個孩子。消防員會做出決定，但他們如何精確地權衡不同結果，很可能是隱而不顯的。我們對其決策效益的評估，取決於多種因素的組合。

然而，AI 預測可能從決策者手中奪走決策的這個部分。預測導致了脫鉤（見下頁圖 13-3）。

預測和判斷的脫鉤，並不是只適用課堂而不適用於現實世界的假設概念。麥肯錫最近一篇關於保險未來的文章，就是基於這種預測和判斷分離的概念。[5] 該文章勾勒了 2030 年汽車保險的願景。客戶上車後，他們的個人數位助理會規畫出可能路線。數位助理背後的 AI 會預測事故的可能性，而客戶則根據他們的判斷做最終決定。

實際情況很可能是這樣。你到溫哥華出差，租了一輛車，就住在市中心布勒街（Burrard）上的薩頓酒店，有個會議則在不列顛哥倫比亞大學（UBC）。你可以走風光明媚的海線，或者走西四街的無聊路線。風光明媚的路線會經過基斯蘭奴海灘

圖 13-3│AI 預測造成脫鉤

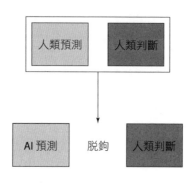

（Kitsilano Beach）、傑里科公園（Jericho Park）和西班牙海灘
（Spanish Banks），風景很美，但稍微慢一些。不管走哪條路，
你都能準時到達會議地點。

真正的問題是，沿著景區路線行駛時，很多人會因欣賞風
景而容易分心，發生小碰撞的機率會稍微高一些。假設你租的
車配備了 AI，它會告訴你景區路線上發生事故的機率會高出
多少。然後你需要運用判斷力評估，風景是否值得讓你冒這個
風險。為此，你會畫出決策樹，並為不同結果加上回報，就像
在前面的例子中麥可‧喬丹所做的那樣。你計算預期回報，然
後決定走景區路線。

誰會這麼做呢？不會有人這麼做。這太複雜了。這是「學
術」工作，我指的是最負面的意義。理論上很美好，但實際上

毫無用處。

　　其實不需要這樣。你可以將決策重新定義為你熟悉且經常做的事。在 AI 助理預測出機率後，它會告訴你一個價格：如果選擇景區路線，你的保險費將增加一美元。

　　這看似微不足道。駕駛人可以根據價格決定路線。價格由事故的可能性和修理成本決定，這些都隱藏在客戶看不到的地方。AI 會計算事故機率並分配成本，但客戶只看得到價格。

　　由機器做預測，客戶進行判斷。客戶只需要判斷是否值得付出這個價格得到這個好處。就是這麼簡單。

　　其實這種情況已經發生。許多公司根據每分鐘的駕駛決策來定價保險。許多企業為那些在手機上安裝遠端資訊處理應用程式的客戶，提供折扣，認為他們能夠好好駕駛。例如，特斯拉不需要依賴手機資料，可以使用車輛本身的數據，根據急剎、不安全的跟車距離等因素來衡量安全分數。[6] 根據駕駛行為替保險定價，可以降低客戶的保費，而我們所有人都能有更安全的道路。[7]

　　預測和判斷被分開了。保險公司為冒險行為定價，由客戶判斷這種行為是否值得。

　　這個保險的例子，顯示了判斷可以與預測脫鉤，而我們人類已經習慣做出判斷。這就是經濟學家所說的「顯示性偏好」（revealed preference）本質。我們可以從決策中了解某人的偏

好。幾十年來行銷人員一直這麼做。

1971 年，保羅・格林（Paul Green）和維塔拉・拉歐（Vithala Rao）發表了一篇論文，詳述了一種評估消費者需求的嶄新工具。該文章標題為《量化判斷資料的聯合衡量法》，文章開頭指出「長期以來，管理者或消費者判斷的量化，一直是行銷研究人員面臨的問題。」[8] 他們強調「研究消費者決策需要確定購買者做決策時，如何權衡相互矛盾的標準。」這種方法要求消費者對不同選項進行排序。這些選擇是假設性的，但因為是消費者熟悉的項目，所以很容易進行。

格林和拉歐以折扣卡為例。一張卡可能在十家店提供 5%的折扣，價格為 14 美元。另一張卡在五家店提供 10%的折扣，價格為 7 美元。第三張卡在十家店提供 15%的折扣，價格為 21 美元。藉由消費者對他們的偏好進行排序，統計學家可以計算出消費者對每張卡認定的價值。選擇顯示了判斷。

經過一段時間後，這種方法也有所改進。它被用來評估義大利辣腸或夏威夷披薩的價值，福特卡車或豐田汽車的價值。甚至用來評估中國博士生在美國大學畢業後，留在美國或返回中國的偏好。透過詢問學生比較想在波士頓擔任年薪七萬美元的私部門研究科學家職位，還是更願意在北京擔任年薪五萬美元的公共部門管理職位，研究人員就能了解學生對在美國或中國生活的相對價值判斷。[9]

同樣的顯示性偏好框架，在經濟學中也有平行的研究流派，始於丹尼爾‧麥克法登（Daniel McFadden，編按：經濟學家）在 1970 年代初獲得諾貝爾獎的工作。它是現代工具的基礎，用於超市掃描資料和線上點擊流量來衡量需求。

　　15 年前，這個領域的經濟學家巨擘或許是帕特‧巴哈里（Pat Bajari）。巴哈里現任亞馬遜核心 AI 副總裁和首席經濟學家。在加入亞馬遜之前，巴哈里曾是哈佛、史丹佛、杜克、密西根和明尼蘇達大學的教授。他是經濟計量學會（Econometric Society）的會員，撰寫了一些標題晦澀的論文，如《具有異質消費者和未觀察到的產品特徵的需求估計：一種享樂方法》和《隨機係數分布的簡單估計器》（提示：其實並不簡單）。巴哈里是他那一代最傑出的計量經濟學家之一。他的論文很抽象，充滿了符號和方程式。我們不會想到他會把亞馬遜變成世界上擁有最多經濟學博士的公司。

　　然而，這正是他所做的。這要大幅歸功於他作為導師和領導者的技能。[10] 這也與他的論文直接相關。需求估計是亞馬遜業務的核心，必須知道消費者重視什麼，以及他們願意支付多少。如果亞馬遜知道消費者對產品價值的判斷，就能在適當時間以適當的價格向他們提供合適的產品。估計消費者判斷的工具，存在於市場研究和計量經濟學中。在巴哈里的領導下，亞馬遜的經濟學團隊找到了如何大規模確定這個判斷的方法。

一旦我們知道可以從決策中了解判斷，顯而易見的是，我們人類一直在做判斷。我們擅長判斷。只有在判斷與預測脫鉤時，判斷才會變得陌生。

判斷的機會

將預測與判斷分離創造了機會。這意味著決策者不再是最能完美結合預測和判斷的人，而是由最能好好利用 AI 預測進行判斷者。

一旦 AI 提供了預測，擁有最佳判斷力者就能脫穎而出。正如我們提到的，從觀念上和實務上來看，AI 比許多放射科醫生更能精準地進行預測。雖然這取決於具體預測的是什麼，但事實上，訓練 AI 的方式可以透過將圖像與觀察到的可靠結果（例如病理檢驗是否發現惡性腫瘤）做匹配進行預測，而不是透過觀察放射科醫生的預測進行訓練。因此，AI 預測有可能超越人類預測，這種程度的超越使得技術先鋒暨知名 AI 投資者維諾德・柯斯拉（Vinod Khosla）建議，在未來，若放射科醫生不依賴 AI 預測可能被視為醫療失職。

問題在於──AI 預測會對放射科醫生的判斷價值產生什麼影響？有鑑於放射科醫生（至少在美國）的操作方式，很大程度上他們與患者的其他資訊脫鉤。因此，如果 AI 預測某個患者有 30％的機率患有惡性腫瘤，在哪些可以想像的情況

下，一個醫療系統會接受某個放射科醫生的診斷：應該治療該患者的腫瘤，而不是另一個放射科醫生認為不應該治療的判斷？這確實很難想像。相反地，人們可能認為會有醫療專業委員會在任何機器預測前先進行審議，並討論診斷的規則，然後大規模應用該委員會的判斷。放射科醫生的決策，被分解為機器預測和委員會的判斷。

一旦 AI 提供了預測，新系統就能利用更好、更快、更便宜的預測和更恰當的判斷。正如我們在《AI 經濟的策略思維》中強調的那樣，這為亞馬遜提供了改變其商業模式的機會，在你下訂單前就將物品送到你家門口。這種商業模式現在已經存在。Stitch Fix（編按：提供「穿衣時尚」訂閱服務的新創公司）在服裝方面實現了這一點。[11] 正如執行長卡翠娜・雷克（Katrina Lake）所言：「我們透過結合數據、機器學習與人類專家的判斷，做出獨特和個人的選擇。」不止於此。在時尚產業，庫存成本相當昂貴。資料科學團隊開發了演算法，整合庫存重購決策與預測需求變化。

在第 11 章中，我們展示了機器沒有權力，因為決策的判斷總是來自人類，即使最終執行決策的是機器。在下一章中，將討論一旦判斷與預測脫鉤後所涉及的技能。理解這些技能，有助於解釋在預測和判斷脫鉤後，如何改變誰是適合的決策者。脫鉤為 AI 的採用，創造了改進判斷相關技能的新機會。

- 預測和判斷是決策的兩個主要成分。在決策樹中，預測會產出每個分支發生的機率。判斷則會生成與每個分支末端結果相對應的回報。通常我們在做決策時，不會意識到預測和判斷是兩個獨立的輸入，因為兩者都存在同一個人（即決策者）的腦中。當我們引入 AI 時，我們將預測從人類轉移到機器，進而將預測與判斷分離。這可能會改變由誰來提供判斷。

- 我們一直在做決策，從未思考過預測或判斷。我們只是做決定。即使每次做決策時，我們沒有明確地思考預測和判斷，也可以在決策後透過分析技術推斷判斷（我們稱之為「顯示性偏好」）。長期以來，經濟學家和行銷人員一直使用統計工具來選擇衡量判斷。

- 決策是建構系統的重要元素。在 AI 出現前，從系統設計的角度來看，預測和判斷之間的區別並不重要，因為這兩個功能都發生在同一個人的腦中。然而，AI 改變了這一點。當我們將預測從人轉移到 AI 時，就可以重新思考系統設計。如果 AI 更快、更便宜，我們可否更頻繁地進行預測？我們能否對不太重要的決策進行預測？我們能否將判斷編碼，進而自動化並擴展決策？我們能否將判斷角色分配給具備更好判斷能力的不同人或群體，而不是局限於之前系統中負責生成預測的同一個頭腦？因為 AI 在最基本的層面上創造了新機會：決策組成，這為新的系統設計帶來了巨大機會。

14 從機率的角度思考

2018 年，一輛 Uber 自駕車在亞利桑那州坦佩（Tempe）撞死了一名行人。這是第一起自動駕駛汽車造成的致命事故。據稱，這輛車看到了行人但未剎車。新聞報導引用了一位普林斯頓大學教授的話：這應該是對所有測試自駕車公司的一個警告，檢查其系統確保必要時能自動剎車。[1] 事故當天，坦佩的警察局長給出不同的解釋：「很明顯，她從陰影中走出來的方式，很難避免這次碰撞的發生。」[2]

Uber 真的對其車輛編寫殺人程式嗎？當然不是。但要說這輛車沒有看到行人也不盡正確。事實上，撞擊發生前六秒，車輛預測到了一個未知物體的存在。當車輛預測到未知物體可能是一個人時，已經太晚，緊急剎車也無法改變結果。[3]

換句話說，兩種解釋都是錯誤的，因為兩者都是確定的說法。車輛確實偵測到了物體，而這個物體可能是一個人的機率很小。如果車輛能夠更早預測到這個物體可能是一個人，就會

刹車，避免悲劇。事故報告顯示，車輛感應到一個人，但判定機率不高。不是零，但極小。此外，車輛的程式設定為只要某物是人的機率不太高，就繼續行駛。這個機率可能是 0.01％，0.0001％，或 0.000000001％，但從來不是零。機器就是這樣運作的。

這是糟糕的結果。一輛自駕車輛沒有足夠高的判別度辨認行人，因而沒有啟動剎車。我們需要付出更多努力才能發現這是個糟糕的決策。事故發生後，Uber 凍結了其自動駕駛計畫。2018 年 12 月，Uber 重新啟動自動駕駛計畫時，看起來完全不同了。車速限制在每小時 25 英里以下，並在車內始終配有兩名安全駕駛員。同時進行了其他改變，例如由第三方監測駕駛員、不同的自動剎車程序。基於門檻的決策也不再適用。

從下注的角度思考

區分糟糕的決策和糟糕的結果是很重要的。有時候，好的決策也會導致糟糕的結果。這是職業撲克玩家安妮·杜克（Annie Duke）在其著作《高勝算決策》（*Thinking in Bets*）中傳達的主要資訊之一。截至撰寫本文時，杜克是唯一一位女性贏得 NBC 國家撲克冠軍杯單挑賽（National Heads-Up Poker Championship）。撲克是結合運氣和技巧的遊戲。即使你完美地出牌，也可能會輸，但也有可能在爛牌上押大注、靠運氣贏

得勝利。

杜克認為，在事情不順利時，重要的是要反省這是決策不好，還是運氣不好。如果只是運氣不好，那就將其歸類為不佳的結果，然後繼續前進。如果是不佳的決策，則要從中學習並在下次做得更好。

太多的業餘撲克玩家因為結果不佳而改變策略。同樣地，太多人在爛牌上押大注，然後贏了。接著，他們會根據過去的結果做下一次決策。這種習慣，杜克稱之為「結果論」，會使這些玩家變得愈來愈糟糕。他們沒有能力區分結果是不是運氣造成的，不確定性讓人難以從中學習。

麥可・喬丹確實在 1985～1986 年賽季的尾聲參加了比賽，並且沒有受傷。他得到了好的結果。這是最好的，無論在結束職業生涯的受傷機率，還是缺席整個賽季的相對回報都是最好的。在那個賽季後，他贏得了六個冠軍和五個最有價值球員獎，成為史上收入最高的運動員，達到 26 億美元。看起來參加這些比賽是正確的決定。也許他應該更早重新加入球隊。喬丹確實沒有受傷，但這並非代表了他做出正確的決定。

以下注思維考量事情，首先必須承認預測是不確定的，並且了解你所經歷的結果有部分由運氣決定。要做到這點並不容易。以汽車而言，在自動駕駛出現之前，預測和判斷的責任都在駕駛身上。如果人類駕駛撞到行人，我們永遠無法得知他們

是犯了預測錯誤（認為撞到人的機率趨近於零，所以沒有剎車），還是判斷錯誤（趕時間，把快速到達目的地看得比避免事故更重要）。如果發生事故，我們通常會假設他們的判斷沒問題，但在機械操作時預測錯誤，因此發生碰撞。目前，社會似乎能接受這一點。

設計自動駕駛汽車時，你可以測量預測錯誤。但隨後你必須做量化判斷，這涉及到一些不愉快的事情，例如計算生命的成本，並將其與乘坐者的體驗進行比較（因過於謹慎而太頻繁地停車令人感到不愉快）。人們必須經常默默地進行這種權衡，但當要求明確表達時就會退縮。對於決定如何處理自動駕駛車的設計和倫理團隊來說，這種不愉快一點也不會減少。

擁抱不確定性

從下注的角度思考就是要擁抱不確定性。我們會檢視某件事情發生的潛在機率。如果機率夠高，向左走；否則，就向右走。換句話說，我們根據預測設置的臨界點說明決策規則。如果預測非常精確，這種方法的效果就非常好。回想一下，麥可・喬丹是否應該參加比賽並冒著受傷風險的決定。如果醫生說結束職業生涯的機率為零，那麼喬丹和藍斯道夫都不會猶豫。這個決定之所以困難，是因為預測涉及不確定性。喬丹評估後，認為有 90％的信心就夠了，而藍斯道夫則不同意。

根據列舉信心程度的門檻進行決策的想法很有吸引力。以難民入境審查過程為例，這是個充滿不確定性的決策。根據難民申請者的證詞，裁決官需要決定他們是否認為這個人的申請可信，以及如果拒絕申請，這個人是否會遭受聯合國難民公約（UN Convention on Refugees）所述的傷害。此外，相關證明文件往往很稀少，裁決官很少能得到他們過去決策是否正確的回饋。

目前，裁決官只能盡其所能權衡證據並做出決定。裁決官往往對自己的決定充滿信心。正如一位學者所言：「有些人似乎認為他們的直覺是唯一有效的真理仲裁者，如果直覺告訴他們某人在說謊，那麼這個人肯定在說謊。」[4]

這種自信用錯了地方。為了做出更周全的決定，若有預測能夠針對某申請者的行為（例如是否說謊）進行機率分布，會非常有幫助。這麼做的目標是改善決策結果，而不是提高接受申請的比例。

缺乏數據檢驗接受或拒絕難民的決策，是否導致了裁決官預期的結果。如果收集到這些資料，就可以建立預測機器來評估未來的申請者。有了這個機器，我們可以基於證據進行更有信心的評估。在加拿大一個案例中，一名來自德國的難民申請者聲稱，她在兒子的學校受到管理階層的迫害，德國警方無法幫助她。有大量數據是關於德國警方對犯罪報告的反應程度，

因此可以自信地預測警方至少會按照難民申請的要求保護她。同樣地，裁決官可以確信證據將支持葉門 LGBTQ（編按：少數性別族群）活躍人士，或蘇丹受迫害少數族群成員的申請。

其他許多案件則有所存疑，往往缺乏足夠資訊判斷警察是否會回應家庭暴力的求助，或者申請者的個人資料是否足以引起政府關注。在這些情況下，缺少數據意味著不確定性。顯現出這種不確定性，應該會減少裁決官過度自信的情形。

裁決官需要透過比較不確定的預測來進行判斷，評估「哪種錯誤更糟糕：拒絕應該批准的難民申請，還是批准應該拒絕的申請？」[5] 這似乎很簡單，但風險很高。拒絕合法的難民申請可能導致酷刑或死亡。接受虛假的申請意味著有人濫用了國家寬大的行為。根據聯合國公約，接受虛假申請更糟糕。拒絕合法申請是一個明顯的「錯誤」。

透過分離預測和判斷，並清楚說明即使是最好的 AI，對難民申請的預測也存在不確定性，AI 可以帶來更好的流程。最終，如果預測機器接受了預測中固有的不確定性，那麼會有更多的申請被接受。說「不」的成本太高了。

目前的系統並不是這樣運作。裁決官對於能夠傳達不確定性的預測機器幾乎毫無用處。他們沒有接受過解讀統計不確定性的培訓，法律對於錯誤決策的嚴重程度定義也含糊不清。即使裁決官接受了培訓，也無法直接融入現有過程。接受所有不

確定的難民申請會產生政治壓力，使難民更難入境，也可能變相鼓勵隱瞞資訊。儘管 AI 在難民申請方面具有實現更公平流程的潛力，但如果不進行系統變革，這種 AI 是不可行的。這個新系統的一部分，將是對判斷的明確理解，也就是如何衡量錯誤決策的相對風險。

缺乏判斷限制了 AI

判斷展現了你的期望。但如果遇到新的情境或資訊不是你以前處理過的，你是否一定知道自己想要什麼？難民申請的裁決官應該如何解釋「某個申請有 40％的可能性是合法的」這個說法？過去，裁決官在決策中結合了預測和判斷。對於許多新的 AI 應用，與預測脫鉤的判斷可能尚不存在。因為無法預測正在發生的事，所以無法根據預測採取行動，便沒有理由了解這個行動的回報會是什麼。

這意味著預測和判斷可能會面臨「雞與蛋」的問題，這反過來又形成了採用預測機器和構建新 AI 系統的障礙。只有這些資訊對你有用時，投資和採用更好的預測才有價值。只有當你預期會有更好的預測，在產出理想中更好的預測時，才能真正發揮作用。因此，缺乏判斷本身就會限制你投資更佳預測的意願，反之亦然。

尋找判斷力

　　你可以透過先思考預期結果來訓練判斷力。透過研究、評估和向他人學習，你可以確立在不同情況下可能出現的結果。這就是大多數人學會不碰熱爐子的方式。有人告訴你，碰到爐子會燙傷，你在沒有親身經歷燙傷的情況下學會這個判斷。這是別人傳遞給你的判斷。這樣做的好處是，避免一路走來犯下代價高昂的錯誤。

　　有些人可能心存質疑。孩子們被告知不要做各種事情，但其中很多事沒什麼不良後果。愈是叛逆的讀者愈可能碰觸熱爐子，然後進化就發揮了作用，你體驗到觸碰熱爐子的痛苦，透過另一種方法學習——從經驗中學到教訓。

　　你做出選擇，然後獲得回饋。結果告訴你不同路徑的成本和收益。你在不同情境下做出不同選擇的經驗愈多，你的結果就愈清晰。你從這些經驗中建立的全貌就是判斷力，讓你知道未來該怎麼做。

　　這是建立判斷力的兩種方式。要麼擬定學習計畫，透過閱讀、指導或文化，從他人那裡獲取；要麼透過經驗學習。我們現在依序來檢視這兩種方式。

制定計畫

　　擁有低成本或高品質的預測，使得透過經驗獲得判斷任務

變得更容易。但是，如果這些預測需要一些投資和開發呢？在開發之後，預測可能變得較便宜，但過程中，獲取資料和訓練演算法以及測試結果的成本，可能需要仔細評估是否划算。因此，合理的做法是進行仔細分析，以確定如果有預測可用時，可能做出什麼選擇，也就是透過事先思考結果獲得必要的判斷力。例如，許多創投家資助的新創公司，其成功背後存在著高度不確定性，但在做出投資之前，他們會先進行分析，考慮如果公司成功，要透過首次公開發行還是私有收購退出比較好。[6]

在進行這種分析時，自然會假設對常見情境深入研究的結果，而非罕見情境的調查結果。然而，當涉及規畫不同情境的選擇時，問題不在於預測是否能區分常見或罕見的情境，而是能否區分何時需要採取截然不同的行動。

讓我們來看看 AI 在信用卡詐欺中的應用。當你刷信用卡時，會啟動一系列演算法決定是處理還是拒絕交易。可能因為你的信用額度已經用完，或是懷疑有詐欺行為而被拒絕。信用卡網路不希望允許懷疑是詐欺的交易，因為這將使它承擔盜刷相關的成本。另一方面，信用卡業務的核心在於為客戶和商家提供簡單且無痛的服務。因此，拒絕合法交易對其不利。消費者可能感到沮喪，或者更糟的是轉而使用其他信用卡。

當信用卡網路的演算法懷疑某筆交易可能是詐欺行為時，就會進行可能性評分。實際上，這個分數代表了交易是詐欺的

機率。但是，如何對這些資訊做出反應則需要判斷。這個判斷不在商家或任何在現場的人身上，而是透過早已寫入系統中的程式判定，以自動化的方式決定是否接受卡片交易。難道還有其他方法嗎？

這意味著必須事先考慮如何將指導分數轉化為接受或拒絕行動的判斷，最有可能來自評估可能選項的委員會。如果預測分數總是 100％或 0％，那麼你不需要太多的判斷去決定正確行動。然而，你必須做的是設置一個分數閾值，超過這個閾值的交易會被拒絕，低於這個閾值的交易會被接受。而絕大多數的交易會被接受，這代表著相對較高的詐欺分數是不常見的。這或許解釋了為什麼在用任何演算法進行評分之前，信用卡公司將是否接受卡片交易的決定留給商家。

這個閾值必須在兩種錯誤之間找到平衡。第一種是允許了詐欺交易。代價通常只是由信用卡公司承擔交易費用而非商家或持卡人承擔，這些成本可以從歷史資料中計算出來。第二種是拒絕合法交易。這裡的成本更難計算，因此更難做出判斷。持卡人的類型在這裡可能扮演重要作用。如果持卡人是高端客戶，信用卡公司可能更加擔心這類錯誤，因為這類客戶如果受挫，可能會將所有交易轉到其他信用卡上。因此，應用的判斷涉及到客戶的其他特徵。這可以與詐欺評分產生互相影響。畢竟，預測詐欺交易必須從正在調查的交易中推斷出某些異常行

為。對於經常旅行的高端客戶，這可能比消費模式更穩定的普通持卡人更難預測。

我們很容易看出，透過提前計畫做出判斷可能是項複雜的工作，必須考慮許多不同面向。這些面向必須轉化為可描述的內容，例如在信用卡情境下，可以編碼到自動化過程中。有了自動化流程，在此所做的事就是判斷個人在做出具體決策前，先行判斷什麼是重要的。這種複雜性成為了採用 AI 系統的障礙。進行判斷的人發生了變化，不再是由商家綜合預測和判斷某人是否會信守信用，而是信用卡公司結合即時預測，並且進行大規模且事先計畫好的判斷。

經驗之旅

透過判斷力——知道在特定情況下該做什麼的經驗，可以帶來更好的決策。然而，這個過程可能並不直截了當。畢竟，我們是否經歷某件事取決於：一、事件發生與否；二、知道事件實際上已經發生。如果你不小心碰到火爐，你不僅會擁有（希望是新的）經驗，還可以推斷其後果。但是，這需要發生一次意外才行。如果你知道爐子可能是燙的，所以從不去碰，就不會真的知道後果是什麼。我們不是說這是不好的策略，只是指出，你的選擇可能會引導你的經驗。[7]

為了更精確地說明這一點，請試想一個情況，現在你可以

選擇兩個行動。一個稱為現狀行動，是你一直以來的做法。你清楚知道這樣做會得到什麼，而且結果總是相同的。這是個具有確定回報的行動。另一個行動稱為冒險行動，是你從未做過的事情。你不知道如果選擇冒險行動會發生什麼。例如，可能雇用一個不符合常規標準的人，或者資助一間不完全符合你平常投資理念的新創公司。在這種情況下，即使你收到一些有關冒險選擇的信號，讓你能更了解決策的背景，你可能仍不知道是否值得行動。

在這種情況下，你可能會陷入困境。或許你可以從預測中獲得一些資訊，但如果你不知道如何利用，可能不會選擇付費取得這些預測。但沒有這些預測，你就會堅持現狀，永遠不知道冒險行動會帶來什麼。同樣地，建立判斷力的挑戰也是建構 AI 系統的障礙。

如果 AI 系統解決方案的回報夠高，就值得投資建立判斷力，因此這種「雞與蛋」的情況可能並非無望。透過經驗或計畫建立判斷的最佳人選，可能不同於目前基於綜合預測和判斷做出決策的最佳人選。

所有事物的主管機關

在許多情況下，我們無法確切得知一個人服用藥物治療後會有什麼反應。不過，我們確實知道有些人會出現嚴重的副作

用。不同的人有不同的反應。藥物效果是透過機率統計而來的。因為即使是好的藥物，也不是所有人都有效，所以有時很難區分好藥和壞藥。

這個問題可能會阻礙藥品市場的發展，和 20 世紀初的江湖騙術相去無幾。然而，我們開發了一套規範流程（由美國食品藥物管理局〔FDA〕規範美國的製藥產業），權衡每種藥物在每個適應症上的整體效益與成本。規範的過程納入了藥效的機率本質，並使用隨機實驗（如第三章中所述）確定藥物是否有效。此外，我們在整個年齡分布和其他分布中，考量整體和特定狹義群體的效益成本比（benefit-cost ratio）。最近的一個例子是，美國食品藥物管理局對 Covid-19 疫苗的分階段批准，先是成人，之後才是兒童。

在我們考慮用機率方法取代確定性方法的新系統設計時，可能需要考慮對以前未受類似規範的領域，採取類似的規範方法。[8] 例如，儘管我們要求新駕駛參加簡單的駕照考試，但從未審視過他們對可能傷害到他人的成本是否具有判斷力，因此，我們需要類似美國食品藥物管理局的機構測試自動駕駛 AI 的行為，在既定指南下是安全無虞的。

同樣地，我們需要類似美國食品藥物管理局的機構規範授予銀行貸款的 AI。這個規範機構將測試 AI 的貸款授予行為，以確定這些行為是否符合法律要求。此外，可能需要規範機構

監管倉庫機器人控制系統的 AI，因為這些機器人臨近人類工作，需測試機器人的行為相對於某個基準是否安全。

正如難以驗證的機率性製藥產業，會因為規範流程而獲益一樣，該流程向市民保證，儘管存在風險，不過總體利益是淨正效益（Net Positive）。我們在設計系統解決方案以獲得 AI 的全部好處時，可能需要類似的思維。隨著我們從現今過渡到 AI 無處不在的新時代，其中大多數系統由確定性轉變為機率，我們可能需要對多數事物設立類似美國食品藥物管理局的主管機關。這些主管機關將成為新系統的一部分。

誰是合適的判斷者？

由誰進行判斷，如何判斷，以及怎麼實際應用在決策中，無論只是作為門檻，還是更複雜的東西，都是基於 AI 預測的系統設計中非常關鍵選擇。還記得 AI 預測通常意味著你現在可以選擇誰是合適的判斷者，而不是結合預測者和判斷的最佳人選，因為這兩樣功能已經分離了。然而，分離代表了你需要選擇由誰獲得這些預測，並且了解如何運用這些預測。預測可能會傳送到一個地方，例如，演算法中結合預先擬定的判斷已設定觸發行動的預測門檻；也可能傳送到多個地方，例如最佳導航路線的預測，這些預測可供許多駕駛使用。

這些變化可能會帶來破壞，在實施過程中造成不和。然

而，從脫鉤開始，接著找到合適的判斷者，就能創造重新思考系統的機會。這些判斷者可能與今天的決策者不同。他們需要了解如何從下注的角度思考，具備正確的規畫技能、經驗或獲取經驗的機會，才能以適當的方式建構他們的判斷力。

● KEY POINTS

- AI 將**機率思維**引入系統。我們在調查車禍時，會問駕駛是否在碰撞前看到行人。我們期望得到的回答──「是」或「否」。我們不太習慣處理「有點」或「稍微」這樣的回答。然而，這正是 AI 提供的回答。它看到了某個東西，認為那是行人的機率可能是 0.01％。當我們將 AI 納入系統時，經常將系統從確定性轉變為機率性。有時現有系統設計良好，能夠適應機率輸入。但有些時候，這創造了重新設計系統大幅提高生產力的機會。

- 為了將預測轉化為決策，我們必須應用判斷力。如果傳統上由人進行決策，判斷力可能沒有和預測區分開來，成為獨立的一項。所以，我們需要把它找出來。那麼會在哪裡呢？可以透過轉移（向他人學習）或由經驗獲得。如果目前沒有判斷力，可能就沒有動力去投資用來進行預測的 AI。同樣地，如果我們沒有可以做出必要預測的 AI，可能會猶豫是否要投資開發與決策相關的判斷。我們面臨著「雞與蛋」的問題。這可能會對重新設計系統構成額外的挑戰。

- 為了充分利用 AI 的力量，許多應用方式需要重新設計系統解

決方案，這些解決方案不僅包括預測和判斷，還包括在系統從確定性轉變為機率性時，能向社會保證的規範功能。我們無法預先知道系統在所有情境下的行為，因為它不是用一個蘿蔔一個坑的方式編碼的。就像難以驗證的機率製藥產業，因為規範流程而大幅受益，該流程能向市民保證，儘管有副作用風險，整體收益是淨正效益，我們可能需要一個類似美國食品藥物管理局的規範功能，檢查機器的決策是否符合既定的測試框架。在許多情況下，這可能是基於機率性資訊的系統重新設計時，能否獲得成功的關鍵。

15 新判斷者

鉛是一種致命的神經毒素，會影響兒童的大腦發育。[1]自 1960 年代開始，油漆中逐步淘汰鉛，1970 年代則逐步從汽油中淘汰鉛。大部分的含鉛油漆已替換。使用含鉛汽油的汽車早已報廢。這些變化改善了全世界數百萬人的健康。

1986 年，美國禁止使用含鉛飲用水水管，但並未禁止已安裝的水管。由於這些水管可以使用一百年，如果不更換，它們將繼續造成危害。密西根州弗林特市（Flint）在更改水處理方法後，造成飲用水中的鉛含量大幅上升，使得更換水管問題成為焦點。問題是市政府官員不知道哪些水管含鉛，哪些是無害的。逐一檢查每根水管的成本則過於高昂。

不確定性提供了部署預測機器的機會。密西根大學（University of Michigan）教授艾瑞克・史瓦茲（Eric Schwartz）和約克柏・亞伯內希（Jacob Abernethy）接受了這項挑戰。他們帶領了研究團隊，著手預測哪些水管可能含有鉛。他們成功

建構了一個部署於弗林特市的 AI 模型。該市只檢查那些預測結果顯示可能為鉛管的水管。當預測機器找出一根可能含鉛的水管時，其準確率為 80％。[2] 2016 年和 2017 年間，弗林特市更換了數千位居民家中的鉛管。

儘管如此，有些居民並不滿意。預測可能顯示，某個社區只有一條街區可能含鉛（也許因為房屋較舊），這讓該社區的其他居民對自己的水管感到擔憂。一些社區，特別是貧困社區，比富裕地區更有可能接受鉛管檢查。一些富裕居民因為未能及時檢查他們的水管而感到憤怒。弗林特市長引進了一家新承包商管理鉛管更換，要求該公司鑿開城中每間房屋的牆進行檢查，而不考慮飲用水水管實際是否含鉛。

成功率因此驟降至 15％（見下頁圖 15-1）。雖然，許多居民現在因為他們的房屋沒有鉛管感到放心，但找出和更換水管的過程卻停滯不前。AI 提供了出色的預測，但判斷依然是政治問題。正如新專案經理所說，市政府「不希望向市議員解釋為什麼他們的選區沒有進行」，並且「市政府不想讓任何人被忽視。」[3] 在這個過程中，雖然一些地區居民放心他們的水管沒有鉛，但第五區開挖檢查的情形卻最少，儘管 AI 預測該地區 80％的房屋會有鉛管。最後當地政治家決定，弗林特市不使用這個預測機器。

圖 15-1 │ 找出弗林特市含鉛水管的準確率預測

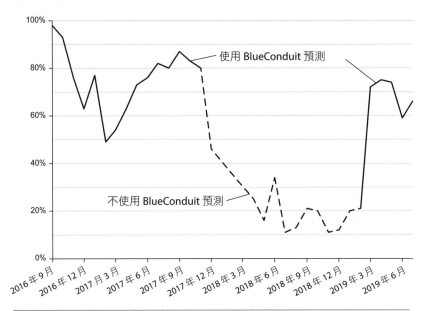

資料來源：改編自傑里德・韋伯（Jared Webb）、約克柏・亞伯內希和
艾瑞克・史瓦茲的〈去除鉛：數據科學與弗林特市的供水管
線〉（Getting the Lead Out: Data Science and Water Service
Lines in Flint，工作論文，密西根大學，2020 年），圖 3，
2022 年 5 月 10 日線上讀取於：https://storage.googleapis.
com/flint-storage-bucket/d4gx_2019%20(2).pdf。

　　但這並不是故事的結局。2019 年 3 月 26 日，美國法院批
准的一項和解協議，要求該市使用史瓦茲和亞伯內希的預測。
法院取消了政治上的自由裁量權，預先規定了判斷標準。本質
上，法院認為每個市區和每個社區消除鉛同等重要，但最重要

的是是否存在鉛的可能性。因此成功率迅速上升到 70%，又有數千名弗林特市居民的鉛管被找出來並更換。《時代》（Time）雜誌將史瓦茲和亞伯內希的 AI 評為 2021 年最佳發明之一。現在，由一家名為 BlueConduit 的營利公司負責銷售，大約有 50 個城市使用這種預測方式，幫助他們節省資金的同時，找出並移除數百萬戶家庭中的鉛管。[4]

很有趣的一點是，**新預測機器的可用性引發了決策權之爭**。這些預測對弗林特市的政治家來說很不方便，所以他們放棄了這些預測。其他人則認為，只要將每個家庭視為同等重要，這些預測就能改善生活。經歷過一場法院案件，決策權發生了變化。法院和解協議預先規定了判斷標準。地方政治家失去了自由裁量權，中央系統則占了上風。

當預測機器使判斷與預測脫鉤時，就有機會將判斷的焦點轉移給他人。正如我們已指出的，最終由擁有判斷力者進行決策。這可能改變由誰做決定以及誰能夠決策。本章要探討何時可能出現新的判斷者，並由他們負責決策。

更重要的是，我們明確點出採用新系統時，抵制變革的一個重要來源。引入顛覆性變革時，往往有贏家和輸家。輸家可能是整個機構的一部分，例如反對串流影片的百視達加盟店。由於經濟權力的變化，導致機構內部無法採用變革。但經濟權力也與誰有權做決策有關。在密西根州弗林特市，AI 預測可

能剝奪了政治家的決策權，權力的喪失導致採用 AI 的阻力。必須透過再次轉移決策權才能消除這種阻力。因此，當我們改變決策者時，就影響了權力的分配，而這本身可能對新系統的採用產生阻力。

誰來做決策？

將判斷從地方政治家轉移到由法院定義的優先列表，可能會改善生活。不同的人有不同的動機。在預測機器可以改變決策的時間和地點時，就促成了做出更佳決策的新機會。

企業中，當我們考慮由高階管理階層還是他們的下屬進行特定決策時，主要標準是「誰能以最低成本做出符合機構最佳利益的決策？」這就是**效率**。有很多原因可以解釋，為什麼某人擁有決策權是出於效率的考量。一個原因是，這個人可以獲得可供決策的**重要資訊**。例如，現場經理可以做出關於當地資源部署的決定。雖然他們可以將收集到的資訊傳達給上級，但可能很費時，並且成本高昂（對所有參與者來說皆是如此）；因此，有時我們將決策權保留給那些第一手了解情況的人。

另一個原因與人員的**技術水準**有關。決策可能很困難。尤其是你必須解讀資訊，然後進行預測和判斷，接著做出選擇。所有活動都需要技術，而這些技術可能並不普遍。因此，你會根據技術分配決策權。

與此相關的是**獎勵機制**。你希望做出符合機構利益的決策。然而在做決策時，人們有自己的偏好，這會影響他們的判斷，可能導致與機構利益不一致。雖然，可以藉由獎勵機制使利益一致（只要造成不一致的因素可以用某種方式測量），在其他情況下，有些人的利益與機構更一致，這將驅動決策權的分配。

最後，決策不僅有其自身影響，有時甚至會超出決策者的範疇。例如，銷售和行銷必須與生產和營運一致。在這種情況下，理解不同決策之間關係者，可能是做出所有決策的人。因此，即使在資訊可用性、溝通，甚至技術方面會產生一些不良影響，決策仍可以捆綁在一起，以利最後做出協調的決策。

給某人決策權的重點在於，賦予他們隨之而來的權力。他們需要能夠決定何處部署資源，將哪些資訊納入考量，以及根據誰的利益做出最終決策。這種權力自然流動後，就能掌握更多價值。當你被賦予決策權時，是因為你能夠做出更好的決策為**機構創造價值**。此外，是你而非他人擁有這種權力的原因在於，資訊、技術和利益一致的情形並非普遍存在。或許任何人都可以做決策。然而，事實上，我們花時間考慮由誰決策，這表示他們也會帶來權力。

AI 預測的出現，使預測和判斷脫鉤。更關鍵的是，AI 預測意味著判斷將成為決定某人更有效地獲得決策權的關鍵。畢

竟，無論誰使用 AI 預測應該都是一樣的，這自動將其排除在決策分配的因素之外。

決策人才

具備技能的人類是我們統稱的「人才」。就人才而言，關鍵問題在於我們重視的是能夠做出更好決策的技能，這意味著在預測機器出現之前，這些技能包含了卓越的預測和判斷。機器預測的可用性引發了一個問題：人類能夠貢獻哪些特定技能。在過去，很難將良好的人類決策與良好的預測和判斷分開，而預測機器則強調了人類判斷的技巧。

正如我們在第 11 章所探討的，好消息是判斷必須來自人類。壞消息是這個人不一定是以前的判斷者。

AI 預測什麼時候才會真正改變誰是合適的判斷提供者呢？在許多情況下，AI 預測可能會鞏固目前做出決策的人才，這樣一來，他們就不會受到干擾。然而，對其他人來說，判斷在其他地方可能更有效。你應該尋找哪些因素用來判斷變革的方向？

如果提供判斷的最佳人選類型發生變化，預測和判斷的脫鉤可能會改變權力分布。某人的判斷變得更有價值，而其他人的判斷則變得較不具價值。這不會發生在所有產業和每個情境中。在許多情況下，最近的 AI 發展不會影響決策。而在其他

情況下，更好的預測將使公司改進現有的預測分析或逐步改進現有流程。

然而，有時候更好的預測意味著判斷的核心會發生變化。發生這種情況時，決策者會發生變化，權力也會重新分配。AI 將對判斷價值產生不同的影響，這取決於它是否部署於 AI 出現之前，便依賴預測進行決策的情況下。

所有的計程車司機，在一天內任何時間都必須預測兩點之間的最快路線。例如，英國倫敦的計程車司機需要花三年時間學習「知識」學科，並在結束時接受測驗，以了解他們對街道名稱、建築物位置的記憶，以及一週中任何一天的某個時刻、選擇兩點之間最快路線的能力。因此，預測是這份工作的重要部分。所以，當機器可以透過應用程式提供這些預測時，現有的計程車司機沒有改變，但所有其他司機現在都有機會應用自身判斷，依賴 AI 預測而不是自己的預測技能。AI 擾亂了計程車產業，不是因為它改變了計程車司機判斷的價值，而是因為它提高了其他人判斷的價值，這些人現在可以為 Uber 和 Lyft（編按：美國僅次於 Uber 的第二大叫車公司）開車。預測擴大了可以開車接送乘客的司機範圍，因而改變誰可以做決策。

在弗林特市的鉛管案例中，預測將決策者從地方政治家變為法官，以及同意修改決策的法律案件當事方。

改變決策者可能會引起抵制和懷疑。預報氣象學家負責預

測天氣。[5]他們預測日常溫度、降雨量和危險天氣，如颶風、龍捲風和暴風雪等。他們負責傳達天氣資訊，當發生極端的天氣事件時特別重要。美國國家氣象協會（National Weather Association）前會長塔德‧賴瑞科斯（Todd Lericos）指出：「我們做的是風險評估。公眾面臨了多大的風險，我們需要向他們傳達什麼資訊，才能讓他們採取減少災害的行動？」[6]

　　預測是第一步，但溝通如果未能改變行為，再好的預測也無法派上用場。想想一下，2011年龍捲風襲擊密蘇里州喬普林市（Joplin）的情況。龍捲風來臨前四小時已發布警報，而且在龍捲風襲擊前17分鐘發出具警鈴聲的警報。但調查顯示大多數喬普林居民並沒有前往避難。[7]不幸的是，有158人喪生，更多人受傷。預測是確保人們在天氣變得危險時，做出正確決策的一部分。

　　隨著預測技術的改進，傳達變得更具挑戰性。假設發生龍捲風的風險是5%。預報員必須找到平衡點，衡量警告人們有生命財產真實風險的短期利益；以及若什麼都沒發生，20次中有19次會產生警報疲勞的長期成本。這改變了預報氣象學家的日常角色。正如賴瑞科斯所說：

　　傳統上，氣象服務的主要客戶是大眾。現在，大眾變得愈來愈像間接客戶。我們服務的大部分重點工作是與地方當

局合作，做出關鍵決策。……他們才是具有影響力的人。你可能見過這些情況，在冬季暴風雪來臨前，市長站在那裡說：「我們需要大家待在家裡，不要上路。」[8]

換句話說，國家氣象局（National Weather Service）提供決策支持。正如作家安德魯‧布蘭姆（Andrew Blum）指出，現在他們花更多時間向緊急管理人員和公共工程官員，解釋天氣事件的可能性及其影響的嚴重性。在此過渡期間，這意味著更多的工作量。在未來，這很可能成為唯一的工作。[9]

造成這個現象的原因，是預報變得更準確。預報錯誤時，學校可能只會在雪開始下時才會關閉。有更準確的預報，便可以提前幾天採取行動：

這帶來一個新挑戰：如果天氣預報幾乎完美無缺，你能用來做什麼？你如何學會使用它來做決策？過去，氣象學對這個現實的反應相對緩慢。正如氣象學家暨氣象公司（Weather Company）高級副總裁——彼得‧內利（Peter Neilley）所解釋的：「這一直是我們科學中的後見之明，是別人的問題。長期以來，我們的科學說的是，『我們只會專注於準確性，當準確性達到理想程度時，社會就會得到良好的保障。』但我們意識到這不完全正確。」他們的

工作範圍擴大了。內利表示：「現在包括整個價值鏈，從模型中的預報生成一直到個人的有效決策。」[10]

到目前為止，地方辦公室的氣象學家做得最好。以降雪警告為例，在我們居住的多倫多，預報一吋的夜間降雪，會告訴你出門前要多花幾分鐘清理車上的積雪。同樣的一吋預報可能會讓亞特蘭大停擺。在拉斯維加斯，情況可能更複雜。這個預報可能只對城市的西邊有意義，因為那裡海拔較高，更有可能下雪。做出正確的判斷是相當複雜的，並且需要理解人們的生活方式。

賴瑞科斯描述了一個氣象 AI 系統解決方案的運作方式。首先，他描述單點解決方案：「更好的預測將使傳達影響和風險，成為氣象學家工作中更重要的一部分。」進而導致系統層面的變化：

AI 在氣象學中還有另一個新領域。輸入更準確的天氣預測，然後將這些資訊與其他社會和個人資料結合，以更精準地預測個人或企業的風險概況，以及減輕這些風險所需採取的行動。想像一個不再發布通用天氣警報的世界，而是自動向個人或企業發送個人化的天氣警報。再會了，人類預報氣象學家？看來我們人類的判斷力更適合用來開發

能向客戶提供正確類型決策的 AI。[11]

想做到這一點，需要理解個人行為，才能告訴他們預報對他們意味著什麼。賴瑞科斯提供了一個例子。如果你住在拉斯維加斯的東邊，你不需要改變你的行為模式。除非孩子的學校在西邊，在這種情況下，你可能預期學校會關閉。如果不關閉，你得想辦法接他們回家。這還取決於你的車。在內華達州，很多人擁有後輪驅動的跑車。隨著預測變得更精準，判斷變得更細緻。賴瑞科斯強調需要擁有正確專業知識的人，「社會學家、交通專家，以及（當然還有）氣象學家。」他承認，「在某些情況下，氣象學家不在決策桌上⋯⋯這取決於你所要解決的具體問題。」[12]

如果更好的 AI，意味著預報氣象學家不再是關鍵的天氣決策者，我們可能會預期這些氣象學家對大規模採用 AI 抱持謹慎的態度。

弗林特市的鉛管、導航應用和天氣預報的例子都顯示，如果決策者的判斷價值因 AI 而提高，他們將保留權力；如果判斷價值降低，他們將失去權力。**最終，這取決於決策效率。**如果擁有預測機器意味著擁有資訊、技能、獎勵機制和協調能力者會發生變化，那麼判斷的權力也會隨之改變。[13]

（去）集中化

AI 也會影響權力的集中。AI 預測作為軟體，可以在許多決策中進行溝通和判斷，這使得判斷可以規模化。這種規模化促使從制定判斷並將其編碼到自動化流程，變得更有效率。

為了理解這一點，我們來看看 AI 預測已經產生影響的一些案例，例如放射科和信用卡詐欺。我們在第 14 章中已經介紹後者。在前者中，AI 預測威脅到了放射科醫生的工作。雖然，在這種情況下 AI 預測可能優於人類預測，但為了評估其影響，我們必須確定 AI 預測是否也會改變誰提供判斷。

記住，判斷是對不同選項所產生的價值權衡了解。當你依賴預測做決策時，是你對做出錯誤決策後果的重視，因為預測往往是不完美的。當 AI 預測出現時，誰了解在預測不完美時該怎麼做？

想想針對一名疑似惡性腫瘤患者的診斷做決策。為了做出診斷，放射科醫生會檢視患者的造影。在美國，放射科醫生通常不會與患者接觸，因此唯一的資料就是影像本身。

雖然在某些情況下，預後是顯而易見的，但在其他情況下，放射科醫生會計算惡性腫瘤存在的機率。如果他們做出的診斷是沒有惡性腫瘤，而事實上存在惡性腫瘤（即偽陰性），患者未受治療，可能會死亡。這似乎會促使人們做出保險起見的診斷。

但「保險起見」的選擇也有其自身成本。將一名實際上沒有惡性腫瘤的患者誤診為偽陽性，使其必須接受進一步檢驗和承受治療的不適。最終的診斷可能是一種判斷。更重要的是，部分判斷可能涉及放射科醫生對自我能力的信心。如果擔心可能漏掉什麼，你可能會偏向於偽陽性而非偽陰性。

放射科醫生的判斷來自於訓練和經驗。每個放射科醫生在每次決策中都應用了他們的判斷。

在其他情況下，判斷不是由多人提供，而可能是更集中化過程的結果，就像信用卡網路一樣。在那種情況下，演算法可以預測交易是否為詐欺行為，但該如何處理預測的判斷結果，需要預先考慮、編碼並規模化應用。判斷是集中提供的。

放射科醫生和信用卡網路的例子，說明了兩個廣泛的判斷來源。個人可以在本地為每個決策提供判斷，或者可以大規模地在全世界為大量決策提供判斷。當決策的背景對當地因素很重要，或難以將判斷編碼作為跨決策應用時，當地判斷便最有價值。在整個機構中擁有一致的決策過程就能獲益，同時當地背景不那麼重要時，全球判斷最有價值。針對當地背景量身定制的判斷和全球大規模應用的判斷，這兩者之間的區別很重要，因為當 AI 預測改善後，這可以改變判斷的最佳來源。

這在信用卡的案例中已經很明顯。在信用卡出現之前，現金和支票是主要支付工具。現金當然可靠，很難進行詐欺。支

票是另一回事，商家可自行決定是否接受某個客戶的支票。他們會自行預測支票是否會兌現，但也會自行根據接受支票或堅持只收現金的後果進行判斷。

信用卡網路規模化之後，就帶來大量數據，即使在 AI 出現之前，這些資料也能夠預測是否兌現信用卡交易。最初，詐欺管理側重於事後的補救措施。但是，隨著愈來愈精準的預測出現，他們可以更可靠地規模化接受或拒絕的決定，而不是讓商家打電話報告行為可疑者。因此，更精準的預測導致了判斷來源的變化：從當地背景到全球規模。

放射科醫生仍然在預測，並在此背景下應用判斷。判斷的來源仍然是本地化的。然而，隨著 AI 的進步，問題就變成了放射科醫生是否仍然是診斷的最佳判斷來源。

放射科醫生不僅進行預測。正如第八章所述，放射科醫生的工作流程包括 30 項不同的任務，其中只有一項基本上是直接受影像辨識 AI 影響的預測。[14] 其他任務包括進行身體檢查和制定治療計畫等判斷。[15] 放射科醫生在醫學院後需要經歷數年培訓。許多人在這些年裡學習如何判讀影像。一旦由 AI 進行預測，問題就變成誰最適合承擔放射科醫生現在做的其他任務，很可能需要由了解當地背景的醫學專業人士來擔任。醫學影像中更精準的預測，可能意味著更多的醫學專業人士可以運用判斷，進而改變放射科醫生與更廣泛的醫學專業人士的決策

權力。

預測可以增加或減少大眾對判斷者的關注。

判斷與控制

我們討論了判斷與控制兩個面向。有時，預測與判斷的分離代表了由不同人進行判斷，有時則是相同的人。有時，對決策的控制變得更加集中，有時則不然（見下圖 15-2 的摘要）。

當少數人能做出最有效率的判斷，而 AI 表示這些人應該與目前決策者不同時，就有可能帶來顛覆。我們已經在支付產業看到這種顛覆，集中化網路管理者的判斷取代了數百萬商家的判斷。在弗林特市，舊有的做事方式在面臨數據的挑戰時，變得無法持續。

由不同的人進行判斷，即使是 AI 的單點解決方案也會面臨阻力，這會減緩 AI 的擴散，延長停留在過渡時期的時間。

圖 15-2 ｜ 判斷與控制

		對決策的控制	
		較集中	較不集中
人為判斷	相同	客戶支持，聘雇	醫學造影
	不同	信用卡，弗林特市的鉛管	Uber 司機，氣象學

這也強化了顛覆的潛力和 AI 系統解決方案的需求。如果當前系統中的權力持有者不願放棄他們的位置，那麼或許由有抱負的 AI 系統企業家開發的新系統，把判斷權分配給最適合提供判斷的人。

然而，即使有合適的判斷者，正如我們在 Part 6 將看到的，系統涉及相互關聯的決策。因此，改變一個決策的實施方式就會對其他決策產生影響。這對系統的設計影響深遠。

● KEY POINTS

· 使用 AI 造成預測和判斷的脫鉤後，或許可能創造增加價值的機會，但要做到這點，可能需要重新設計系統，使得判斷的位置從原本決策者轉移到他處。若發生這種情形，權力就會重新分配。最終，那些提供判斷者能夠做決策並擁有權力。利用 AI 的新系統設計可能會使某些人的權力變小，因此他們很可能抗拒改變。

· 當我們設計一個新系統時，要如何分配決策權？我們選擇最有可能以最低成本做出符合機構最佳利益的決策者或團體。這就是決策效率。有四個主要因素需要考慮：一、資訊：誰擁有或應該授予做出決策所需的資訊？二、技能：誰擁有做出決策所需的技能和專業知識？三、獎勵機制：誰的獎勵機制與機構在這個特定決策上的利益最一致？四、協調：如果這個決策影響機構的多個部分，那麼誰擁有必要的跨機構威信、資訊和獎勵機制，以使這個決策最符合機構的整體利

益？當需求是預測加上判斷時，這些問題的答案可能與僅僅是判斷的需求非常不同，因為 AI 提供了預測。

- 如果判斷是可編碼且可規模化的，新的系統設計可能會集中權力。信用卡網路和放射科就是兩個例子。在信用卡網路的情況下，權力集中在少數幾家信用卡公司，而不是像過去那樣分散在許多商家中。在放射科的情況，一些人猜測醫學影像中模式辨識和異常檢測的關鍵技術，適合由 AI 提供集中預測的解決方案。在這種情況下，如果放射科醫生不再需要預測技能，他們是否最適合提供判斷？如果不是，護理師、社工或其他受訓的醫療專業人員可能也可以提供判斷。

PART
SIX

———

構想新系統

16 設計可靠的系統

湯瑪斯・謝林（Thomas Schelling）在獲得諾貝爾經濟學獎的幾十年前，提出了以下的思考實驗：

> 你要在紐約市和某人見面，但不知道會面地點，也沒有事先和對方約定地方，而且你們不能互相聯絡。你只被告知自己必須猜測見面的地點，對方也被告知同樣的資訊，你們只能試圖讓對方的猜測一致。[1]

今日當我們問學生這個問題時，他們甚至無法理解為何會出現這種問題。當然，你只需要發個簡訊給對方就好了不是嗎？但在過去，這個難題對大家來說並不陌生。整個問題的重點是了解在無法通訊的情況下，你能做什麼。

在課堂上，如果你是在 2000 年之前問紐約學生這個問題，他們很快就會想到一個地點：中央車站的大鐘下。在墨爾

本，答案是佛林德茲街車站（Flinders Street Station）前的台階。在多倫多，可能是在內森‧菲利普斯廣場（Nathan Phillips Square）的大多倫多標誌前。

這些都是當地的焦點。大多數城市和城鎮都有這樣的地點。你們都知道彼此試圖達成同樣的目標，而且也都知道對方知道這一點，依此類推。

根據我們的經驗，會遇到困難的往往是外地或外國學生。他們知道自己需要知道什麼，但缺乏必要的共同知識。實際上，他們可能更容易回答謝林後續提出的問題：「你知道了日期，但不知道見面時間……你們兩人必須猜測一天中確切的見面時間。你們會在什麼時間出現在見面地點？」任何人都會回答：中午。[2] 這個時間點甚至比地點更為聚焦。

謝林的職業生涯深受戰爭影響，特別是冷戰。他的研究重點在於如何避免戰爭，並讓人們在共同利益上達成協議。他使用的工具是賽局理論。在考慮如何協調許多人不同的決策時，即使他們都朝著共同的目標前進，這些工具可以用來指出這種協調何時很困難，何時會很簡單。

在這裡我們感興趣的是，將 AI 置入系統中以利做出決策時，會如何改變協調所有決策的性質（無論是否使用 AI）。答案取決於**可靠性**。

謝林的焦點練習，顯示了依賴擁有相似知識基礎的人，有

多麼有用。在機構內部，這很重要，但我們的依賴，通常來自於預期其他地方完成的事情可以較為明確。當其他人遵循規則時，這項任務通常很容易，我們可以將機構的不同部分黏著在一起。但當規則變成決策時，建構一個潤滑系統的挑戰就變得明顯了。我們通常不會隨時隨地告知他人我們正在做什麼，因為這本身也有成本。相反地，我們會對他們可能在做的事產生預期心理，然後當我們在自己領域內做出選擇時，我們的行動會與這些預期一致。如果這些預期不可靠，那麼我們將難以讓所有決策達到一致。

其實不必如此。如果你能設計一個系統，使預期維持可靠，就能獲得更精準預測時帶來的好處，進而使用新的方式服務客戶。

AI 長鞭效應

想像你在經營一家餐廳。顧客走進來點餐，接著廚師負責做菜。這看起來很簡單，因為預期是一致的。在任何時間點，廚師能做什麼菜都會受到限制。這些限制來自於他們的技能、訂單數量以及食材和設備的可用性。如果你允許顧客點任何他們喜歡的菜，就會出現問題。因此，你制定了菜單，限制了顧客的選擇，這樣才能做出他們真正點的菜。從廚房的角度來看，菜單本身創造了可靠性，防止意外的驚喜。

每週你都需要訂購食材，要訂哪些食材取決於菜單。如果菜單上有酪梨醬，你就需要酪梨。你每週訂購 100 磅。有時 100 磅太多了，就得扔掉多餘的；有時 100 磅不夠，就錯過了銷售機會。

後來你採用了 AI 進行需求預測，並且真的奏效。現在某些週間你只需訂購 30 磅，有些週間你需要 300 磅。減少浪費，銷售得更多，獲利也增加了。

當地的供應商原本習慣於每週你會購買 100 磅。現在因為你而面臨更多不確定性。他們的其他客戶也在使用 AI 進行需求預測，需求開始大幅波動。

因此，供應商決定採用 AI 進行自己的需求預測。他們過去每週訂購二萬五千磅。現在的訂單則在五千磅到五萬磅之間波動。他們的供應商也需要採用 AI，訂單一樣開始會波動。如此往復，一直上溯到需要提前一年或更長時間決定作物規模的種植者。

我們將這種效應稱「AI 長鞭效應」，是指實施 AI 提高了某一決策的品質，但因降低其他決策的可靠性，對系統中的其他部分造成了損害。就像長鞭一樣，一個地方的小變化可能在別處造成巨大衝擊。

AI 可以用來解決不確定性，但除非能轉化為整個流程裡一致的決策，否則根本問題——需求要與供應一致——並沒有

真正得到解決。就像長鞭的擺動一樣，你自己的解決方案會在整條供應鏈中引起反彈。

我們面臨著一個悖論。AI 的價值在於透過將你的行動與可能不確定的因素相配對，以做出更好的決策，但也因此讓你的決策對其他人來說變得不那麼可靠。你可能會把不確定性問題推給別人，這意味著，與其使用 AI 適應不確定性，不如堅持使用一個更可靠的系統。

有兩種方法可以透過打造 AI 系統解決方案解決這個問題：增加協調性或增加模組化。

協調的價值

餐廳的 AI 能夠預測需求。餐廳經理則能做出其他決策，例如提供什麼菜單。如果 AI 長鞭效應導致種植者無法提供足夠的酪梨，那麼餐廳就需要更改菜單。但只有在知道酪梨供應不及時才能做到，這需要協調。

這種協同作用意味著需要考慮如何讓多個決策者之間達成協議，管理變化和調整，而不是進行轉變和改變的過程。

為了理解這一點，你可以想想八人賽艇隊的運作。有兩個因素會決定隊伍在比賽中的表現。首先，他們是否同步划行。其次，在比賽進行中他們可以調整划行速度，確保在比賽結束前不會有划手耗盡全部精力。坐在船尾的舵手是負責第二個功

能的關鍵人物，但就第一個功能而言並非如此。

這可能看起來很奇怪，因為舵手喊著「划，划，划」，負責讓所有划手保持相同節奏。但這並不需要特別由一個人負責。在沒有舵手的比賽中，其中一名划手也可以做到這一點。但是，要在比賽中監測戰略和獲取個別划手狀況的資訊，亦即收集資訊並進行匯整時，舵手是相當關鍵的。他可以評估是否需要改變節奏，因此調整傳達給划手的資訊。同樣地，如果整場比賽使用單一的划行速率，就不需要這個功能。舵手的存在正是因為隊伍需要對資訊做出反應，但又必須確保他們以協調的方式進行調整。

對於這類同步問題，組織設計會以協同需求為基礎，因此模組化無法解決問題。經濟學家保羅・米格羅姆和約翰・羅伯茲（John Roberts）稱之為分配問題，也需要針對獲得的資訊做出同樣類型的協調回應。[3] 這類問題涉及將資源分配給某個活動，但你知道只需要一定數量的資源；多餘的會浪費，而不足的會不夠。考慮一下救護車調度問題。如果發生緊急醫療情況，有輛救護車到場是很重要的事，但有兩輛前往現場則是種浪費。為了確保只有一輛救護車出動，你需要一位中央調度員，無論是人還是軟體都好，負責接聽緊急電話（即資訊），然後指派一輛救護車出動。如果救護車都接收到了緊急消息，並個別選擇是否出動，最終可能無人回應或是有過多救護車救

援。在這種情況下，最好有一種協調方案，因為事態緊急，派這輛救護車而不是那輛的問題，遠小於不派車或派太多。

與其劃分決策權，並保護組織的其他部分不受某部分基於 AI 預測所做決策的影響，不如為通訊系統（communication system）提供資源和努力，以確保不會出現單點解決方案帶來的不良結果，亦即缺乏同步或資源分配不當。透過有效的通信和系統設計，潛在的不良後果就能降到最低，更能夠讓關鍵決策回應 AI 預測。預測與協調的結合就是系統解決方案。每個決策都會因為響應預測而得到改善，而不會影響可靠性。

模組化的價值

模組化就是在 AI 預測的決策周圍建構屏障的方法，以避免該決策與組織中其他決策之間缺乏一致性，所帶來的成本。模組化降低了協調的成本，但其代價可能是犧牲協同效益（Synergies），也是就 AI 預測推動某一決策的同時，允許其他決策朝相似方向發展而達到的綜效。在無法協調時，模組化能使一些決策因 AI 而受益，同時保護其他決策免受可靠性降低的影響。

赫伯特・賽蒙，是唯一身兼諾貝爾經濟學獎和電腦科學圖靈獎的得主，他曾提出一個關於組織如何應對更複雜情況的寓言。[4] 在這個寓言中，有兩個製錶師傅都能製造高品質的鐘

錶。兩人都很受歡迎，不斷有新客戶洽詢。但後來一人生意興隆，另一人卻生意慘澹。為什麼呢？

手錶是由一千個零件組成。一種方法是一次組裝整支手錶，如此一來，就能做出更高品質的成品。但如果過程中製錶師被打斷（例如被另一位客戶打斷），他就必須從頭開始重新組裝。另一種方法是將手錶分成小部分組裝，每部分包含十個左右的零件。接著再把這些部分組裝起來，雖然會稍微花費更多時間，最終結果可能不那麼完美。但這種方法的優點是，如果過程有中斷，失去的只是小部分。最終，這種製程比較快，能讓製錶師傅製造更多手錶。第二種方法，被稱為模組化，更具韌性和可擴展性，對於較複雜的產品來說更是如此。[5]

如果你一次完成所有工作，就必須協調所有決策。一些錯誤的規格會造成問題。相較之下，如果你能將工作整理成模組，各個部分可以自行其事，不需考慮其他地方發生的事。這並不代表他們所做的事對最終結果來說不重要。如果一個模組沒有完成工作，那麼整個產品就可能失敗。但這意味著大問題會變小，變得更容易處理。

另一個優點來自系統對於模組中發生變化的韌性：模組可以在不干擾系統其餘部分的情況下，進行改進。也就是說，模組可以創新。

歷史上有很多例子顯示模組化使創新變得更容易；例如，

當我們從類比電話轉換到數位電話時，更換了撥號裝置而不是網絡本身。但在其他時候，創新會因為缺乏模組化而受到限制。當飛機從螺旋槳升級到噴射引擎時，工程師認為飛機機體的生產可以像以往一樣。然而，新引擎造成的振動類型非常不同，以至於整個飛機結構必須重新設計，這便延遲了轉變。[6]

模組化為餐廳提供了一個機會，可以在沒有 AI 長鞭效應的情況下採用 AI，但這不是他們自己能夠決定的事。如果餐廳想要變更菜單，其供應商需要有自己的模組化系統處理需求的變化。在我們的例子中，酪梨供應受到產業需求變化的限制。如果他們供貨給多個地區的多間餐廳，即使個別餐廳的需求高度變化，總體需求也可以更穩定。規模可以為供應鏈中的模組化提供機會。通常，對於 AI 的採用，模組化有助於解決決策間相互關聯所造成的困難。[7]

設計的價值

如果決策不必與系統其他部分的決策一致，那麼採用 AI 做出某一決策會容易得多。這是程度上的問題。當然，就觀念上而言，整個系統能夠作為一個整體運作會更好。問題在於，如果這種情況無法實現，是否能夠在不產生過多成本的情況下，獲得 AI 的好處。

為了理解這一點，讓我們看看亞馬遜的運作方式。亞馬遜

在全球供應數百萬種產品。他們採購產品，存儲在倉庫中，接收客戶訂單並將產品運送給客戶，但同時涉及先幫客戶決定要買什麼，也就是向他們提供推薦。

就觀念上而言，亞馬遜面臨著與餐廳類似的問題。他們希望在客戶需要時供應他們想要的產品，但產品不會神奇地出現。一條供應鏈跨越數千公里和數月時間。因此，如果無法取得推薦給客戶的產品時，那該怎麼辦？

我們很容易認為解決方案就是：不要這麼做。如果你沒有可銷售的產品，就不要向客戶推薦。但這種方法有個問題：如何知道客戶真正想要卻沒有庫存的產品是什麼？如果你只推薦現有的產品，就會錯失成長和擴展機會。

這就是為什麼亞馬遜會推薦缺貨商品，或可能需要更長時間才能送達客戶端的產品。這些決策在某種程度上是協調的，因為亞馬遜會將可能延遲的情形告知客戶。客戶可能會選擇有貨的產品，但偶爾不會。這樣一來，亞馬遜就能了解需要投入多少努力來維持這些產品的庫存。

實現這種平衡需要精心設計。亞馬遜擁有模組化的機構，使其能夠將更好的 AI 預測置入到推薦系統中，進而將對組織其他部分的影響降到最低。但如果做得過頭，就太過分了。因此，他們在庫存和訂購上的選擇，不能完全無視推薦 AI 的運作，因為正是客戶的選擇和反應，產生了物流部門需要溝通和

採取行動的訊息。

AI 的採用往往涉及系統解決方案，找到模組化和協調的最佳平衡。模組化使決策不受 AI 帶來的變化影響，減少了對可靠性的依賴。相較之下，協調則直接創造了可靠性。成功的 AI 系統會在可能的情況下達到協調，在必要的情況下進行模組化。

航行系統

五千年來，帆船製造商和水手們的技術都持續在進步。即使在商業貨運不再依賴風力推進的現今，創新仍未因此停止。美洲盃帆船賽（America's Cup）的冠軍獲得帆船界的最高榮譽，以及國際體育中最古老的獎杯。這場比賽既關乎船隻技術的開發，也關乎水手的技能。

在船隻設計方面的投資高達數百萬美元。由於今日我們已經非常了解風、水和船隻的物理特性，因此造船之前，參賽者會使用模擬器找出最有效的設計。模擬器讓水手在不需建造船隻的情況下，測試其性能。擁有最佳模擬器的團隊會擁有明顯優勢。紐西蘭隊在 2017 年就利用其模擬器贏得了比賽。

在為 2021 年的比賽做準備時，紐西蘭隊在思考是否能加速設計過程。他們與全球顧問公司麥肯錫合作，確定了創新的主要瓶頸：人類水手。當人類在模擬器中航行時，需要時間，

沒有辦法加快人類對環境以及船隻的反應速度。

利用類似於擊敗世界頂尖圍棋選手的 AI 技術，團隊訓練一台預測機器進行航行。他們不必考慮水手的時間安排。這台機器不需要睡覺或吃飯，可以在短時間內進行數百次模擬，而人類水手只能進行幾次。八週後，這台 AI 開始在模擬器中擊敗人類水手。

事情開始變得有趣。AI 水手開始教人類水手新的技巧。以前，船隻設計的創新是以人類的速度進行。若要了解如何讓新設計的船隻發揮最佳功能，學習過程需要幾小時、幾天或幾週的時間，人類水手必須嘗試不同的方法並加以學習。

相較之下，AI 可以對船隻進行不同的實驗。它可以嘗試不同的比賽戰術。它加快了設計迭代的週期，因此開發出適合新設計的新操作方式。然後，一旦 AI 找到了更好的解決方案，人類水手就可以模仿 AI，從 AI 水手那裡學習駕駛模擬船的新技巧。正如一位隊員所說：「加速學習過程非常有價值，這不僅使設計團隊能夠儘可能多探索設計空間，還能使水手將特定設計的性能發揮到最大。」[8] 紐西蘭隊以七勝三負獲得了獎杯。

在這個 AI 系統解決方案的例子中，AI 導致了多個決策的變化。更明確地說，賽前準備涉及兩種類型的決策——船隻設計的決策和航行操作的決策。長期以來，模擬器一直用於船隻

設計，航行操作都由人類完成。AI 水手實際上並未在比賽中駕駛船隻，真正的船仍由真人駕駛。不過，AI 加快了創新的過程，讓船隻設計和航行操作之間能夠更協調。模擬船隻和 AI 水手的完整系統，使兩者都得到了改進。

系統孿生

帆船模擬器是「數位孿生」（digital twin）的例子之一，也就是實體物品或系統的虛擬再現。[9] 數位孿生提供了實體資源的替代資訊。透過合適的感測器，就能實現即時監測和維持預測。這些虛擬實境可以做到的不只如此。它們提供了一個系統層級的模擬框架。埃森哲（Accenture，編按：科技諮詢公司）稱之為「無風險的創新遊樂場」。[10] 正如數位孿生研究所（Digital Twin Institute）的執行董事麥可・葛瑞夫斯（Michael Grieves）所說，「系統不是一出現就完全成型的，而是經歷過草創、製造、營運和棄置的生命週期。對於『純實體』系統而言，這是一個線性進程。數位孿生促成了更加迭代同步的發展。」[11]

結合 AI 後，這創造了一種設計新方法的機會。正如紐西蘭隊在備戰 2021 年美洲盃帆船賽時發現的，模擬系統使團隊找到協調決策的最佳方法，例如船隻設計和航行操作。透過這種方式，他們可以減少試誤過程。[12] 經理心中有了如何改變系

統的想法時，可以在不製作機器或冒著操作停機風險的情況下，模擬該想法的影響。

我們還可以把模擬主要運用在實施 AI。如果將預測機器添加到系統的某一部分，模擬有助於找出需要協調的其他決策或如何使系統更具模組化。

系統很複雜，因為那是多個相互影響的決策組合之後的結果。如果有個系統只有一個二元決策：放鬆帆（L）或拉緊帆（T）。只有兩個選擇（L、T）。現在，設想一下第二個決策會影響第一個決策：保持直線（S）或向右傾斜（R）。現在總共有四個選擇（LS、LR、TS、TR）。

現在假設第三個決策——是否增加另一帆（A）或不增加（N），這取決於前兩個決策。現在有八個選擇（LSA、LSN、LRA、LRN、TSA、TSN、TRA、TRN）。

在第一種情況下，我們有 $2^1 = 2$ 個選擇；在第二種情況下，我們有 $2^2 = 4$ 個選擇；在第三種情況下，我們有 $2^3 = 8$ 個選擇。等到我們有 10 個互動決策時，就會有 1024 個選擇，而 20 個互動決策則會產生 1048576 個選擇。帆船比賽可以涉及數百個需要協調的決策，不久之後，選擇數量很可能超過可觀測宇宙中的原子數量。

這裡的重點在於，具有相互依存決策的系統可以迅速變得非常複雜。此重要見解奠定了為何模擬對系統設計具有重大影

響。這運用了我們在第三章討論的相同見解——AI 為何在遊戲中能如此成功：模擬新數據相對容易。雖然，在實體世界實驗所有選項以找到最佳方案是非常昂貴的，在某些情況甚至是辦不到的，但我們可以運用數位資產，例如實體環境的數位孿生，模擬不同的選擇，並使用 AI 來預測每個選擇的結果。因此，我們能探索的選擇遠多於在實體世界中可以辦到的，並增加更多機會找到比沒有模擬時更好的組合。

「虛擬新加坡」（Virtual Singapore）是模擬地形、水體、植被、交通基礎設施和建築物，甚至包括這個城市國家中的建築材料。數位孿生是一種工具，使管理者能夠模擬 AI 系統解決方案，避免出現多次昂貴的失敗。它的開發成本高達數千萬美元。這個模型允許規畫者評估新公園或建築物對交通和人群的影響，並探索電信網路覆蓋情況，還可以評估增加預測機器會對新加坡公民和居民的生活，造成什麼影響。例如，AI 可能會實現大眾運輸的最佳化。該模型可以評估這種最佳化，是否需要對交通管理進行額外變動。換句話說，它可以評估大眾和私人交通系統能以模組處理還是需要協調，[13] 它可以開發更好的 AI 輔助大眾運輸，進行模組化或是確保必要的協調。

南韓斗山重工（Doosan Heavy Industries）與微軟合作，開發了風場（wind farm）的數位孿生，展現了模擬系統的各種好處。[14] 該模擬結合了基於物理的模型和機器學習，預測風場中

每台渦輪機的產能。比較風機的預測輸出和實際輸出，使操作人員能夠微調控制並最佳化產能。此外，該數位學生促進了整個風場設計和開發的創新，進而提高可靠性。最後，它促進了決策的協調。準確的能源產量預測，使斗山增加了對電網營運商的輸出承諾，同時避免因未能履行承諾而產生的罰款。它降低了——建構系統解決方案和堅持使用價值較低但較簡單的單點解決方案——造成的風險。例如，更精準的預測，能使公司決定哪些渦輪機運行以及哪些需要維護，這反過來又能兌現對電網的承諾。

AI 系統設計

模擬並不是建立 AI 驅動系統的唯一方法，卻展現了其中可能的機會。透過找到協調決策者的正確方法，紐西蘭隊找到了勝利之道。系統模組化時，就能採用 AI，但如果可以進行協調，其影響會更大。挑戰在於要弄清楚需要進行哪種協調。

● KEY POINTS

· 決策不是在真空中運作。通常，一個決策的結果會影響到多個其他決策或行動。這就是為什麼有時我們會使用預先設定的決策（規則），而不是實時決策，因為規則強化了可靠性，因此我們接受局部較差的決策，以換取整個系統更大的可靠

性。可靠性是具有相互依賴決策系統的關鍵特徵。

· 有兩種主要的系統設計方法，可以解決引入 AI 的決策所導致的可靠性下降問題：協調和模組化。一、協調包含指定整體目標，然後設計資訊流（information flows）、獎勵機制和決策權限，使系統中每個決策者都擁有資訊和獎勵機制，來最佳化整體目標。二、模組化就是在 AI 預測的決策周圍構建屏障的方法，以避免該決策與組織中其他決策之間缺乏一致性，所帶來的成本。模組化降低了協調成本，但代價是犧牲了綜效。

· 系統是相互影響的決策的組合。考量一組相關的二元決策。三個決策會導致八種不同的組合。十個相互影響的決策會產生 1024 種組合，而 20 個相互影響的決策會產生 1048576 種組合。具有相互依存決策的系統很快會變得非常複雜，這就是模擬對於系統設計具有重大影響的原因。我們可以使用數位孿生模擬不同的組合，並使用 AI 預測每個組合的結果。

17 全新的開始

　　想像你去看醫生做健康檢查。檢查結束後，醫生說：「三年後你有很大的可能會生重病。謝謝你今天來。」接著醫生就離開去看下一位病人。你會驚訝不已。為什麼他不告訴你生病的原因？為什麼他不說明如何減少生病的機率？

　　儘管這個故事看起來不太可能發生，但其實每天都在保險業上演。保險公司對某些人收取比其他人更高的保費。為什麼？因為他們預測某些客戶比其他人更可能遭受損失。保險公司如何知道誰的風險更大？因為他們大量投資於資料收集和分析，預測客戶遭受損失並進行索賠的可能性。

　　保險公司位於數據科學的尖端，並不令人感到意外。他們必須如此。這是他們的工作，進行預測。然而，令人驚訝的是，他們不會與客戶分享他們對風險的見解。這些寶貴的資訊可以幫助客戶**降低**風險，而不僅僅是讓他們投保以應對風險。

　　例如，房屋保險公司正應用 AI 做出更精准的預測。許多

公司現在能夠預測具體風險或次風險（例如，因配線不良造成電線走火的風險、管線漏水造成淹水的風險）。因此，如果房屋保險公司預測某個屋主有特別高的電線走火或淹水風險，與其僅僅因為他索賠的高可能性而收取高額保費，不如與他們分享這些資訊，讓他們可以採取行動降低風險。例如，這些客戶可以投資低成本的設備，提前檢測火災或洪水的風險。保險公司甚至可能決定補貼這些減少風險的工具，因為預期損失的減少可能超過設備成本。

令人驚訝的是，很少有保險公司在這方面大規模發展。相反地，大多數公司專注於建構和部署增強傳統核保預測的AI。他們正在構建單點解決方案。為什麼大多數保險公司沒有透過改變商業模式、追求服務客戶的更好機會，也就是在客戶之間分擔風險並將風險從客戶轉移到保險公司，轉向同時為客戶減少風險的模式？

保險業務員可能不喜歡這樣，因為降低風險意味著降低保費，可能造成收入的減少。然而整體來說，這似乎會為客戶創造巨大的價值。

在許多情況下，保險公司似乎沒有充分認識到這個機會，因為這超出了他們的正常商業模式。除了保險員的獎勵，這個產業有許多業務規則、政府法規和運作方式，這些從外部看來顯而易見的事情，從內部看來卻難以看見。這就是為什麼我們

建議採用全新的方法。為此，我們引入了 AI 系統探索檢查表
（AI Systems Discovery Canvas）。

像經濟學家一樣思考

作為經濟學家的其中一項技能，是將令人興奮且難以理解
的事物，分解成一些無聊但易於理解的東西。這雖然沒辦法使
我們成為派對上受歡迎的人，但讓我們有時能看到別人忽略的
東西。我們設計了一個框架幫助你做到這一點。AI 系統探索
檢查表是個有用的工具，在你想要培養評估 AI 價值的系統思
維時，就能派上用場。

本章中，我們為你提供了一種工具，讓你可以在空白檢查
表上建構。這裡的概念是，如果你擁有高精準度的預測機器，
請先找出在你的產業中要達成任務，所需做出最低限度的重要
決策。AI 預測本質上會在決策層面進入任何機構。然而，了
解某一決策或決策類型如何影響其他決策，是培養 AI 如何影
響系統的觀點的第一個重要步驟。

在你試圖評估採用 AI 預測會如何導致顛覆性變革，以及
考慮是否需要系統級創新時，這項練習之所以有價值的原因有
二。首先，組織中可能存在許多規則，有些功能可能已經建立
起來，以隱藏這些規則所帶來的不確定性。空白檢查表要求你
回到最初的原則，思考實現組織使命所需的決策。在此過程

中，某些決策可能已經以規則的形式存在；而某些則可能有機會採用預測，將這些規則轉化為決策（然而，我們會把用於此目的的空白檢查表留待下一章說明）。

這項練習具有價值的另一個原因是，你可以用來評估特定AI 解決方案可能對系統產生的影響。使用空白表單，你就可以從更廣泛的角度考量基於 AI 預測提供資訊所做出的決策，如何與組織的其他決策或規則互動。在本章中，我們將展示從空白檢查表開始評估特定 AI 解決方案是非常有用的做法。

例如在保險業中，一些企業家開發了應用程式，用戶可以在車輛或房屋受損後拍照，公司會自動使用這些照片計算理賠金額，並立即支付修理費。消費者不必等保險員或四處尋找估價。只需打開應用程式，拍幾張照片就完成了。另一組應用程式則是用來監測駕駛情形或房屋的設備。這些應用程式可以快速確定你是否在做一些冒險行為——不僅會要求你停止，還會警告你如果持續這種行為，你的保費可能在下個月或明年會有所不同。

很容易理解為什麼企業家會針對保險公司推出這些應用解決方案。但問題是：這些有用嗎？要了解這一點，就必須了解整個產業，例如汽車或房屋保險業的本質。這意味著弄清這個產業需要做出的決策，以及特定的 AI 解決方案是否在告知其中一個決策。接著你就可以擬定進攻計畫。是否已經有人負責

這個決策？還是沒有明顯的單一決策者？也許已經有規則存在？如果你想將這個規則轉變為決策，那可能會影響什麼？要解決這些關鍵問題，你需要一個起點。這就是我們在此提供的內容。

AI 系統探索檢查表

隨著時間推移，我們逐漸認識到，實施真正變革的人們喜歡在檢查表上列出他們的方法。檢查表是個空白表單，你可以從任何地方開始填寫，只要在過程結束時，已經思考過圖表的所有部分即可。這不是按表操課的執行手冊，而是一種構成想法的方式。

下圖 17-1 表單讓你能列出產業中的關鍵決策。其中一項關鍵任務，是確定你的企業使命。這不必是精確的聲明，而是針對你目標的概括提醒。

圖 17-1 ｜ AI 系統發現檢查表

你可以將事業縮限到哪些決定？			
1. 使命			
2. 決策			
3. 預測			
4. 判斷			

這麼做的目的是找出實現該使命所需的決策。顯然，可能有很多決策（就觀念而言，可能有數百萬個）。這裡的目標不是要全部找出來，而是要說明實現目標所需的決策大類別。如果你擁有非常強大的預測機器強化你的決策，那麼實現使命所需的最少決策數量是什麼？僅找出最重要或核心的決策。

找出決策之後，就該進行深入探討。你需要收集哪些資訊才能做出決策？這不僅僅是你擁有或容易獲取的資訊，還有你能想像得到的重要資訊。大多數決策都是在不確定的狀況下做的。然而，透過預測，你可能擁有做出更好決策所需的資訊。預測是 AI 可能可以提供的，因此這個練習會將預測與組織的核心決策連結起來。

最後，沒有任何預測是完美的。如果你有完美的預測，那麼決策就很簡單，甚至可以自動進行。不過，雖然檢查表中充滿了你的願景，但它的作用並非不切實際。因此，對於每個決策，你需要說明涉及的關鍵權衡。事實上，我們提倡使用「錯誤框架」。如果我的預測錯誤或不存在，可能會犯下哪些類型的錯誤？這會讓你有種決策風險感。在第四章的雨傘選擇中，如果天氣預報錯誤，你可能在不必要的情況下帶著雨傘或者淋溼。你的判斷是如何評價這些錯誤。對於檢查表上的每個決策，你要找出錯誤的後果以及如何進行評估——例如用明確的成本計算或更主觀的東西。

接下來，你可以採用任何可能的 AI 預測並將其連結決策，用以評估：一、你的組織是否明確地接受這些決策；二、目前誰擁有這個決策；三、如果你使用 AI 做決策，這會對你當前組織的其他部分造成什麼影響？（我們在第 18 章和後記中會說明這些最後步驟。）現在，你需要起點——空白檢查表和你所處產業背後存在的系統。

保險業的機會

從很多方面來看，沒有什麼產業比保險業更穩定的了。從幾個世紀前開始，保險業已經演變成現代生活的一個重要組成部分。消費者保險產品很簡單。人們支付年度保費，如果發生車禍、房屋毀損或遭竊，或是死亡，他們會獲得理賠金。資訊技術革命帶來了一些進步。計算精算表變得更容易，這些表可以在修改後用於更廣泛的保險產品。但是，最終這些產品的主要變化來自於消費者看似無法控制的因素，例如他們的年齡或居住地。

提供保險產品需要什麼？讓我們以房屋保險為例。該產業的公司使命可能是：「讓屋主在其最有價值資產遭受災難損失時，得以安心。」你可以將這段話放在檢查表的上方空格中（見下頁圖 17-2）。

在圖中，我們已經列出三類決策——行銷、核保和理賠。

這些通常是保險公司的主要部門，因此保險是個相對容易分析的產業。

　　行銷負責招徠客戶：找到那些可能需要保險的人，並向他們推銷產品。行銷人員的決策圍繞著要將資源放在哪裡，才能鎖定目標客戶。核保開發保險產品，評估客戶風險檔案以確認保費，以及招徠的客戶是否順利成為被保險人。換句話說，核保人負責保險產品的定價，這意味著他們了解為特定客戶或具有某些特徵的客戶群體提供保險的成本。最後，理賠部門決定是否支付理賠金。實際上，它處理的是其他產業稱為「客戶體驗」的內容：如何以愉快的方式向客戶提供好處，但也可能是在盡量不提供任何好處的前提下進行。

圖 17-2｜AI 系統發現檢查表：家庭保險

你可以將事業縮限到哪些決定？		
1. 使命 讓屋主在其最有價值資產遭受災難損失時，得以安心。		
2. 決策 **行銷**：決定鎖定誰進行行銷。	**核保**：決定價格（保費）。	**理賠**：決定是否支付理賠金。
3. 預測 預測潛在顧客是否願意支付保費。	根據一些數值預測屋主申請理賠的機率。	預測理賠申請成立與必須出險的機率。
4. 判斷 判斷鎖定目標者不買保險的成本，以及未鎖定可能願意購買保險者的成本	設定策略（成長與獲利）：判斷定價太低（損失）以及定價太高（客戶流失）的成本。	判斷應理賠而未理賠的成本（客戶覺得沮喪，影響商譽），以及不應理賠而理賠（支出）的成本。

上頁圖 17-2 還概述了做出這些決策所需的重要預測，以及預測錯誤或更廣泛地說決策錯誤方面的後果判斷。保險業務，例如房屋保險，有個非常簡單的盈利途徑。你希望出售的保單預期理賠損失低於保費收入。客戶關心的是保費，但也關心簽訂保單和理賠的便捷性。在這個競爭激烈的產業中，老牌保險公司不能提高太多保費，但如果能降低預期損失，就能賺取更多利潤。

保險公司如何做到這一點？它希望找到預期損失較低的客戶並向他們銷售保單，同時確保只以較高的保費向預期損失較高的客戶銷售保單。但是，由於缺乏良好的資訊判斷誰的預期損失較低或較高，許多客戶會支付類似的保費。預期損失較低的客戶支付過多，預期損失較高的客戶支付過少。此外，若沒有正確的資訊，競爭也無法解決這個問題。因此，公司希望預測哪些客戶提出索賠的可能性較低，並在行銷中鎖定他們。這些預測與行銷和核保決策有關。公司還希望確保在適當時支付理賠，也希望避免詐領。理賠錯誤會提高其成本，最終影響公司的競爭能力。因此，便可判斷錯誤會如何影響保險業務。（這些例子的列表請見上頁圖 17-2。）

透過列出這些決策，我們還可以看出它們之間的連結。如先前所述，AI 預測代表了保險業的機會，特別是對核保人而言，核保人的工作是預測客戶的風險概況，這是應用 AI 的絕

佳狀況。同時透過加快這一過程，行銷人員的工作變得更加輕鬆，因為銷售人員可以迅速回應潛在客戶。不同司法管轄區的法規問題，限制了公司如何使用 AI 建構風險概況，但核保和行銷在其價值上是一致的。AI 還可以更容易地評估理賠的有效性，這會反過來影響行銷和核保。但實際上，理賠部門只是在自身職能範疇內做得更好。

我們可以看到前文提到的 AI 應用如何融入這個系統。只要點擊相機就能評估理賠的應用程式，使理賠決策自動化。這只是以另一種方式做出決策，巧妙地融入該部門。改善理賠客戶體驗後，會使行銷工作更輕鬆，行銷人員可以選擇將資源分配給那些最重視這種良好體驗的客戶。當然，這可能為核保帶來更複雜的問題。客戶發現理賠更容易，會申請更多的理賠嗎？行銷會鎖定那些更可能提出索賠的客戶嗎？理賠部門的成本會因為理賠增加而上升，還是因為評估成本降低而下降？因此，儘管應用程式只落在理賠決策上，但其採用可能會影響其他決策。有趣的是，它不會在根本上改變這些決策的作用、涉及的判斷或需要的預測。這樣的應用程式，可能在沒有系統性變更的情況下被採用（或不採用）。

那麼，允許監測和向客戶提供風險概況與行為回饋的應用程式呢？保險業現行系統的核心是評估風險，這通常是在招徠客戶階段進行，儘管在某些情況下，會在保險合約續約時重新

評估。如果客戶投保的是房屋險，他們可能透過驗證他們是否有自動報案的警報系統，或在偵測到水管爆裂時自動關閉水閥的監測水系統，據此降低保費。但是，發生不良事件的風險不太可能由房屋特徵決定，而是由行為決定。例如，美國消防協會（NFPA）的報告指出，烹飪造成了 49％的房屋火災。[1] 深入研究其報告，你會發現，那並非針對所有形式的烹飪，而是用油烹飪，特別是油炸。這是有道理的，也算不上新聞。問題是，為什麼很少在家做飯的人與每天炸食物的大家庭，必須支付相同保費。

答案很簡單；除非把廚房拆了，否則保險公司無法監測某人是否有在烹飪，更不用說他們是否用油烹飪了。保險公司最多只能根據這些事實改變給付，但這意味著只會理賠保險人在烹飪時運氣不好的部分，不會概括承受整體風險。

但 AI 技術可以填補這些空白，並以具有成本效益的方式監測持續風險。有些是自動干預機制，如監測水的 AI 系統（例如 Phyn〔編按：家庭用水智慧管理裝置品牌〕）或電氣危險監測器（例如 Ting），這些運作原理類似於煙霧探測器。保險公司已經在鼓勵保護使用。對於汽車保險，有駕駛員監測設備，不僅會考慮某人的駕駛量，還會考慮他們的駕駛品質。安裝這些設備後，可以相應降低你的保費。

但是，烹飪、使用暖氣、吸菸或使用蠟燭等行為，都會帶

來更多挑戰。然而，所有這些行為都可以監測，並且相關的風險評估數據持續發送到保險公司，即時調整保費。當然，這種監測涉及隱私和相關問題。但正如汽車保險公司已經能讓客戶自願同意監測他們的駕駛一樣，對於房屋保險他們也可以這麼做。如果這種監測，意味著那些發現保費可以減少 25％ 的人認為調整自身行為相當值得，還能將火災風險降低 25％，對所有相關方來說都是好的交易。[2]

然而，以前之所以沒有提供這類和行為連動的保險產品，是因為這類監測技術尚未普及。許多這類產品可能不會直接與消費者有關，而是針對那些風險出名得難以評估的企業保險。

打造這些新產品需要跨越現有部門的協調。尤其是行銷和核保之間的界線會變得模糊。如果行銷部門設想利用某些新的 AI 預測技術推出新產品，就需要核保部門調整自己的程序配合。此外，哪個部門應該負責監測和調整保費？是擅長設定保費的核保部門，還是有驗證經驗的理賠部門？隨著部門界限的模糊化，重新分配決策權限和改變誰負責處理資訊的壓力也隨之而來。

或許，保險公司沒有正面解決利用技術減少風險的問題，而是用來開發新產品，正是因為這在現有系統下難以實現或無法實現。現有系統將風險水準視為既定事實。此外，降低風險意味著降低保費，這可能會遭到與保費有關的保險員和系統內

其他人員的抵制。但如果保險公司將風險降低而非風險轉移作為核心，則需要設計一個獎勵機制，讓每個人的利益與風險降低一致。由於風險降低，會降低平均保費，但公司可能會獲得更高的利潤和更多的保單。透過強化預測，保險公司將比屋主更了解與房屋相關的具體風險來源。因此，將價值主張從風險轉移轉向風險管理，對社會非常有利，對企業本身也是！要做到這一點，保險公司需要的不僅是新技術的新系統，還需要組織變革。

客製化的影響

AI 預測的其中一項承諾，是能夠提供更加高度客製化的產品，以確切反映客戶背景。我們已經在個人化廣告和企業教育中看到這一點。透過將產品資訊與客戶需求和偏好的預測配對，公司可以提供更符合個人偏好的產品或服務。進而創造了價值，因為客戶能獲得更符合其偏好的產品。

客製化通常需要增加流程的自動化。如果從提供幾百或幾千種不同的產品，轉向提供數百萬種產品並將其與較少的消費者匹配，人類將很難管理這個過程。因此，你需要一個系統，能自動化預測產品並交付給客戶。這個自動化過程的設計相當具有挑戰性，必然會影響在現有組織中工作的員工。這會引發權力分配的衝突，可能會阻礙新系統的設計。

運用 AI 系統探索檢查表，我們可以分析客製化對保險的潛在影響。長期以來，保險公司一直試圖獲取資訊以利核保保單並設定合適的保費。房屋所在地（涉及洪水和火災風險）、是否安裝了煙霧偵測系統以及建材等因素，都可以在核保中發揮作用。但是，AI 預測能提供更多可能性。[3] 透過收集更多的理賠資料，公司可以大幅改善對特定房屋預期損失的估計。這就像 Lemonade 這類保險科技公司正在做的事。但我們仍不知道 AI 是否會大幅影響核保。

假設保險科技公司可以檢查一間房屋，提供更精確的預期損失，相應地定制保費。將使保險公司能夠根據房屋特徵更清楚地定價，向業主發出是否值得改裝以降低保費的信號。這有兩種廣泛的影響：一是競爭效應，另一種是組織效應。

競爭效應是，若保險科技公司能找出低風險客戶，就可以透過保費折扣吸引他們，而其他無法找出這些客戶的公司則難以做到這一點。這很複雜，因為如果保險科技公司引起夠大的關注，老牌保險公司可能會模仿保險科技公司提供的保費，透過觀察保險科技公司安全地學習哪些客戶值得鎖定。不過，這個過程可能會為保險科技公司帶來競爭優勢。

現有的保險公司可能會受到刺激而做出反應。他們與保險科技公司不同，不是新創公司，因此必須改採更精確的核保方式。傳統的銷售保單過程，包含從客戶那裡收集一些基本資

訊，由人工核保人員評估，然後告知客戶保費。這個過程是行銷的一部分。保險科技公司讓這個過程自動化，不需要人工簽核便告知客戶保費。這具有速度優勢，但缺乏人性化元素。許多保險科技公司將這點視為主要優勢，並宣傳它們能用較少的人力就能提供保險。[5] 例如，Lemonade 在 2018 年聲稱每位員工可以處理 2500 份保單，而 Allstate 為 1200 份，GEICO（編按：Lemonade、Allstate 為美國保險公司；GEICO 為美國汽車保險公司）為 650 份。AI 在保險中的應用結果將是減少核保人員、業務人員及其直屬主管的數量。

許多人會抗拒變革。我們可以想像，如果他們被排除在決策過程之外，會提出什麼樣的反對意見。現有的保險公司已經表達了懷疑的看法。一本關於保險產業的貿易刊物宣稱：Lemonade 的首次公開發行為「吐出彩虹的獨角獸」。[6] 我們可以主張，設定保費和銷售保單並非完全客觀，有些熟練的核保人員仍可找出主觀因素。那些保險公司會聲稱 Lemonade 無法透過忽略這些因素來降低預期損失。而那些預期損失增加的現有客戶，保費因而提高，現有保險公司能在不損害自身品牌的情況下做到這一點嗎？所有反對意見都有一定的道理，正是因為新 AI 驅動的組織是否能夠成功，存在著不確定性。矛盾的是，若現今保險公司不想在 AI 有利的情況下賭上現有的組織，變革可能來得太遲。當創新需要採用新系統時，現有機構

就會面臨這種困境。新系統賦予創新者權力，並奪走營運舊系統者的權力。

- 大多數公司已經打造了包含許多相互依賴規則的系統，並且還有大量「鷹架」來管理不確定性，因此，很難考慮如何撤銷其中一部分和思考 AI 預測所提供的新系統設計可能性。所以，與其考慮更改某些規則或鷹架的影響，及其對系統其他部分的影響，我們建議從頭開始：空白檢查表。AI 系統探索檢查表包括三個步驟：一、闡明使命；二、如果你擁有超強大、高度擬真的 AI，將業務簡化為實現使命所需的最少決策；三、指出與每個主要決策相關的預測和判斷。
- 以房屋保險為例，可以將業務簡化為三個主要決策：一、行銷：決定如何分配行銷資源以獲取客戶，最佳化盈利能力或成長；二、核保：決定任一房屋保單的保費，以最大化盈利能力或增長（如果預測風險過高，受限於法規的保費限制，導致無法獲利，可能無法提供保單）；三、理賠：決定任一理賠是否正當，如正當則支付理賠金。如果有三個超強大、高擬真的 AI 能夠預測：一、潛在客戶的終身價值乘以轉換率；二、提出理賠的可能性乘以理賠金額；三、理賠的合法性，那麼你就可以重新設計一個快速、高效、低成本且高利潤的房屋保險公司，能夠在價格和便利性方面都比競爭者更具優勢，這就是一些新保險科技公司的目標。

- AI系統探索檢查表還可以讓你洞察新商機。例如,若AI預測索賠的可能性與索賠的規模表現夠好,可以產生風險等級或次風險等級的預測(例如,透過偵測器提早偵測出電氣火災風險,或是管道漏水造成淹水的風險增加),那麼公司便可預測值得將資本投入哪些降低風險的方案,以獲得夠高的投資報酬率。保險公司可以補貼減少風險的工具並降低保費,為客戶提供全新的價值主張:降低風險。保險公司不僅將風險從屋主轉移到承保人,而且還降低了風險——這是保險業除了少數情況外,從未提供的有價值服務。若要充分利用這個機會,就必須設計能減少風險的最佳新系統。

18 預期系統變革

　　一位病人因胸痛來到急診室。是心臟病發作嗎？醫生可以透過檢查來確定。檢查結果呈陽性能讓醫生迅速治療病人，好處相當明顯。但這些檢查既昂貴又具有侵入性。影像學檢查使用輻射，可能增加長期罹癌風險。跑步機訓練則有機率不高但確定存在的心臟驟停風險。而心導管插入術（cardiac catheterization）不僅有輻射問題，還有動脈損傷的風險。[1] 這都不是容易的決定。

　　醫生需要權衡這些利弊。病人真的心臟病發作的可能性有多大？這是個預測。如果預測顯示結果可能性高，就會促使醫生進行檢查和治療。如果可能性不高，那麼檢查更可能造成浪費，會讓病人承擔不必要的風險。

　　決定是否檢查時，好處是能夠揭示進一步干預措施的資訊（例如置入支架）。如果病人確實是心臟病發作，那他將受益於心臟病治療；如果沒有，則沒有任何益處。因此，檢驗的價

值純粹來自於它創造的決策價值，也就是針對最能獲益的病人進行干預。

檢驗不是免費的午餐。壓力測試可能花費數千美元。導管插入（catheterization）可能花費數萬美元。你會很樂意支付壓力測試的費用，以避免十倍高的費用。

這只是金錢成本而已。某些檢驗需要隔夜監測和觀察。此外，檢驗本身也會帶來風險：在所有影像學檢查中，壓力測試攜帶的電離輻射劑量最高，被認為會大幅增加長期罹癌的風險。在心臟病發作的情況下在跑步機上運動，有不高但確定存在的心臟驟停風險。直接進行導管插入的好處是，治療（通常是置入支架）可以在診斷的同時完成。

然而，你不一定要避免壓力測試及其相關風險，因為導管插入也是有風險的。侵入性程序涉及大量電離輻射，以及注射靜脈造影劑可能引起腎衰竭，並帶來動脈損傷和衰弱性中風風險。因此，在決定是否治療病人的心臟病之前，首先要決定是否對病人進行心臟病發作檢測，以及是否先處以壓力測試或直接讓病人進行導管插入。

醫師負責決定是否進行壓力測試。測試通常會在處置前進行。但醫生決定做什麼時會運用很多判斷。病人的年齡多大？人們是否需要更多的照護（例如，在療養院）？病人還患有什麼疾病（如癌症）？這些全都會影響決策。

現在，假設醫生能獲得幫助——超乎尋常的幫助——複雜情況中的預測部分：也就是說，假設有個 AI 可以快速評估病人是否需要進行測試。我們不難看到其中潛在的好處。這不是假設狀況。經濟學家森迪爾‧穆蘭納珊（Sendhil Mullainathan）和齊亞德‧歐伯邁爾（Ziad Obermeyer），利用和急診室醫生診斷病人時擁有的相同資訊，建置了一套 AI 系統。[2] 他們發現，他們的 AI 在預測心臟病發作方面比醫生更準確。醫生的決策結果有很多過度檢驗的情形。病人接受了不必要的檢驗。若考量到美國醫療系統中的某些獎勵機制，也許這個結果不難預見。沒有人想要面對沒做檢查的責任，在更多檢查可以賺取更多報酬的情況下更是如此。

令人驚訝的是，他們還發現了大量檢查不足的情形。成千上萬的病人，AI 預測其有高風險，但從未接受檢查。AI 演算法預測為高風險患者最終預後較差，這點由再入院或死亡的比例可見一斑。

AI 演算法似乎在各方面都表現得相當出色，便宜又快速，並且在兩個方向上錯誤率更低。你可以將相同數量的檢查重新分配給高風險患者，進而實現整體更好的治療結果，幫助病人的同時降低責任風險。或者，可以減少檢查並維持同樣的醫療品質。

單點解決方案與應用解決方案

看來不用多想就知道採用 AI 是明智的選擇。在急診科中使用 AI 進行診斷，提供一個出色且有效的單點解決方案。AI 能協助醫師，使其做出更好的決策，並以較低的成本逐步改善患者健康。工作流程不會改變，也不會威脅到任何人現有的工作。醫生在診斷步驟上花費的時間並不多，因為這與判斷是分開的。

問題在於這些好處是否值得為使用新工具付出代價。醫療管理者面臨著許多有前景的新技術。每一項技術都需要培訓和調整流程，而且每項技術都存在風險。在實際操作中，技術的效果往往不如測試時看起來那麼好。管理者可能會判定，AI 在心臟病發作診斷中的增加效益不值得其成本。

然而，管理者可能會對 AI 的應用解決方案感興趣。與其採用向醫生提供預測的 AI，他們比較想使用能決定是否進行檢查的 AI。醫生將被排除在針對患者的決策之外。患者到達急診時，由機器預測患者是否可能發生心臟病。如果預測值低於某個門檻，患者會被送回家。如果預測結果處於中間範圍，患者會接受壓力測試。如果 AI 預測患者很可能發生心臟病了，患者會直接送去做導管插入。送回家、壓力測試與導管插入之間的門檻是基於判斷。在這種情況下，這種判斷可能來自醫院領導層或由醫生和其他醫療專家組成的委員會。

系統能應對嗎？

　　醫院通常分為兩個主要的部門，每個部門各自負責不同的職能。[3] **管理部門**負責財務事務，包括收取款項（或政府補助與其他保險的核銷）、雇用員工以及採購資源。而**醫療部門**負責診斷和治療病人。在醫院內部，每個部門還有各自的分部，但在決策權的分配上，一個部門掌握財務和資源，另一個部門掌握醫療。這兩者之間的衝突是持續存在的。但大多數運作良好的醫院，在這兩個部門之間達成了一種協議，使兩個部門在對方施加的約束下能夠做出自己的決策。

　　對於急診部門的診斷 AI，不難想像可能的抵制聲浪來源。醫生從更多的檢查中獲得一些私利，例如保護自己免承受醫療糾紛的風險或得到額外收入。如果 AI 的預測比醫生更準確，那麼醫生的訓練和經驗就變得不那麼重要了。相較於那些建構這些 AI 的人，他們的價值降低了。管理人員可能會擔心實施的成本。在應用解決方案中，醫生被排除在決策之外，他們的訓練和經驗可能變得無關緊要。做過許多決策的醫生或許會懷疑 AI 能否做得比他們更好。

　　AI 的潛力可能更大，但這需要一些系統性變革。在大多數醫院的急診部門，當病人抵達時，是由醫生決定要讓病人回家、進行壓力測試，還是進行導管插入。早在做出這個決定之前很久，管理階層就已經決定了哪些檢查可供選擇。目前，獎

勵措施似乎是一致的。根據穆蘭納珊和歐伯邁爾的估計，醫生送去做檢查的病人中有 15％實際上是心臟病發作。就這樣的準確性看來，醫生和管理階層似乎都認為先讓病人接受壓力測試是最好的。[4]

能夠逐步改進這種預測的 AI，將在獎勵措施不會有太大變化的情況下改善病人結果。即使準確率提高到 20％，無論 AI 是作為單點解決方案還是應用解決方案實施，醫生和管理階層可能都會希望病人先接受壓力測試。這樣的改進可能是漸進的，以至於醫生和管理階層都不會認為值得採用。

如果能夠構建一個幾乎完美的 AI，就有機會改善病人照護並重新設計系統。如果 AI 能以 99％的準確率預測病人是否心臟病發作，醫生和管理階層都會認同直接進行導管插入是最好的，無需進行壓力測試。一旦 AI 預測對所有病人都夠準確，大家都會同意壓力測試是多餘的。管理階層將不再提供壓力測試作為選項，醫生也不會再使用。

在今日的準確性和幾乎完美的 AI 之間，存在一個中間範圍，可能會改變醫生和管理階層的獎勵措施並發生衝突。管理階層可能認為非必要的壓力測試成本更高，或許是因為他們不想花費資源，或是他們對責任風險的擔憂較小。在這種情況下，即使準確率達到 50％，醫生仍可能希望進行壓力測試，而管理階層則希望直接讓病人進行導管插入。

假設分工的情形如上所述，解決方案似乎很簡單。這顯示了相對直接的系統變革，即管理階層從醫生那裡奪取決策權。管理階層將拒絕提供壓力測試。醫生只能選擇直接送病人進行導管插入術或讓病人回家。在這種情況下，病人會直接進行導管插入術，管理階層得到他們想要的結果，醫生雖然抱怨，但仍會接受他們的安排。

對我們來說，這似乎不太可能發生。醫生會反抗，可能請求主管機關介入，討論患者的權利。當決策者不再一致時，現有系統中的決策分配方式可能不再被接受。這種決策的一致性變化，可能導致 AI 工具永遠無法採用。由於 AI 需要回饋數據才能改進，中期的一致性缺失可能讓長期高度有利的 AI 不可能實現。

要克服這一點，醫生和管理階層需要共同設立新的決策結構。這意味著比跳過檢查決策還要更大的系統變革。對於我們描述的心臟病 AI 工具，這種更大的系統變革可能划不來。

另一方面，一旦你認知到系統變革的可能性，就有機會使用 AI 系統探索檢查表，重新構想急診醫學的未來。

建立急診醫學檢查表

本質上，建立檢查表是一種推測練習，涉及將複雜的產業描述為最基本的形式。正如我們在前一章中概述的那樣，它始

於使命。急診部的使命可能是「透過高品質、高成本效益的照護，改善急重病患的結果。」[5]

為了提供這種照護，管理人員和醫生要做出成千上萬的決策。檢查表的練習是將這些決策歸納為基本類別。就急診醫學而言，有一種劃分方法是僅將其分為兩個核心決策（見下圖18-1）。一個是治療決策，即醫療專業人員決定向患者提供哪些醫療服務；另一個是資源配置決策，即管理階層決定在部門內提供哪些設備和人員。

治療取決於診斷，以及了解針對該診斷有哪些不同療法的醫學證據。正如我們先前討論的，診斷是個預測問題。資源配置也取決於診斷，但不是針對每個病人，而是取決於長期以來診斷分布的預測。

讓我們將這個推測練習推向極限，假設診斷的 AI 在某些

圖 18-1｜AI 系統探索檢查表：急診

	你可以將業務簡化為最少的決策嗎？	
1. 使命	透過高品質、高成本效益的照護，改善急重病患的結果。	
2. 決策	治療：決定採取哪種治療方案。	資源分配：決定各類設備與人員應部署的數量。
3. 預測	診斷：預測患者症狀的原因。	患者的數量與類型：預測患者的數量與診斷分布。
4. 判斷	過度治療、治療不足和錯誤治療患者的後果是什麼？	部署過多或過少設備與人員的後果是什麼？

情境中變得有用。正如我們第八章介紹的心臟病專家艾瑞克・托普所言，更好的 AI 預測將迎來醫學的黃金時代，醫生可以專注於醫療照護的人性化一面，將機械過程交給機器處理。[6] 心臟病發作的預測，只是 AI 在診斷方面開始超越醫生的一個例子。[7]

隨著首要決策的基礎預測變得更好、更快，患者愈來愈能夠接受到合適的治療。隨著資料量的增加，我們可以想像這些預測不再局限於醫院急診的檢傷分級區，而是可以往前推到患者家中。因此，在呼叫救護車之前，就有可能透過高品質的預測提供診斷。

這樣的診斷可能會促成各種系統層級的變化。患者可能完全跳過急診，直接送往相關的醫療科室，如心臟科或骨科。許多患者或許不需要去醫院，因為診斷結果是藥劑師或家醫科醫師可以治療的疾病。救護車可以根據哪裡有相關的專業和系統中的剩餘資源，將患者送往不同醫院。

也可能改變急救人員的角色。急救人員可以受訓處理特定的醫療狀況。如此一來，當患者遇到需心臟病學專業知識才能處理的緊急情況時，可以派遣受過專門訓練的急救人員，以及派出具備心臟科相關設備的救護車。患者不必等到抵達醫院才開始接受治療。在許多緊急情況下，這幾分鐘時間相當關鍵。

我們知道你在想什麼。這是不可能的。即使預測夠好，急

救人員也無法如此專業化。他們必須是通才，因為需要處理任何可能發生的情況。如果我們需要專家，每個救護站所需要的急救人員會遠超過我們所能訓練和負擔的。

這就引出了第二個決策：資源配置。如果針對需求分布的預測足夠準確（且人口密度夠高），就有可能在正確的時間、將必要的設備和受過良好訓練的專業人員，放在正確的地方。診斷患者的 AI 預測，就成為對需求分布預測的一部分。

在極端情況下，這種版本的急診醫學會讓大部分患者在家中接受治療，由訓練有素的急救人員帶來專門的設備。那些送往醫院的患者，是需要長期住院或大型醫療團隊治療的患者。患者的預後更好，醫院變得更小，醫療培訓和人員也發生變化。透過高品質、高成本效益的照護，改善患者治療結果的使命，可能以一種令人驚嘆的方式實現。

這種情況不可能發生在不久的將來，甚至可說是不可能發生。目前 AI 還不夠成熟，或許永遠無法達到這樣的水準。全面改革系統的成本是非常龐大的，儘管長期下來會節省許多成本。而醫療專業人員和管理人員，對於如此巨大變化將會產生非常強烈的抵抗。然而，這可能發生在較小的規模。許多地區已經派遣醫生與急救人員一起出診。[8] 預測機器有助確定何時需要醫生。[9]

一個創業型組織（entrepreneurial organization）可以先邁出

新系統的第一步,將 AI 整合到派遣系統中,以確定需要哪位醫生(和哪些設備)。

系統選擇

我們聲稱系統變革是複雜的,卻提供了一個極其簡單的觀點來說明,哪些選擇定義了系統,以及它們隨著新技術的採用而發生哪些變化,這無疑有些矛盾。然而,有時為了說明複雜性,過度簡化反而能產生價值。背後的原理是剝除掉繁雜的細節,找到其本質的關鍵部分。這正是 AI 系統探索檢查表所做的事,也是我們在急診醫學中,關於 AI 的思考實驗所達到的效果。

定義我們稱之為「系統」的兩大類別的選擇是:誰看到什麼,以及誰決定什麼。這提供了另一個框架,去理解我們所描述的系統變化。針對「誰看到什麼」,組織的任務是過濾資訊。帶入組織的資訊可能為數繁多,但關鍵任務在於引入與當前決策相關的資訊。因此,組織會設置角色觀察和處理特定領域的資訊,例如行政和醫療部門。在某些情況下,部門會收集資訊並將其保留在部門內部。其他情況下,部門則會進行過濾,並將資訊傳遞給其他部門。醫療部門在患者到達急診室時,會看到預測診斷。行政部門則是在事後看到分布情況。重點是,有些資訊根本不會進入組織內部,可應用於整個組織的

資訊就更少了。

對於「誰決定什麼」，決策權的分配是誰擁有利用資訊的最佳技能、誰掌握資訊，以及誰具備正確動機做出與組織利益一致的決策。原則上，如果有一個超人般的個體，這個人就可以做出所有決定。但這樣的個體並不存在。因此，在分配決策權時，組織就必須在各處做出權衡。

這些部門利用專業分工並將它們之間的協調需求降到最低，這樣一來，每個人都可以專注於自己的工作。但這也意味著沒有人可以看到一切。好的組織設計，確保各部門能夠辨識何時情況超出它的範疇，並轉交他人處理。然而，沒有完美的方法可以做到這一點。

因此，組織會負責分配決策和資訊，使其運作良好。組織規模愈大，這種穩定下來的必要性或可能性就愈大。較小的組織，部門較少但這也限制了它們的規模。[10]

現有的系統用部門來劃分權責，因此非常容易採用那些效益僅限於部門內的新技術。在這些情況下，採用的是 AI 單點解決方案和 AI 應用解決方案。醫院管理部門，已經採用了 AI 進行保養人員排班和篩選履歷，這些顯然與資源分配有關。這些技術為部門使命服務，不需要改變誰決定什麼，可以避免內部反抗，因為職責變化通常會伴隨權力變化。

相較之下，對於那些效益分布在多個部門的新技術，或者

更糟的是，涉及一個部門的成本和另一個部門的效益，想要採用就困難多了。即使發現這些機會，進行協調時也必須重新分配誰決定什麼。這就是在急診室採用診斷 AI 的挑戰。因此，必須面對並重新調整經過費心協商的結果和穩固的權衡。這種變化，委婉地說，是具有破壞性的，因此從頭開始可能更容易實現。[11]

當涉及 AI 預測時，創新可以有多種形式。許多是單點解決方案或應用解決方案，部門可以採用，而不會引發衝突或協調困難。至於其他形式，則是不可能的，採用那些會涉及破壞和變革。這樣的問題在於，企業領導者如何判斷自己是否錯過了機會，正是因為他們的組織設計而無法察覺，更不用說在機會出現時對其潛力進行正確評估。

在這個前提下，為了進行思考實驗，判斷是否可以在你的組織中採用當前或潛在的 AI 創新，我們提供了兩步驟程序。

步驟 1：找出預測提供的資訊或解決的不確定性，將會改善哪些決策。

步驟 2：這些資訊或決策是包含在單個部門內還是跨越多個部門？

現在讓我們回到急診室中 AI 的採用，更確切地說，是預

測患者是否患有心臟病的 AI。在步驟 1 中，AI 預測了診斷。該 AI 設置僅使用在患者進入急診室時，醫生能夠獲得的醫院系統中的資訊。這診斷影響的主要決策，是提供哪些檢查和治療。在步驟 2 中，顯然這些資訊和決策完全屬於醫療部門的範疇。是否採用這種演算法幫助這類分診的選擇，似乎是簡單的問題，看起來更有可能採用為單點解決方案。

接著，我們探討了急診室是否應該提供壓力測試的問題。這為步驟 1 增加了一個新決策：應該提供哪些資源。看看步驟 2，這不再局限於單一部門，如前所述，系統級挑戰可能無法採用。或許還有其他改良 AI 的方法，但這需要跨部門協調資訊。在患者到達醫院之前進行 AI 診斷，可能需要獲取事件發生前幾周甚至幾年的患者資料。這需要有關單位核可醫院範圍之外的資料收集，可能需要調整法規，需要說服患者。這就是潛在的衝突所在。

目前醫院的組織架構無法輕易採用 AI 預測技術及其帶來的營運變化，要做到這一點需要新系統。

對系統做出預測很困難

1880 年代，人們已經清楚地了解電力在改善工廠運作方面，具有巨大潛力。但是，在那 40 年之後，人們才知道如何設計利用電力的工廠系統。據我們所知，當時沒有人想像得到

最終建成的電力系統會是什麼樣子。這個發現過程需要時間，隨著人們逐漸深入理解電力能做什麼而慢慢發展。

在 AI 方面，我們更接近 1880 年而不是 1920 年。AI 很可能在許多產業中帶來全新的系統。我們相信這一點，正是因為 AI 預測在決策中的角色，以及當它產生新決策時所採取的行動，和這些決策結果反映了而非掩蓋或隱藏潛在的不確定性。由於決策常與其他決策產生相互作用，可能會影響整個系統。事實上，在沒有預測的情況下，現有的做事方式可說相當可靠，只不過在技術上可能產生浪費。這告訴我們，如果沒有系統創新，AI 的採用將會受到抑制。

在上述幾章中，我們提供了一些指引和方法，幫助大家理解 AI 可能進入的系統。保險和醫療照護這類產業，可能已經準備好迎接變革。但是，我們仍處於「過渡時期」的早期階段。即使你使用這些方法理解系統可能如何變化，還有很多步驟要處理，才能弄清這種變化是否值得，以及為了使重組變得值得，需要哪些 AI 預測的進步。即便如此，系統創新需要顛覆，這改變了權力分配，產生贏家和輸家。那些推動變革者和反對變革者之間的平衡，將決定變革是否發生，以及多快速度發生。

因此，我們強調科技史告訴我們的教訓，像 AI 這種通用技術是否具有顛覆性，是需要時間的。AI 究竟在做什麼（也

就是預測），以及如何進入系統中，強化決策的清晰度和客觀的分析，是提供引導我們方向的明燈，而不是告訴我們目的地的地圖。最終，即使在研究預測機器時，古老的格言依然適用：「做出預測是困難的，尤其是關於未來的預測。」

● KEY POINTS

- 兩位經濟學家構建了一種 AI，在預測某人是否心臟病發作方面表現出超人的能力，在預測時比普通醫生更便宜、更迅速，並且在偽陽性和偽陰性方面的錯誤率似乎也更低。這種預測機器可以作為單點解決方案部署，僅影響單一決策：是否進行測試。應用單點解決方案，將透過更妥善地分配心臟病檢測測試，提高醫院生產力。

- 雖然，單點解決方案可以透過更好的測試分配，在改善醫療方面產生有意義的影響，但高度準確的心臟病發作預測 AI 背後，可能存在一個具有更大影響的系統解決方案。使用 AI 系統探索檢查表，我們看到關鍵決策之一為是否進行測試，這是基於患者是否心臟病發作的預測。如果這個預測變得夠準確，並且可以透過易於收集的資料（例如智慧型手錶）生成，那麼這些預測可能會從醫院急診的檢傷分級區轉移到患者家中。許多患者可能不需要去醫院，而是診斷為可以由藥劑師或家醫科醫師在家治療的疾病。

- AI 系統探索檢查表的一個關鍵特徵，是摘錄了組織的核心決策。這樣做，可讓組織的使命不受限制、保持不變，而與現

狀相關的大量規則和決策則是可有可無。接著，設計者能自由想像由強大的預測機器支持不同系統解決方案，這些預測機器支持著主要決策。單一的心臟病發作預測 AI，可以支持不止一個而是多個替代的系統解決方案。這個思考過程始於找出關鍵決策，猜想如果預測變得極為準確會有什麼可能，然後重新構想能以最佳方式利用這些預測成功達成使命的系統類型。

| 後記 |
AI 偏見和系統

回顧來看，情況不太可能變好。不過在 2016 年，微軟研究人員發布了名為 Tay 的 AI 演算法，旨在學習如何在 Twitter 上互動。幾小時內，它就學會了，並且開始出現大量冒犯性推文。Tay 不是唯一一個變得糟糕的案例。類似的故事層出不窮，讓許多人和許多企業都不願採用 AI，不是因為 AI 的預測表現比人差，而是 AI 太擅長模仿人類。

這其實沒什麼好意外的。AI 預測需要數據，尤其是要預測人與人有關的事，訓練資料就來自於人。這麼做有其優點，例如在遊戲中訓練和人類對打時很有用，但人類是不完美的，AI 因此繼承了這些不完美之處。

許多人沒有意識到的是，這是當前必須面對的問題，因為我們一直在思考 AI 解決方案的方式。例如，你有興趣讓人資部門篩選數百名應聘者時，AI 的第一個潛在用途是使用演算法而不是用人來完成這項工作。畢竟，這是一項預測任務：擁有這些資格的個人，在這個產業中成功的可能性是多少？但這種使用 AI 的方式是單點解決方案，行得通，但正如我們在書

中強調的，通常整個系統都必須重新設計。要消除偏見造成的不良後果，就需要採用系統思維。

我們的出發點，是我們對 AI 偏見的看法，這是不同的，我可以說，關於 AI 是否會持續製造歧視，我抱持著反主流的觀點。以系統思維來看，AI 在消除偏見方面前景可期，提供了許多消除歧視的解決方案。正因如此，它們面臨著阻力。關於歧視背後令人不安的真相是，消除後會產生贏家和輸家，因為權力會轉移。因此，當 AI 有潛力產生新系統、消除多方面的歧視時，可能會增加採用 AI 的阻力。

反歧視的機會

因為 AI 帶來了揭露偏見來源的機會，這種知識也可以適當地應用於決策中，因而帶來了減少歧視的機會。[1]

試想一個簡單的例子。有色人種回報膝蓋疼痛的比例比白人更高。對此有兩種不同的解釋。首先，有色人種可能在膝蓋內出現較嚴重的骨關節炎。或者，膝蓋以外的其他因素，如生活壓力或社交孤立，可能導致有色人種回報的比例較高。

這些解釋暗示了不同的治療方法。如果問題是更嚴重的骨關節炎，物理治療、藥物和手術可能有所幫助。如果問題與膝蓋無關，那麼最有效的治療方式可能集中在改善心理健康上。

許多醫師認為與膝蓋無關的因素在解釋種族差異時，更加

重要。研究將患者報告的疼痛與放射科醫師根據影像學對膝蓋骨關節炎的評估，進行了比較。放射科醫師根據卡葛倫-勞倫斯分級系統（KL）等方法進行評估，透過這些方法，醫師檢查患者膝蓋的影像並根據骨刺、骨畸形和其他因素的存在程度，給出分數。[2] 即使在對這些評估進行調整後，有色人種的疼痛報告比例仍然偏高。[3]

電腦科學家愛瑪‧皮爾遜（Emma Pierson）及其合著者懷疑問題可能出在分類系統上。包括 KL 分級法在內的測量骨關節炎的方法，是幾十年前在白人族群中開發的，[4] 可能忽略了非白人族群疼痛的生理原因。放射科醫師在評估非白人患者時，也可能存在偏見，在做出診斷時，可能低估了他們的疼痛程度。

AI 可以派上用場。皮爾遜及其共同作者收集了數千張膝蓋影像。對於每張影像，他們都有患者自述的疼痛程度。在放射科醫師對影像進行評分時，只有 9％的疼痛種族差異，似乎可以透過膝蓋內部因素解釋。

隨後，作者評估了 AI 是否能夠利用這些影像預測患者報告的疼痛程度。他們的 AI 預測疼痛存在著 43％的種族差異。AI 找出了人類未能察覺的膝蓋內部因素，這些因素說明了有色人種和白人之間報告的疼痛差異近五倍。

這種治療上的種族差異顯示，當膝蓋內明顯有引起疼痛的

問題時，許多非白人患者將接受與膝蓋無關的治療。在這裡，AI 有助於找出醫療保健中的系統性歧視，並提供解決之道。

要解決歧視問題，兩者都是必要的。你需要偵測歧視，也需要進行修正。無論是人類或機器的預測都是如此。換句話說，要消除歧視就需要一個系統。

偵測歧視

偵測歧視相當困難。儘管在科技和其他產業中，有許多法律聲明譴責歧視，但很少有判決對原告有利。在許多最知名的案例中，員工因歧視提起訴訟，最終裁定卻有利於雇主，或者以撤告作結。[5]

許多這類案件聚焦於公司是否在薪水或晉升方面發生歧視。假設一家科技公司被指控在晉升上存在性別歧視。毫無疑問，該公司提拔了幾位男性，而不是工作時間更長的原告，但訴訟的核心問題是**為什麼**。

原告通常指控公司有意歧視她。公司則會回應，原告「不是歧視的受害者，而是難相處且狡詐的員工，拒絕改進的建議」，和《紐約時報》報導中一位被告採用的方法相同。[6] 管理階層將被問及他們推薦晉升人選時，是否存在歧視。當然他們會否認。原告的律師可能直截了當地問：「如果我的客戶是男性，他會被提拔嗎？」「不會。」原告的律師會試圖比較

被提拔者的表現和原告的表現，但表現很難衡量，比較中存在太多模糊不清之處。[7]

　　即使存在歧視，也很難證明。沒有兩個人是完全相同的。管理人員在做出晉升和招募決策時，會考量各種因素。在沒有明確帶有歧視意圖的言論時，法官或陪審團很難確信一個人的決定是否帶有歧視。我們不可能知道某個人真正在想什麼。

沒有人是完全相同的，除非他們是同一人

　　穆蘭納珊是擅長偵測歧視的專家。獲得博士學位僅僅三年時間後的 2001 年，他和共同作者瑪麗安・貝特朗（Marianne Bertrand），開始衡量美國勞動市場上的歧視。[8] 針對波士頓和芝加哥報紙上的徵人啟事，投遞虛構的履歷。他們針對每個廣告都投了四份履歷。其中兩份的品質較高，另外兩份的品質較低。他們在一份高品質的履歷上，使用非裔美國人的名字（如 Lakisha Washington 或 Jamal Jones），另一份則看起來像白種人的名字（如 Emily Walsh 或 Greg Baker）。同樣地，他們隨機在一份低品質的履歷中使用非裔美國人的名字，另一份是像白人的名字。

　　然後，他們等待著觀察虛構的申請人是否會獲邀參加面試。白人名字收到的回覆比例高出 50％。同為高品質履歷，白人姓名與非裔姓名之間的差距甚至更大。勞動市場中顯然存

在著歧視。

15 年後，穆蘭納珊再次進行了類似的研究。他現在是芝加哥大學（University of Chicago）的教授，並獲得了麥克阿瑟基金會的「天才獎」。他和他的論文共同作者發現，用來辨別患者是否具有複雜健康問題的常見演算法，存在著種族偏見。在任一風險分數下，非裔美籍患者罹患的疾病實際上比白人患者更嚴重。要補救這種疏失，會讓接受額外資源照護的非裔美國人患者暴增近乎三倍。[9]

偏見的存在，是因為機器設計的機制是將醫療照護花費作為疾病的代表，而不是疾病本身。對醫療照護資源取得機會不公，意味著美國醫療保健系統為非裔美國人患者所花的錢，要少於白人患者。因此，使用醫療保健支出來代表疾病的預測機器，將低估非裔美國人和其他接受較少醫療照護的患者族群的疾病嚴重程度。

在這項研究後，穆蘭納珊對這兩個項目進行了反思。

這兩項研究都記錄了種族不公的情形：第一項研究中，名字聽起來像黑人的應徵者，獲得的面試機會較少。在第二項研究中，黑人患者接受的照護比較差。

但兩者在一個關鍵方面有所不同。在第一項研究中，招募經理做出了有偏見的決策。在第二項研究中，罪魁禍首則

是電腦程式。

作為這兩項研究的共同作者，我將兩者視為可供對照的教材。兩者並列時，展現了兩類偏見之間的明顯差異。[10]

早期的研究需要大量的創意和努力才能偵測到歧視。他將之稱為「複雜的臥底行動」，持續進行了好幾個月。

相較之下，後來的研究更加直接。穆蘭納珊稱為「統計練習題—相當於問演算法『你將如何處理這個患者？』成千上萬次，並繪製出種族差異的地圖。這是技術性和機械化的工作，既不需要暗中進行，也不需要龐大的資源。」

人類心中的歧視很難衡量，需要在仔細控制環境的情況下進行。而機器中的歧視測量則較為直接。將正確的資料提供給機器，並觀察結果即可。研究人員可以向 AI 提出，「如果是這樣的人會怎樣呢？如果這個人是那樣呢？」可以嘗試數千種假設。對人類這麼做是行不通的。「正如穆蘭納珊所指出，人類在某些方面相當難以捉摸，而演算法則非如此。」

解決歧視問題

偵測歧視僅僅是第一步。一旦偵測到歧視，你會希望解決這個問題。然而，人類行為難以改變。因此，你需要一個不依賴人類的系統。

在履歷研究中，即使你能夠克服如何找出哪些公司存在問題的挑戰，「改變人們的想法並不是一件簡單的事。」[11] 對於內含偏見培訓等工具的證據，則是混合的。我們不知道有什麼解決方法，可以每天減少成千上萬人的歧視。在初次研究的 20 年後，Emily 和 Greg 仍然比 Lakisha 和 Jamal 更受雇主青睞。

與之形成明顯對比的是 AI。早在他們發表關於演算法歧視的研究之前，穆蘭納珊和他的共同作者已經著手與公司合作解決問題，他們先聯絡了公司，該公司用自行模擬的方式重現了研究結果。研究者率先表示，將健康預測與現有的支出預測結合，可以減少 84% 的偏見。[12] 作者們免費向使用這類演算法的許多醫療系統，提供了他們的服務。而許多人接受了這個提議。

歐伯邁爾及其同事的研究得出這個結論：「貼標籤的偏見是可以解決的……因為標籤是預測品質和預測偏見的關鍵決定因素，只要仔細選擇，就可以讓我們享受演算法預測的好處，同時將風險降到最低。」[13]

正如穆蘭納珊所言，「改變演算法比改變人心更容易：電腦上的軟體可以更新；而要改變我們大腦中的『溼體』（wetware，編按：將大腦比作生物學上的「軟體」和「硬體」）至今已證實沒那麼容易。」[14]

AI 內部的運作

AI 容易受到偏見的影響。這可能導致弱勢群體受到不公平對待。換句話說，AI 可能成為歧視的來源。

但 AI 也可用來減少歧視，偵測人類的歧視行為，就像檢測膝蓋疼痛一樣，可以同時進行審查。利用演算法檢測歧視，要比利用人類檢測歧視容易得多。

AI 歧視也可以解決。可以調整軟體，並且消除已知的偏見來源。

解決這種歧視並不容易。首先，要有想修正偏見的人。如果管理 AI 者想要部署帶有歧視的 AI 軟體，他們很容易做到這點。由於 AI 是軟體，可能大規模發生歧視。然而，找出一個故意帶有歧視的 AI 軟體，比找出一個存有歧視的人要容易得多。AI 軟體留下了可供查核的軌跡。一個資金充裕的主管機關，其訓練有素的審計人員可以使用 AI 工具，以模擬的方式找出歧視，就像穆蘭納珊及其共同作者做的那樣。但很可惜，我們目前的法規體系在面臨這些挑戰時，遇到許多困難，因為系統是為人類決策者設計的，沒有輔助演算法可用。[15]

其次，即使是由善意人士部署 AI 工具減少偏見，細節也很重要。專注於細節相當耗時且所費不貲。偏見可能會以多種方式滲透到 AI 預測中。要解決偏見需要先理解來源。[16] 這需要挹注資金在儲存過去決策的資料上，以及模擬潛在的偏見來

源，以查看 AI 的表現。而且初次嘗試或許無法奏效，可能需要收集新資料或採用新流程。[17]

　　第三，可減少偏見的 AI 有可能改變組織中誰擁有決策權的情況。如果沒有 AI，可能是由各個管理者進行決策，例如要雇用誰。即使是最善良的管理者，也可能以自身的社交關係進行聘僱，這將導致意想不到的偏見。運用旨在減少偏見的 AI 後，透過社交關係進行聘僱將變得更加困難。更高階的主管會先設定篩選履歷的標準，他會意識到，如果公司所有的經理都是透過他們的社交關係聘用的，就不可能會有多樣化的工作人員。雖然 AI 減少了歧視，但相較於管理階層設定的目標，也會降低各個管理者在聘僱時擁有的自由裁量權。因此，這些管理者可能會反對這種削弱其權力的系統性變革。

　　並不是每個人都希望減少偏見。2003 年，美國職棒大聯盟使用了新工具——QuesTec 裁判資訊系統，辨識球場上投球的位置。QuesTec 會評估裁判判定的好球和壞球。想當然耳，裁判們群起反對這個工具。一些明星球員同樣反對。時任營運副總裁的桑迪·艾爾德森（Sandy Alderson）說明了使用該工具的動機，聲稱一些球員老將較容易提出質疑，好球和壞球的判決也對他們較有利。許多比賽中的大牌球星都抱怨過，包括屢獲殊榮的投手湯姆·葛拉文（Tom Glavine）和多次 MVP 得主貝瑞·邦茲（Barry Bonds）在內。當時的亞利桑那響尾蛇

隊（Arizona Diamondbacks）的王牌投手柯特．席林（Curt Schilling），化身為現代盧德份子（譯按：原為 19 世紀對抗工業革命的社會活動者，後來泛指反對新科技的人），在失分後摧毀了攝影機。[18] 由電腦預測好球和壞球的自動化工具，可能會減少偏見，但是那些受益於偏見的人可能不會樂見其成。

需要一整個系統

　　亞馬遜雇用了大量員工。在美國，每 153 名工作者中就有一名是亞馬遜員工。[19] 因此，亞馬遜有興趣開發 AI 來協助招募員工，這就不令人意外了。2014 年，他們確實這麼做。但僅維持了一年，就放棄這個系統不再使用。為什麼呢？因為，它沒有以性別中立的方式，進行評估軟體和其他技術職位的應徵者。[20] 背後的原因聽起來很熟悉。亞馬遜的 AI 是以過去絕大多數男性應徵者的資料進行訓練的。這個 AI 公然把女性的推薦進行了負加權處理，包括女性學院。簡單的調整無法恢復其中立性。

　　讀到這樣的故事，你可能認為 AI 帶有無可救藥的偏見。但你可以從另一個角度理解這個故事，該 AI 被認為具有偏見，因此未獲採用。但人類招募人員也可以這樣嗎？實際上，我們都知道答案：首先，AI 是在這些招募人員的基礎上進行訓練的。

同時，這個經驗讓 AI 開發者學到了教訓，知道僅依靠過去的資料進行訓練，通常不夠好。他們需要新的資料來源，這需要時間開發。但最終產出的 AI 可以接受評估。更重要的是，其性能也可以持續接受監測。

相較於我們目前處理歧視的方式，這麼做可說是改進許多。當今減少歧視的干預方式主要是根據結果而來：不同族群之間的結果是否有差異？這些干預通常是一些直接的規則，旨在試圖恢復平衡並實現結果的平等。問題在於，這些干預可能會引起分裂。

相較之下，人們通常希望消除偏見的來源，尤其是決策者的動機。他們不僅想修正為平等的結果（儘管實現這一點並不是問題），而是希望得到平等的對待。然而，當人們做出決定時，又無法看到他們的動機，我們怎麼能確定有平等的待遇？

如果 AI 預測可以成為這些決策的核心，就可以實現客觀的標準。我們可以看到 AI 如何對待人們，因為我們知道 AI 沒有明確的動機，刻意區別對待相似的人們，所以我們可以努力確保 AI 實際上做到這點。

自動化預測使制定標準變得更加容易。就像所有棒球選手都可以面對相同的好球區一樣，所有駕駛員都可以面對相同的交通執法標準。交通執法中存在著眾所周知的偏見；例如，黑人駕駛比白人更容易被攔下。一個簡單的解決方案是自動化超

速罰單。我們有這方面的技術，測速、拍照，然後對駕駛員進行懲罰。自動化系統更加公平和安全，減少了警方和公眾之間發生暴力事件的機會。

但這樣做的好處遠超過單點解決方案。確信人們受到平等對待，會改變人們與系統互動的方式，以及他們在系統中行動時感受到的安全感，還會消除僅為了美化數據而進行的干預需求，例如，讓結果分配到固定類別或甚至是配額的一部分。

努力消除不公平待遇並不會一帆風順，這是因為它會改變系統中的結果，並不是每個人都歡迎自動化系統。就像明星棒球選手一樣，那些獲警員網開一面的駕駛可能會對攝影機心存怨懟。有些人將付不起罰款。此外，如果有人因急診等正當理由超速行駛，自動化系統並不會寬容。警察也無法藉由停車檢查發現超速以外的其他犯罪行為。

但是，高速會致命。讓駕駛員保持在速限以下將拯救性命。但執法不公，且往往具有歧視。自動執法將抓住更多的駕駛人並減少歧視。[21]

當 AI 以單點解決方案的方式實施時，可能會放大現有偏見並增加歧視。這導致了我們在新聞中看到的 AI 和歧視的負面標題。當 AI 被視為單點解決方案時，AI 的偏見就會造成問題，可能引發眾人抵制採用預測機器。

當從系統思維方式看待偏見時，AI 可以帶來減少歧視的

變革。儘管因從現有偏見而獲益的人會想要抵制，但我們有理由樂觀其成。像穆蘭納珊一樣，我們可以看到 AI 在各種決策中減少偏見的潛力。對於 AI 這種樂觀態度，掩蓋了對人類決策更廣泛的悲觀。無論是人類還是 AI 都會有偏見。正如麻省理工學院電腦科學家瑪澤葉·蓋瑟米（Marzyeh Ghassemi），在一場有關醫療機器學習之偏見的演講後所說，當涉及偏見時，「人類很可怕的。」[22]AI 偏見可以被偵測然後加以解決。

新的 AI 系統解決方案可以橫跨所有領域，從教育到醫療，從銀行到執法，設計後實施可以減少歧視。AI 系統可以持續監測並反覆確保能夠成功消除歧視。如果人類也能這麼容易修正就好了。

● KEY POINTS

· 關於 AI 的普遍論述，是它們會學習人類的偏見並加以放大。我們同意這點並隨時保持警惕。另一個論述是，不應該在重要決策中引入 AI 系統，如招募、銀行貸款、保險理賠、法律裁決和大學入學，因為它們是不透明的，我們看不到黑盒子的內部，而且它們會延續歧視。我們不同意這一點。我們認為應該在重要決策中引入 AI，因為它們可以接受檢驗，而人類則不然。我們無法有效質問可能帶有歧視的人類招募經理，並提出上千個問題，例如：「這個人條件完全一樣，只不過是白人，你會雇用他嗎？」然後期待誠實的回答。然

而，我們可以向 AI 系統明確提出這個問題，以及上千個其他問題，迅速獲得準確的答案。

- 芝加哥大學教授穆蘭納珊對照了他兩項有關偏見的研究。其中一項研究中，他測量了招募中的人類歧視。在另一項研究中，他測量了醫療保健中的 AI 歧視。比較這兩者後，他指出在偵測和修正歧視方面，相較於人類，AI 系統要容易得多：「改變演算法比改變人的想法更容易：電腦上的軟體可以更新；迄今為止，事實證明我們大腦中的『溼體』顯得不那麼靈活。」

- 如今，最抵制採用 AI 系統的人士是那些最擔心被歧視的人。我認為這將完全相反。一旦人們意識到在 AI 系統中偵測和修正歧視比在人類中容易，強烈抗拒 AI 系統的將不是那些希望減少歧視的人，而是那些因歧視而獲得最多利益的人。

│ 資料來源 │

前言

1. 以下是總理杜魯道在我們的會議上，與 Neuralink 的運營與特別項目總監希馮・齊莉絲進行的爐邊談話。Neuralink 是伊隆・馬斯克創立的公司，致力打造腦機介面技術。《杜魯道與希馮・齊莉絲的對談》，YouTube，2017 年 11 月 9 日。https://www.youtube.com /watch?v=zm7A1KXUaS8&t=853s。

2. 「關於加拿大的創新超級叢集」，加拿大政府，日期不詳。https://www.ic.gc.ca/eic/site/093.nsf/eng/00016.html。

3. 「04：人類與機器」，《Spotify：一個產品故事》（*Spotify: A Product Story*），podcast，2021 年 3 月。https://open.spotify.com/episode/0T3nb0PcpvqA4o1BbbQWpp。

4. 洗錢是個大問題。據聯合國估計，每年有高達 2 兆美元透過金融系統進行洗錢。根據國際管理顧問公司 Oliver Wyman 資料指出，針對這個問題的自動化和供應商解決方案市場價值高達 130 億美元。那斯達克，「那斯達克將收購 Verafin，創造打擊金融犯罪的全球領導者」，新聞稿。2020 年 11 月 19 日。https://www.nasdaq.com/press-release/nasdaq-to-acquire-verafin-creating-a-global-leader-in-the-fight-against -financial。

5. Erica Vella，「T.O.的科技：為什麼『AI 教父』Geoffrey Hinton 會

決定居住在多倫多」，Global News，2019 年 10 月 8 日。https:// globalnews.ca /news/5929564/geoffrey-hinton-artificial-intelligence-toronto/。

6. Geoff Hinton，「關於放射學」，創新破壞實驗室：機器學習與智慧市場，YouTube，2016 年 11 月 24 日。https://www.youtube.com/watch?v=2HMPRXstSvQ。

01

1. Richard B. Du Boff，「電力在美國製造業中的引進」，《經濟史評論》（*Economic History Review*）20 卷，3 期（1967 年）：第 509–518 頁。https://doi.org /10.2307/2593069。

2. Du Boff，「電力在美國製造業中的引進」。

3. Warren D. Devine Jr.，「從軸到電線：電氣化的歷史視角」，《經濟史期刊》（*Journal of Economic History*）43 卷，2 期（1983 年）：第 347–372 頁。

4. Nathan Rosenberg，《黑箱內：技術與經濟》（*Inside the Black Box: Technology and Economics*，紐約：劍橋大學出版社，1982 年），第 78 頁。

5. Nathan Rosenberg，「機床行業的技術變革，1840–1910」，《經濟史期刊》23 卷，4 期（1963 年）：第 414–443 頁。

6. Paul A. David，「發電機與計算機：現代生產力悖論的歷史視角」，《美國經濟評論》（*American Economic Review*）80 卷，2 期（1990

年）：第 355–361 頁。

7. 關於企業家利用新技術機會時，面臨的不同選擇框架來自於 Joshua
    Gans、Erin L. Scott 和 Scott Stern 的文章〈新創企業策略〉，發表於
    《哈佛商業評論》（*Harvard Business Review*）2018 年 5 月至 6 月號，
    第 44–51 頁。所謂的「單點解決方案」，指的是企業家追求他們所
    稱的「價值鏈策略」，這種策略側重於執行並嵌入現有的價值鏈
    中。「應用解決方案」主要是他們稱之為「顛覆策略」的一種方式，
    同樣側重於執行並提供新的價值鏈。這些也可以是智慧財產權策略
    的例子，涉及使用正式的智慧財產權保護裝置設計。最後，「系統
    解決方案」是一種架構策略，涉及新價值鏈以及對控制的投資，使
    這些系統具有防禦性。

02

1. 關於本次會議的論文集，請參見 Ajay Agrawal、Joshua Gans 和 Avi
    Goldfarb 編輯的《AI 經濟學：議程》（芝加哥：芝加哥大學出版社，
    2019 年）。

2. 保羅・米格羅姆，個人電子郵件，2017 年 1 月 17 日。

3. 請參見 Colin F. Camerer，「AI 與行為經濟學」，Daniel Kahneman 的
    評論，收錄於 Agrawal 等人編輯的《AI 經濟學》第 24 章，第 610
    頁。

4. 請參見 Betsey Stevenson，「AI、收入、就業與意義」，收錄於
    Agrawal 等人編輯的《AI 經濟學》第 7 章，第 190 頁。

5. Erik Brynjolfsson，Daniel Rock 和 Chad Syverson，「AI 與現代生產力悖論：期望與統計的衝突」，收錄於 Agrawal 等人編輯的《AI 經濟學》，第 1 章。

6. Timothy F. Bresnahan 和 Manuel Trajtenberg，「通用技術『增長引擎』？」，《計量經濟學期刊》（*Journal of Econometrics*）65 卷，1 期（1995 年）：第 83–108 頁；T. Bresnahan 和 S. Greenstein，「計算機技術進步與共同發明及其應用」，《布魯金斯經濟活動論文，個體經濟學》（*Brookings Papers on Economic Activity, Microeconomics*）（1996 年）：第 1–83 頁。

7. Alanna Petroff，「Google CEO：AI 比電力或火更深遠」，CNN Business，2018 年 1 月 24 日，https://money.cnn.com/2018/01/24/technology/sundar-pichai-google-ai-artificial-intelligence/index.html。

8. S. Ransbotham 等，「透過組織學習擴大 AI 的影響」，《麻省理工學院史隆管理學院評論》（*MIT Sloan Management Review*），2020 年 10 月。

9. Catherine Jewell，「AI：新電力」，《世界知識產權組織期刊》（*WIPO Magazine*），2019 年 6 月。https://www.wipo.int/wipo_magazine/en/2019/03/article _0001.html。

10. Ransbotham 等，「透過組織學習擴大 AI 的影響」。

11. 請參見 Daron Acemoglu 等人的「自動化與勞動力：來自 2019 年度商業調查的公司層面視角」中的圖 1，對比 A 和 B 面板，會議論文，國家經濟研究局，麻省劍橋，2022 年 2 月。https://conference.

nber.org/conf_papers/f159272.pdf。

12. Nathan Rosenberg，《黑箱內：技術與經濟》（紐約：劍橋大學出版社，1982 年），第 59 頁。

13. Michael Specter，「數字化氣候」，《紐約客》（*New Yorker*），2013 年 11 月 4 日。https://www.newyorker.com/magazine/2013/11/11/climate-by-numbers。

14. Michael Lewis，《第五風險》（*The Fifth Risk*，紐約：W. W. Norton & Company，2018 年），第 185 頁，Kindle 版。

15. Lewis，《第五風險》，第 186 頁，Kindle 版。

16. Lewis，《第五風險》，第 186 頁，Kindle 版。

17. Lewis，《第五風險》，第 186 頁，Kindle 版。

03

1. 確定廣告是否會導致銷售已變成更加困難的挑戰，因為廣告商會將他們的廣告鎖定預期購買的受眾。關於廣告因果關係的討論，請參見 T. Blake、C. Nosko 和 S. Tadelis 的「消費者異質性與付費搜尋的有效性：一項大規模田野實驗」，《計量經濟學》（*Econometrica*）83 卷（2015 年）：第 155–174 頁，https://doi.org/10.3982/ECTA12423；以及 Brett R. Gordon 等人的「廣告效果測量方法的比較：來自 Facebook 大規模田野實驗的證據」，《行銷科學》（*Marketing Science*）38 卷，2 期（2019 年），https://pubsonline.informs.org/doi/10.1287/mksc.2018.1135。更普遍地說，最近的兩本書專注於向非學術觀眾

解釋因果推論。Judea Pearl 和 Dana Mackenzie 的《為什麼的書》(*The Book of Why*，紐約：基本書，2018 年)提供了電腦科學的視角。John List 的《電壓效應》(*The Voltage Effect*，紐約：隨筆出版社，2022 年)提供了經濟學的視角，強調即使實驗已經進行，當解決方案大規模部署時，這些實驗結果可能不適用。

2. Larry Hardesty，「兩位與亞馬遜有關的經濟學家獲得諾貝爾獎」，Amazon Science，2021 年 10 月 13 日，https://www.amazon.science/latest-news/two-amazon-affiliated-economists-awarded-nobel-prize。

3. Satinder Singh、Andy Oku 和 Andrew Jackson，「從零開始學習下圍棋」，《自然》，2017 年 10 月 19 日。https://www.nature.com/articles/550336a。

4. Avi Goldfarb 和 Jon R. Lindsay，「預測與判斷：為什麼 AI 增加了人類在戰爭中的重要性」，《國際安全》(*International Security*) 46 卷，3 期 (2022 年)：第 7–50 頁，https://doi.org/10.1162/isec_a_00425。

5. Bonnie G. Buchanan 和 Danika Wright，「機器學習對英國金融服務的影響」，《牛津經濟政策評論》(*Oxford Review of Economic Policy*) 37 卷，3 期 (2021 年)：第 537–563 頁。https://doi.org/10.1093/oxrep/grab016。

6. Kwame Opam，「亞馬遜計畫在你購買之前就先運送你的包裹」，Verge，2014 年 1 月 18 日。https://www.theverge.com/2014/1/18/5320636/amazon-plans-to-ship-your-packages-before-you-even-buy-them。

7. Anu Singh、Tyana Grundig 和 David Common，「隱藏攝影機和祕密

追蹤器揭露了亞馬遜退貨的去向」，CBC News，2020 年 10 月 10 日。https://www.cbc.ca/news/canada/marketplace-amazon-returns-1.5753 714。

8. 你可能會想，如果亞馬遜最終會丟棄退貨產品，為什麼還要在「先 運後買」的情況下收回這些產品呢？問題在於，亞馬遜怎麼知道消 費者是在處置產品，而不是在使用？

04

1. Michael Lewis，「歐巴馬之道」，《浮華世界》（*Vanity Fair*），2012 年 10 月。https://www.vanityfair.com/news/2012/10/michael-lewis-profile-ba rack-obama。

2. H. Simon，「密爾瓦基公共娛樂設施的管理」，未出版手稿，Herbert A. Simon 論文集，卡內基美隆大學圖書館。

3. Lamport，「布里丹原理」，《物理學基礎》（*Foundations of Physics*）42 卷，8 期（2012 年）：第 1056–1066 頁。

4. 作為真正證明這條規則的例外，請參考歐巴馬穿著米色西裝那 天發生的事情：「歐巴馬米色西裝爭議」，維基百科，https://en .wikipedia.org/wiki/Obama_tan_suit_controversy。

5. 這只是為了使數學計算更簡單。對於那些擅長代數的人，假設下雨 的概率是 p，淋溼的成本是 w，而如果不下雨、攜帶雨傘的成本是 c。那麼，當 pw = (1-p)c 時，攜帶和不攜帶之間並沒有差別。我們 在正文中的例子假設 p = 0.5，w = c = \$10。

6. Natalia Emanuel 和 Emma Harrington，「遠距『工作』？選擇、待遇與遠程工作的市場選擇」，哈佛大學，2021 年，手稿。https://scholar.harvard.edu/files/eharrington/files/trim_paper.pdf。

7. S. Larcom、F. Rauch 和 T. Willems，「強制實驗的好處：來自倫敦地鐵網路的顯著證據」，《經濟學季刊》（*Quarterly Journal of Economics*）132 卷，4 期（2017 年）：第 2019–2055 頁。

8. D. P. Byrne 和 N. de Roos，「創業搜尋成本」，《美國經濟學期刊：個體經濟學》（*American Economic Journal: Microeconomics*）14 卷，2 期（2022 年 5 月）：第 81–112 頁。

9. Atul Gawande，《清單革命》（紐約：Henry Holt and Co.，2009 年），第 61–62 頁，Kindle 版。

05

1. 經濟學家對這句話有特別的共鳴。我們在《AI 經濟的策略思維》一書中討論機場貴賓室時，引用了同樣的話。

2. SF Staff，「機場正變得愈來愈像旅遊目的地」，《Simple Flying》，2020 年 1 月 5 日，https://simpleflying.com/airports-tourist-destinations/。

3. 「目的地機場」，Gensler，日期不詳，https://www.gensler.com/blog/destination-airports。

4. Paul Brady，「十大國際機場」，《旅遊與休閒》（*Travel and Leisure*），2021 年 9 月 8 日。https://www.travelandleisure.com/airlines-airports/coolest-new-airport-terminals。

5. Elliott Heath，「機場內的高爾夫球場」，《高爾夫月刊》（*Golf Monthly*），2018 年 6 月 6 日。https://www.golfmonthly.com/features/the-game/golf-course-inside-an-airport-157780。

6. 仁川國際機場公司，2016 年度報告，https://www.airport.kr/co_file/en/file01/2016_annualReport(eng).pdf。

7. 國際機場協會，「ACI 報告顯示機場產業對全球經濟的重要性」，新聞稿，2020 年 4 月 22 日。https://aci.aero/2020/04/22/aci-report-shows-the-importance-of-the-airport-industry-to-the-global-economy/。

8. 「將 AI 應用於空中交通管制」，英國艾倫・圖靈研究所，2020 年 1 月 17 日。https://www.turing.ac.uk/research/impact-stories/putting-ai-air-traffic-control。

9. Arnoud Cornelissen，「恩荷芬機場的行李處理 AI 系統證明成功」，Innovation Origins，2021 年 1 月 28 日。https://innovationorigins.com/en/ai-system-for-baggage-handling-at-eindhoven-airport-proves-successful/。

10. Tower Fasteners，「AI 在航空領域的未來」，新聞稿，日期不詳。https://www.towerfast.com/press-room/the-future-of-ai-in-aviation。

11. Xinyu Hu 等人，「DeepETA：Uber 如何使用深度學習預測到達時間」，Uber Engineering，2022 年 2 月 10 日。https://eng.uber.com/deepeta-how-uber-predicts-arrival-times/。

12. 摘自 William Booth，「保持競爭優勢」，《華盛頓郵報》（*Washington Post*），2019 年 1 月 11 日。https://www.washingtonpost.com/graphics/2019/world/british -hedgerows/；以及 BBC 紀錄片《王子、兒子和繼

承人：查爾斯 70 歲》（*Prince, Son and Heir: Charles at 70*），2018 年 12 月 31 日。

13. Steven D. Levitt 和 Stephen J. Dubner，《蘋果橘子經濟學【擴充・修訂紀念版】》（*Freakonomics: A Rogue Economist Explores the Hidden Side of Everything*），修訂與擴展版（紐約：William Morrow，2006 年），第 xiv 頁。

14. 麻薩諸塞州農業資源部，「溫室最佳管理實踐」，日期不詳。https://ag.umass.edu/sites/ag.umass.edu/files/book/pdf/greenhousebmpfb.pdf。

15. Ric Bessin、Lee H. Townsend 和 Robert G. Anderson，「溫室害蟲管理」，肯塔基大學，日期不詳。https://entomology.ca.uky.edu/ent60。

16. 麻薩諸塞州農業資源部，「溫室最佳管理實踐」。

17. Ecoation，「人類＋機器」，日期不詳。https://www.ecoation.com/；Ecoation，「綜合病蟲害管理」，日期不詳。https://7c94d4b4-da17-40b9-86cd-fc64ec50f83b.filesusr.com/ugd/0a894f_a83293fa199c4f60a712 54187a0b7f4c.pdf。

18. Ecoation，「綜合病害蟲管理」，案例 4。

06

1. Atul Gawande，「清單」，《紐約客》（*New Yorker*），2007 年 12 月 2 日。https://www.newyorker.com/magazine/2007/12/10/the-checklist。

2. A. Kwok 和 M-L McLaws，「如何讓醫師養成手部衛生習慣：輕推、輕推」，《抗微生物抗性與感染控制》（*Antimicrobial Resistance and*

Infection Control）4 卷，增刊 1（2015 年）：O51。https://www.ncbi.
nlm.nih.govpmc/articles/PMC4474702/。

3. Ali Goli、David H. Reiley 和 Hongkai Zhang，「個性化版本控制：從
   Pandora 實驗中構建的產品策略」，工作論文，於 2021 年 10 月 8 日
   在加州大學洛杉磯分校定量行銷與經濟學會議上展示。如我們在第
   三章討論的，有時 AI 需要進行實驗來收集進行預測所需的數據。
   在這裡，AI 輔助了實驗。

4. 關於此問題的首次分析，請參見 Susan Athey、Emilio Calvano 和
   Joshua S. Gans 的「消費者多棲對廣告市場和媒體競爭的影響」，《管
   理科學》（*Management Science*）64 卷，4 期（2018 年）：第 1574–
   1590 頁。

5. 「沒有規則，就會有混亂」，YouTube，https://www.youtube.com/
   watch?v=qoHU57KtUws。

6. 約翰・斯圖爾特・彌爾，《論自由》（*On Liberty*），David Spitz 編輯
   （紐約：W. W. Norton and Company，1975 年版，基於 1859 年版），
   第 98 頁。

7. 紐約州教育部，「紐約州幼兒園學習標準」，日期不詳。http://www.
   p12.nysed.gov/earlylearning/standards/documents/KindergartenLearningSt
   andards2019-20.pdf。

8. 「全球教育危機的現狀：復甦之路」，世界銀行，日期不詳。
   https://www.worldbank.org/en/topic/education；《概論》，世界銀行，
   日期不詳。https://www.worldbank.org/en/topic/education/overview#1；

《教育中的數位技術》，世界銀行，無日期，https://www.worldbank.org/en/topic/edutech#1。

9. 「培訓企業家」，《VoxDevLit》1 卷，2 期（2021 年 8 月 9 日），https://voxdev.org/sites/default/files/Training_Entrepreneurs_Issue_2.pdf。

10. 我們在第三章中討論了為什麼這樣的嘗試是有用的。

11. Ken Robinson，《讓天賦自由》（*The Element How Finding Your Passion Changes Everything*，紐約：企鵝出版社，2009 年），第 230 頁。

07

1. Worldometer，「冠狀病毒病例」。https://www.worldometers.info/coronavirus/country/us/，訪問日期為 2021 年 11 月 25 日。

2. 欲了解完整內容，請參見 Joshua Gans，《疫情資訊差距：COVID-19 的殘酷經濟學》（*The Pandemic Information Gap: The Brutal Economics of COVID-19*，麻薩諸塞州劍橋：麻省理工學院出版社，2020 年）。

3. June-Ho Kim 等人，「COVID-19 疫情中的成功故事：南韓汲取了 MERS 的教訓」，《數據看世界》（*Our World in Data*），2021 年 3 月 5 日。https://ourworldindata.org/covid-exemplar-south-korea。

4. Jennifer Chu，「AI 模型透過手機錄製的咳嗽聲檢測無症狀的 COVID-19 感染」，《MIT News》，2020 年 10 月 29 日。https://news.mit.edu/2020/covid-19-cough-cellphone-detection-1029。

5. 一些 AI 解決方案已經開始出現。例如，希臘邊境的一項研究顯示，一個適當開發的強化學習演算法（例如，將旅行方式、出發地

點和人口統計資訊納入考量），每週更新一次，可以檢測出是隨機監測的 1.85 倍的無症狀感染者。H. Bastani 等人，「透過強化學習進行有效且有針對性的 COVID-19 邊境測試」，《自然》599（2021年）：第 108–113 頁。https:// doi.org/10.1038/s41586-021-04014-z。

6. Hannah Beech，「在抗擊 COVID-19 的前線，不再享受搔肚肚」，《紐約時報》，2021 年 5 月 31 日。https://www.nytimes.com/2021/05/31/world/asia/dogs-coronavirus.html。

7. Michael J. Mina 和 Kristian G. Andersen，「COVID-19 測試：一種方法無法適用於所有人」，《科學》（*Science*）371 卷，6525 期（2020年）：第 126–127 頁；Daniel B. Larremore 等人，「測試靈敏度不若 COVID-19 篩檢的頻率和周轉時間重要」，《科學進展》（*Science Advances*）7 卷，1 期（2021 年）。https://www.science.org/doi/10.1126/sciadv.abd5393。

8. Joshua S. Gans、Avi Goldfarb、Ajay K. Agrawal、Sonia Sennik、Janice Stein 和 Laura Rosella，「SARS-CoV-2 快速抗原檢測中偽陽性結果」，《美國醫學會期刊》（*JAMA*）327 卷，5 期（2022 年）：第 485–486頁。https://jamanetwork.com/journals/jama/fullarticle /2788067。

9. Laura C. Rosella、Ajay K. Agrawal、Joshua S. Gans、Avi Goldfarb、Sonia Sennik 和 Janice Stein，「COVID-19 快速抗原檢測在工作場所的大規模實施」，《科學進展》8 卷，8 期（2022 年）。https://www.science.org/doi/10.1126/sciadv.abm3608；《創新破壞實驗室快篩：支持加拿大各地工作場所快篩的啟動》，創新破壞實驗室快篩聯盟，

https://www.cdlrapidscreeningconsortium.com/。

10. 該計畫啟動的報導見於「如同戰時：加拿大公司聯合啟動大規模病毒檢測」，《紐約時報》，2021 年 2 月 18 日。https://www.nytimes.com/2021/01/30/world/americas/canada-coronavirus-rapid-test.html。

11. Laura C. Rosella 等人，「COVID-19 快速抗原檢驗在工作場所的大規模實施」。

12. Joshua 發表了第一本關於 COVID-19 經濟學的書，專注於這一具體問題：Joshua Gans，《疫情資訊差距：COVID-19 的殘酷經濟學》（麻薩諸塞州劍橋：麻省理工學院出版社，2020 年）。

08

1. 布萊恩‧克里斯汀，《人性較量》（*The Most Human Human: What Artificial Intelligence Teaches Us About Being Alive*，紐約：Anchor，2011 年）。

2. Ajay Agrawal、Joshua Gans 和 Avi Goldfarb，「AI：自動化預測對於勞動市場的模糊影響」，《經濟觀點期刊》（*Journal of Economic Perspectives*）33 卷，2 期（2019 年）：第 31–50 頁。https://pubs.aeaweb.org/doi/pdfplus/10.1257/jep.33.2.31。

3. Carl Benedikt Frey 和 Michael A. Osborne，「就業市場的未來：工作受電腦化的影響有多大？」，《技術預測與社會變遷》（*Technological Forecasting and Social Change*）114 卷（2017 年 1 月）：第 254–280 頁，https://www.sciencedirect.com/science/article/abs/pii/S00401625163

02244；《經濟學人》（*Economist*）2018 年 4 月 24 日報導：「研究發現近半數工作崗位易受自動化影響」，https://www.economist.com/graphic-detail/2018/04/24/a-study-finds-nearly-half-of-jobs-are-vulnerable-to-automation；Aviva Hope Rutkin，《MIT 技術評論》（*MIT Technology Review*）2013 年 9 月 12 日報導：「報告顯示近半數美國工作崗位易受電腦化影響」，https://www.technologyreview.com/2013/09/12/176475/report-suggests-nearly-half-of-us-jobs-are-vulnerable-to-computerization/。

4. Daron Acemoglu，「AI 的危害」，國家經濟研究局（NBER）工作報告 29247，劍橋，麻薩諸塞州，2021 年 9 月，https://www.nber.org/papers/w29247；Daron Acemoglu 和 Pascual Restrepo，「自動化與新任務：技術如何取代並恢復勞動力」，《經濟觀察期刊》（*Journal of Economic Perspectives*）33 卷 2 期（2019）：第 3–30 頁；Jeffrey D. Sachs，「研發、結構轉型與收入分配」，見 Ajay Agrawal 等人編，《AI 經濟學：議程》（芝加哥：芝加哥大學出版社，2019），第 13 章。關於全面評估，請參閱 Joshua Gans 和 Andrew Leigh，《創新＋平等：創造一個更像星際迷航記而非魔鬼終結者的未來》（*Innovation + Equality: How to Create a Future That Is More Star Trek Than Terminator*，劍橋，麻薩諸塞州：麻省理工學院出版社，2019）。

5. Tim Bresnahan，「AI 技術與總體增長前景」，史丹佛大學工作報告，2019 年 5 月，https://web.stanford.edu/~tbres/AI_Technologies_in_use.pdf。

6. 我們在此的結論與 Erik Brynjolfsson 在其討論圖靈陷阱（Turing

Trap）中的結論相似。然而，我們的論點不同。我們強調的是，對
AI 開發者而言，專注於價值與增強是有利的。Erik Brynjolfsson，「圖
靈陷阱：類人 AI 的承諾與危險」，史丹佛數位經濟實驗室，2022 年
1 月 12 日，https://digitaleconomy.stanford.edu/news/the-turing-trap-the-
promise-peril-of-human-like-artificial-intelligence/。

7. 例如，參見 Alvin Rajkomar、Jeffrey Dean 和 Isaac Kohane，「醫學
中的機器學習」，《新英格蘭醫學期刊》（*New England Journal of
Medicine*）380（2019）：第 1347–1358 頁，https://www.nejm.org/doi/
full/10.1056/NEJMra1814259；Sandeep Redd、John Fox 和 Maulik P.
Purchit，「AI 驅動的醫療保健服務」，《皇家醫學會期刊》（*Journal
of the Royal Society of Medicine*）112，第 1 期（2019），https://journals.
sagepub.com/doi/full/10.1177/0141076818815510；Kun-Hsing Yu、
Andrew L. Beam 和 Isaac S. Kohane，「醫療保健中的 AI」，《自然生
物醫學工程》（*Nature Biomedical Engineering*）2（2018）：第 719–731
頁，https://www.nature.com/articles/s41551-018-0305-z。

8. James Shaw 等人，「AI 與實施挑戰」，《醫學網際網路研究期刊》
（*Journal of Medical Internet Research*）21，第 7 期（2019）：e13659，
doi: 10.2196/13659；Yu 等人，「醫療保健中的 AI」。

9. Siddhartha Mukherjee，「AI 對抗醫師」，《紐約客》，2017 年 3 月 27
日；以及 Cade Matz 和 Craig Smith，「警告 AI 在醫療保健中的黑暗
面」，《紐約時報》，2019 年 3 月 21 日。

10. 雖然我們從未見過艾瑞克・托普，但我們是他作品的粉絲。我們在

開發國家級快速抗原檢驗計畫期間，從他清晰、及時且有洞察力的 Twitter 訊息和其他著作中，受益匪淺。「CDL 快速篩檢聯盟」，Creative Destruction Lab，https://www.cdlrapidscreeningconsortium.com/。

11. Avi Goldfarb、Bledi Taska 和 Florenta Teodoridis，「醫療保健中的 AI？來自線上工作招募的證據」，《AEA 論文與會議記錄》（*AEA Papers and Proceedings*）110（2020）：第 400–404 頁。

12. Steven Adelman 和 Harris A. Berman，「為什麼醫師會倦怠？我們的醫療保健系統是一團複雜的混亂」，《STAT》，2016 年 12 月 15 日，https://www.statnews.com/2016/12/15/burnout-doctors-medicine/。

13. 艾瑞克・托普，《深度醫學》（*Deep Medicine*，紐約：Basic Books，2019 年）。

14. 世界銀行，「公平競爭的環境」，《2021 年世界發展報告》（*World Development Report*），https://wdr2021.worldbank.org/stories/leveling-the-playing-field/，104。

15. Morgane le Cam，「藍牙將心臟病學家帶到喀麥隆的每個村莊的那一天」，《日內瓦解決方案》（*Geneva Solutions*），n.d.，https://genevasolutions.news/explorations/11-african-solutions-for-the-future-world/the-day-bluetooth-brought-a-cardiologist-to-every-village-in-cameroon。

16. Steve Lohr，「IBM 的 Watson 怎麼了？」，《紐約時報》，2021 年 7 月 16 日，https://www.nytimes.com/2021/07/16/technology/what-happe

ned-ibm-watson.html?smid=tw-share。

17. 我們建議使用《AI 經濟的策略思維》的 AI 檢查表進行這一過程。

09

1. Rob Toews，「AlphaFold 是 AI 史上最重要的成就」，《富比士》，2021 年 10 月 3 日，https://www.forbes.com/sites/robtoews/2021/10/03/alphafold-is-the-most-important-achievement-in-ai-ever/；Ewen Callaway，「『它將改變一切』：DeepMind 的 AI 在解決蛋白質結構方面取得了巨大的進步」，《自然》，2020 年 11 月 30 日，https://www.nature.com/articles/d41586-020-03348-4。

2. Will Douglas Heaven，「DeepMind 的蛋白質摺疊 AI 解決了生物學 50 年來的重大挑戰」，《MIT 技術評論》，2020 年 11 月 30 日，https://www.technologyreview.com/2020/11/30/1012712/deepmind-protein-folding-ai-solved-biology-science-drugs-disease/。

3. Rob Toews，「AlphaFold 是 AI 史上最重要的成就」。

4. Callaway，「『它將改變一切』」。

5. Iain M. Cockburn，Rebecca Henderson 和 Scott Stern，「AI 對創新的影響：一項探索性分析」，載於《AI 經濟學：議程》，Agrawal 等人編（芝加哥：芝加哥大學出版社，2019），第 120 頁。Stern 在 2018 年我們的「機器學習與智慧市場」會議上，發表了一個出色且易於理解的演講，展示了這篇論文中的觀點：Scott Stern，「AI、創新與經濟增長」，YouTube，2018 年 11 月 1 日，https://www.youtube.

com/watch?v=zPeme4murCk&t=8s。

6. 在我們的創新破壞實驗室中，我們看到了許多基於 AI 的研究工具。以下是截至撰寫本文時，三個實驗室研究者已成功募得大量資金進行研究的範例：一、Atomwise 已經募得 1.75 億美元，設計了一個 AI 工具預測分子與蛋白質的結合親和力，以發現新的小分子藥物。Atomwise，「AI 背後：使用基於點的網路提升結合親和力預測」，2021 年 8 月 4 日，https://blog.atomwise.com/behind-the-ai-boosting-binding-affinity-predictions-with-point-based-networks；二、Deep Genomics 已經募得 2.4 億美元，設計了一個 AI 工具預測基因突變的後果，進而發現新的基因藥物。Deep Genomics，「Deep Genomics 完成 1.8 億美元 C 輪募資」，2021 年 7 月 28 日，https://www.deepgenomics.com/news/deep-genomics-raises-180m-series-c-financing/；三、BenchSci 已經募得 1 億美元，設計了一個 AI 工具預測實驗中的最佳試劑，以促進治療發現。BenchSci，「BenchSciAI 輔助試劑選擇」，日期不詳，https://www.benchsci.com/platform/ai-assisted-reagent-selection。

7. 如 Oliver Wendell Holmes 所推崇的；可參見 H. J. Lane, N. Blum 和 E. Fee，「Oliver Wendell Holmes（1809–1894）與 Ignaz Philipp Semmelweis（1818–1865）：防止產褥熱的傳播」，《美國公共衛生期刊》（*American Journal of Public Health*）100 卷，6 期（2010）：第 1008–1009 頁，https://doi.org/10.2105/AJPH.2009.185363。

8. Dokyun Lee 和 Kartik Hosanagar，「推薦系統如何影響銷售多樣性？

透過隨機場域實驗進行跨類別調查」,《資訊系統研究》(*Information Systems Research*) 30 卷,1 期(2019):第 iii–viii 頁,https://pubsonline.informs.org/doi/abs/10.1287/isre.2018.0800;與 Dokyun Lee 的電子郵件往來,2021 年 11 月 16 日。

9. Ajay Agrawal、John McHale 和 Alex Oettl,「超人類科學:AI 如何影響創新」,布魯金斯研究所工作論文,2022 年。

10. Ewen Callaway,「『它將改變一切』:DeepMind 的 AI 在解決蛋白質結構上取得巨大進步」,《自然》588 卷(2020):第 203–204 頁,https://www.nature.com/articles/d41586-020-03348-4。

11. 「AI 用於發現與自駕實驗室」,Matter Lab,日期不詳,https://www.matter.toronto.edu/basic-content-page/ai-for-discovery-and-self-driving-labs。

10

1. Severin Borenstein 和 James Bushnell,「電力重組:放鬆管制還是重新管制?」《Regulation》 23 卷,2 期(2000),http://faculty.haas.berkeley.edu/borenste/download/Regulation00ElecRestruc.pdf。

2. Clayton M. Christensen,《創新的兩難》(*The Innovator's Dilemma: When New Technologies Cause Great Firms to Fail*,波士頓:哈佛商業評論出版社,1997)。早期的研究,如 Richard Foster 的《創新:攻擊者的優勢》(*Innovation: The Attacker's Advantage*,紐約:Summit Books,1986)探討了類似觀點,雖然沒有強調「破壞」這個詞。

3. 然而歷史告訴我們，面對自下而上的破壞，企業通常能夠做出應對並共用這項技術。他們可以收購新進企業，或加倍投資以迎頭趕上。這使他們能夠利用其他資產，儘管這段時間可能會波濤洶湧，但他們可以安然度過這個過程。關於這些回應的更廣泛討論，參見 Joshua S. Gans，《破壞性創新的兩難》（*The Disruption Dilemma*，劍橋，麻省理工學院出版社，2016）。

4. Jill Lepore，「破壞機器」，《紐約客》，2014 年 6 月 16 日。

5. Tim Harford，「為什麼大公司浪費了好點子」，《金融時報》（*Financial Times*），2018 年 9 月 6 日，https://www.ft.com/content/3c1ab748-b09b-11e8-8d14-6f049d06439c。

6. Rebecca M. Henderson 和 Kim B. Clark，「架構創新：現有產品技術的重新配置與老牌公司的失敗」，《行政科學季刊》（*Administrative Science Quarterly*）（1990）：第 9–30 頁。

7. 關於這些差異的更多討論，請參見 Gans，《破壞性創新的兩難》。

8. Joshua Gans 在其「內部衝突與破壞性技術」的經濟模型中正式提供了這方面的分析，mimeo，多倫多，2022 年。

9. 關於百視達公司興衰的詳細過程，請參見 Gina Keating，《Netflixed：爭奪美國觀眾的史詩級戰役》（*Netflixed: The Epic Battle for America's Eyeballs*，紐約：企鵝出版社，2012）。欲回顧百視達的興起與衰落，請觀看紀錄片《最後的百視達》（*The Last Blockbuster*），該片說明了這家公司的運作，並溫馨地描述了位於奧勒岡州本德市最後一家百視達分店。

11

1. Joan Baum，《艾達‧拜倫的計算激情》（*The Calculating Passion of Ada Byron*，康乃狄克州漢登：Archon Books，1986）。

2. Ada 是我們創新破壞實驗室計畫的畢業生，截至撰寫本文時，她已募集了約 2 億美元來為公司的成長提供資金。

3. Ada，「Zoom，全球增長最快的公司，如何在客戶體驗上交出答卷」，個案研究，日期不詳，https://www.ada.cx/case-study/zoom?hs CtaTracking=bbb3dca6-ad19-42b2-97e3-8bcd92813842%7C754f3b30-ab8b -418d-b36c-d0ab3be3514f。

4. David Zax，「『我覺得自己很幸運』：Google 第 59 號員工的全揭祕」，《快公司》（*Fast Company*），2011 年 7 月 12 日，https://www. fastcompany.com/1766361/im-feeling-lucky-google-employee-no-59-tells-all；Nicholas Carlson，「Google 剛剛取消了「『好手氣』按鈕」，《商業內幕》（*Business Insider*），2010 年 9 月 8 日，https://www. businessinsider.com/google-just-effectively-killed-the-im-feeling-lucky-button-2010-9。Marissa Meyer 曾說：「我認為「『好手氣』這個按鈕讓你記得這裡還有真人。」

   哲學家認為這是 Google 的「上帝情結」——我們不是在開玩笑。John Durham Peters，「Google 想成為上帝的心靈：『我覺得自己很幸運』的神祕學」，《Salon》，2015 年 7 月 19 日，https://www.salon. com/2015/07/19/google_wants_to_be_gods_mind_the_secret_theology_ of_im_feeling_lucky/。我們必須引用這段話：

「首頁上的兩個選項——『Google 搜尋』和「『好手氣』——是不可或缺的觸感。「『好手氣』是主觀的方式,不是 Google 對用戶說『好手氣』,而是我自己在進入網路,同時也是賭徒在無法控制的事情上念念有詞的呼喊。Google 搜尋頁是慾望的門戶,是人們帶著請願來到的王座。(它的伺服器儲存著慾望檔案。)『好手氣』也召喚了類似於宗教拋硬幣的做法。『好手氣』按鈕的頻繁有效性,讓 Google 有理由自誇。(近來,它通常會帶你到一個維基百科頁面,但之前它的結果可能更令人驚喜。)即使 Google 從『好運』按鈕上的 1%搜尋中賺不到錢(因為它只顯示一個結果,因此沒有廣告收入),面對來自堅守收入底線者的批評,公司領導人依然堅決保留它。他們知道自己在做什麼。『好運』按鈕彌補了損失的收入,保留了那種神諭般的氛圍和怪咖的魅力。它的損失將是無法計算的。在 Google 搜尋頁上,你站在門檻上叩門。兩個選項比鄰等著你:古老的占卜和現代的 Google。這家公司的文化共鳴,在於將其電腦化的搜尋整體性的主張結合《易經》般的神祕性。古老,現代;上帝,Google——這兩者之間的連續性十分明顯。Google 的搜尋頁或許在這種簡單的搜尋或探索結構中,最具宗教意味。人們在尋找什麼?在噪音中找到信號。真愛。正義的逃亡者。遺失的鑰匙圈。Google 可以幫助找到其中一些東西。」

5. Janelle Shane,《你看起來煞有其事,我愛你》(*You Look Like a Thing and I Love You*,紐約:Little Brown,2019),第 144 頁。

6. Lewis Mumford,《技術與文明》(*Technics and Civilization*,紐約:

Harcourt，Brace，1934），第 27 頁。

12

1. 本章內容基於 Ajay Agrawal，Joshua Gans 和 Avi Goldfarb，「如何利用機器學習獲勝」，《哈佛商業評論》，2020 年 9–10 月刊。

2. Marco Iansiti 和 Karim Lakhani，《在 AI 時代競爭》（*Competing in the Age of AI*，麻薩諸塞州劍橋：哈佛商業評論出版社，2020）。

3. Joseph White，「通用汽車收購 Cruise Automation 加速無人駕駛汽車的策略」，《路透社》，2016 年 3 月 11 日，https://www.reuters.com/article/us-gm-cruiseautomation-idUSKCN0WD1ND。

4. Clara Curiel-Lewandrowski 等人，「AI 在黑色素瘤中的應用」，編輯：D. Fisher 和 B. Bastian，《黑色素瘤》（*Melanoma*，紐約：Springer，2019），https://doi.org/10.1007/978-1-4614-7147-9_43；Adewole S. Adamson 和 Avery Smith，「機器學習與皮膚病學中的醫療不平等」，《JAMA Dermatology》154 卷 11 期（2018）：第 1247–1248 頁，https://jamanetwork.com/journals/jamadermatology/article-abstract/2688587。

13

1. David J. Deming，《工作中決策的重要性日益增加》，工作報告 28733，美國國家經濟研究局，劍橋，麻薩諸塞州，2021 年。

2. Chris Bengel，《麥可‧喬丹在〈最後之舞〉紀錄片中分享關於冒著受傷風險的搞笑回應》，CBS，2020 年 4 月 19 日，https://www.

cbssports.com/nba/news/michael-jordan-shares-hilarious-response-to-risking-injuries-in-sneak-peek-of-the-last-dance-documentary/。

3. Michael Jordan，《取決於頭痛有多嚴重！》，YouTube，2020 年 4 月 20 日，https://www.youtube.com/watch?v=2WWspa-mFZY；Bengel，《麥可‧喬丹分享搞笑回應》。

4. Jordan，《取決於頭痛有多嚴重！》；Bengel，《麥可‧喬丹分享搞笑回應》。

5. Ramnath Balasubramanian，Ari Libarikian 和 Doug McElhaney，《2030 年保險業——AI 對保險業未來的影響》，麥肯錫公司，2021 年 3 月 12 日，https://www.mckinsey.com/industries/financial-services/our-insights/insurance-2030-the-impact-of-ai-on-the-future-of-insurance#。

6. Fred Lambert，《特斯拉正式推出使用「即時駕駛行為」的保險，首先在德州上線》，Elektrek，2021 年 10 月 14 日，https://electrek.co/2021/10/14/tesla-officially-launches-insurance-using-real-time-driving-behavior-texas/。

7. Miremad Soleymanian，Charles B. Weinberg 和 Ting Zhu，《偵測器資料與行為追蹤：基於使用的汽車保險對駕駛者有益嗎？》，《市場科學》（*Marketing Science*）第 38 卷，第 1 期（2019）。

8. Paul Green 和 Vithala Rao，《聯合測量用於定量判斷性資料》，《市場行銷研究期刊》（*Journal of Marketing Research*）第 8 卷，第 355–363 頁（1971）。https://journals.sagepub.com/doi/pdf/10.1177/002224377100800312。

9. Robert Zeithammer 和 Ryan P. Kellogg,《猶豫的海歸：美國受教育的中國科學家和工程師的回流偏好》,《市場行銷研究期刊》(*Journal of Marketing Research*) 第 50 卷, 第 5 期 (2013), https://journals.sagepub.com/doi/abs/10.1509/jmr.11.0394?journalCode=mrja。

10. 當然, Bajari 會說他不是唯一一個做到這件事的人, 事情也複雜得多。他會強調, 他只是亞馬遜經濟學和資料科學團隊的一部分。

11. Katrina Lake,《Stitch Fix 公司執行長論行銷個人風格至大眾市場》,《哈佛商業評論》, 2018 年 5–6 月期。

14

1. Tom Krisher,《聯邦機構：Uber 自駕 SUV 看到行人但未剎車》,《美聯社新聞》, 2018 年 5 月 24 日, https://apnews.com/article/north-america-ap-top-news-mi-state-wire-az-state-wire-ca-state-wire-63ff0b97fe1c44f98e4ee02c70a6397e; T.S,《為何 Uber 自駕車撞死行人》,《經濟學人》(*Economist*), 2018 年 5 月 29 日, https://www.economist.com/the-economist-explains/2018/05/29/why-ubers-self-driving-car-killed-a-pedestrian。

2. Uriel J. Garcia 和 Karina Bland,《Tempe 警察局長：Uber 致命車禍對任何駕駛者而言或不可避免,《亞利桑那共和報》(*AZCentral*), 2018 年 3 月, https://www.azcentral.com/story/news/local/tempe/2018/03/20/tempe-police-chief-fatal-uber-crash-pedestrian-likely-unavoidable/442829002/。

3. National Transportation Safety Board，《發展中的自動駕駛系統控制的車輛與行人碰撞，事故報告》（Washington，DC: NTSB，2018年3月18日），https://www.ntsb.gov/investigations/AccidentReports/Reports/HAR1903.pdf。

4. Hilary Evans Cameron，Avi Goldfarb 和 Leah Morris，《AI 在減少難民申請中錯誤拒絕的應用》，《難民研究期刊》（*Journal of Refugee Studies*）35 卷 1 期（2022），https://doi.org/10.1093/jrs/feab054。

5. Hilary Evans Cameron，《難民法的事實調查危機：真相、風險與錯誤判斷》（*Refugee Law's Fact-Finding Crisis: Truth, Risk, and the Wrong Mistake*，劍橋，英國：劍橋大學出版社，2018）。

6. 對此類「前瞻性想法」的分析，請參閱 P. Bolton 和 A. Faure-Grimaud，《前瞻思維：決策問題》，《經濟研究評論》（*Review of Economic Studies*）76 卷 4 期（2009）：第 1205–1238 頁。其在預測機器中的應用，請參閱 Ajay Agrawal，Joshua Gans 和 Avi Goldfarb，《預測、判斷與複雜性：決策與 AI 理論》收錄於《AI 經濟學：議程》（芝加哥：芝加哥大學出版社，2018），第 89–110 頁。

7. 由經驗獲得的判斷模型請參見 Ajay Agrawal，Joshua S. Gans 和 Avi Goldfarb，《人類判斷與 AI 定價》，《美國經濟學會論文與會議紀要》（*AEA Papers and Proceedings*）108 卷（2018），第 58–63 頁。

8. 這借鑑了 Ariel Dora Stern 和 W. Nicholson Price II 所討論的有關醫療規範變化的想法，詳見《法規監督、因果推理與安全有效的醫療機器學習》，《生物統計學》（*Biostatistics*）21 卷 2 期（2020）：第 363–

367頁，https://academic.oup.com/biostatistics/article/21/2/363/5631849。

15

1. Peter Baghurst 等人，「環境中鉛的暴露與七歲兒童智力：Port Pirie 研究」，《新英格蘭醫學期刊》327 卷，第 18 期（1992 年）：第 1279–1284 頁。

2. 這個 80％的數字是基於他們提供的一個列表。更正式地說，接受者操作特徵曲線（AUROC）下的面積是 0.95。換句話說，假設一個鉛管和一個非鉛管，他們的模型可以正確選擇鉛管的機率為 95％，而完全隨機的機率則是 50％。

3. Alexis C. Madrigal，「Flint 感覺良好的故事如何走向錯誤」，《大西洋》（*Atlantic*），2019 年 1 月 3 日，https://www.theatlantic.com/technology/archive/2019/01/how-machine-learning-found-flints-lead-pipes/578692/。

4. 「鉛管探測器」，《2021 年最佳發明》，《時代》，2021 年 11 月 10 日，https://time.com/collection/best-inventions-2021/6113124/bluecondu it/; Zahra Ahmad，「研究人員稱，Flint 使用預測模型替換更多鉛管」，《MLive》，2019 年 6 月 27 日，https://www.mlive.com/news/flint/2019/06/flint-replaces-more-lead-pipes-using-predictive-model-researchers-say.html；Adele Peters，「我們不知道所有鉛管的位置。這個工具幫助找出來」，《快公司》，2021 年 10 月 4 日，https://www.fastcompany.com/90682174/this-tool-figures-out-which-houses-are-most-likely-to-have-

lead-pipes；Sidney Fussell,「一個演算法有助於社區檢測鉛管」，《連線》（*Wired*），2021 年 1 月 14 日，https://www.wired.com/story/algorithm-helping-community-detect-lead-pipes/；Madrigal,「Flint 感覺良好的故事如何走向錯誤」。

5. 國家氣象協會,「關於 NWA」，未註明日期，https://nwas.org/about-nwa/; Ben Alonzo,「氣象學的類型」，《Sciencing》，2017 年 4 月 24 日，https://sciencing.com/types-meteorology-8031.html；本節大部分的內容基於 2021 年 11 月 17 日對前國家氣象協會主席塔德·賴瑞科斯的採訪。

6. 作者對塔德·賴瑞科斯的採訪，2021 年 11 月 17 日。

7. Michael Lewis,《第五風暴》（*The Fifth Risk*，紐約：W. W. Norton & Company，2018 年），第 131 頁，Kindle 版。

8. 作者對塔德·賴瑞科斯的採訪。

9. Andrew Blum,《氣象機器》（*The Weather Machine*，紐約：Ecco，2019 年），第 159 頁，Kindle 版。

10. Blum,《氣象機器》，第 160 頁。

11. 作者對塔德·賴瑞科斯的採訪。

12. 作者對塔德·賴瑞科斯的採訪。

13. 更資深的經理也可能依賴 AI 直接提供建議，並且更有可能採納這些建議，而不是來自下屬的建議。相較於員工，AI 的目標與高層管理者的目標是一致的，而員工則有自己的利益。儘管如此，當預測機器不完美時，經理可能希望員工花費精力提出推動決策

的建議。這將影響經理是否遵循 AI，還是給予下屬一定的決策權限。更多的內容，請參見 Susan C. Athey、Kevin A. Bryan 和 Joshua S. Gans 的「將決策權分配給人類和 AI」，刊於《AEA Papers and Proceedings》110 卷（2020 年）：第 80–84 頁。

14. Ajay Agrawal、Joshua S. Gans 和 Avi Goldfarb，「AI：自動化預測對勞動市場的模糊影響」，刊於《經濟學透視》（*Journal of Economic Perspectives*）33 卷，第 2 期（2019 年）：第 31–50 頁，https://pubs.aeaweb.org/doi/pdfplus/10.1257/jep.33.2.31。

15. Agrawal 等人，「AI」。

16

1. Thomas C. Schelling，《入世賽局》（*The Strategy of Conflict*，劍橋，麻省：哈佛大學出版社，1960），第 80 頁。

2. 如果你的答案是下午 4：20，那你就有常常錯過會議的理由了。

3. J. Roberts 和 P. Milgrom，《經濟學、組織與管理》（*Economics, Organization and Management*，Englewood Cliffs，紐澤西州：Prentice-Hall，1992），第 126–311 頁。

4. H. A. Simon，《人工科學》（*The Sciences of the Artificial*），第 3 版（劍橋，麻省：麻省理工學院出版社，2019）。

5. 對數學計算的詳細說明，請參閱 J. Sobel，「如何數到一千」，《經濟學期刊》（*Economic Journal*）102 卷，第 410 期（1992）：第 1–8 頁。

6. R. M. Henderson 和 K. B. Clark，「架構創新：重新配置現有產品

技術與既有企業的失敗」，《行政科學季刊》（*Administrative Science Quarterly*）35 卷，第 1 期（1990）：第 9–30 頁。

7. Ajay K. Agrawal、Joshua S. Gans 和 Avi Goldfarb，「AI 採用與系統變革」，工作論文 w28811，國家經濟研究局，麻省劍橋，2021 年。

8. https://www.mckinsey.com/business-functions/mckinsey-digital/how-we-help-clients/flying-across-the-sea-propelled-by-ai。

9. Maggie Mae Armstrong，「速查表：什麼是數位孿生？」，《IBM Business Operations》部落格，2020 年 12 月 4 日，https://www.ibm.com/blogs/internet-of-things/iot-cheat-sheet-digital-twin/。

10.「巨大智慧數位孿生的力量」，Accenture，2021 年 6 月 7 日，https://www.accenture.com/ca-en/insights/health/digital-mirrored-world。

11. Michael Grieves 和 John Vickers，「數位孿生：減少複雜系統中不可預測、不受歡迎的行為」，刊於《跨學科視角看複雜系統》（*Transdisciplinary Perspectives on Complex Systems*，紐約：Springer，2016），第 85–113 頁，https://link.springer.com/chapter/10.1007/978-3-319-38756-7_4。

12. Grieves 和 Vickers，「數位孿生：減少複雜系統中不可預測、不受歡迎的行為」。

13.「虛擬新加坡」，新加坡總理辦公室，國家研究基金會，https://www.nrf.gov.sg/programmes/virtual-singapore；DXC Technology，「為什麼城市正在建構數位孿生」，《GovInsider》，2020 年 3 月 18 日，https://govinsider.asia/innovation/dxc-why-cities-are-creating-digital-twins/。

14.「利用 Azure 數位孿生推動可再生能源生產的邊界」，Microsoft

Customer Stories，2020 年 11 月 30 日，https://customers.microsoft.com/en-in/story/848311-doosan-manufacturing-azure-digital-twins。

17

1. 「烹飪」，國家防火協會，日期不詳，https://www.nfpa.org/Public-Education/Fire-causes-and-risks/Top-fire-causes/Cooking。

2. Isaac Ehrlich 和 Gary S. Becker，《市場保險、自我保險與自我防護》，《政治經濟學期刊》（*Journal of Political Economy*）80 卷，第 4 期（1972）：第 623–648 頁；以及 John M. Marshall，《道德風險》，《美國經濟評論》66 卷，第 5 期（1976）：第 880–890 頁。

3. Daniel Schreiber，《精確核保》，Lemonade 部落格，日期不詳，https://www.lemonade.com/blog/precision-underwriting/。

4. Daniel Schreiber，《AI 吞噬保險業》，Lemonade 部落格，日期不詳，https://www.lemonade.com/blog/ai-eats-insurance/。

5. Daniel Schreiber，《Lemonade 兩年：超透明紀事》，Lemonade 部落格，日期不詳，https://www.lemonade.com/blog/two-years-transparency/。

6. IPC Research，《Lemonade 首次公開發行：一隻吐出彩虹的獨角獸》，《保險內幕》（*Insurance Insider*），2020 年 6 月 9 日，https://www.insidepandc.com/article/2876fsvzg2scz9uy1iww0/lemonade-ipo-a-unicorn-vomiting-a-rainbow。

18

1. Sendhil Mullainathan 和 Ziad Obermeyer,「診斷醫師錯誤：一種應用於低價值醫療的機器學習方法」,《經濟學季刊》137 卷,第 2 期（2022）: 第 679–727 頁,網絡附錄 3, https://academic.oup.com/qje/advance-article-abstract/doi/10.1093/qje/qjab046/6449024。

2. Mullainathan 和 Obermeyer,「診斷醫師錯誤。」

3. 參見 Jeffrey E. Harris 的經典研究,「醫院內部組織：一些經濟暗示」,《貝爾經濟學期刊》（*Bell Journal of Economics*, 1977）: 第 467–482 頁。或參見 Jay Bhattacharya、Timothy Hyde 和 Peter Tu 所著的教科書討論,《健康經濟學》（*Health Economics*, 倫敦：Red Globe Press, 2014）。

4. 這個討論基於 Ajay Agrawal、Joshua Gans 和 Avi Goldfarb 的「通用技術採用的相似性和差異」,工作論文,多倫多大學,2022, https://conference.nber.org/conf_papers/f158748.pdf,該論文進一步借鑑了 Mullainathan 和 Obermeyer 的附錄 3。當然,這個討論忽略了 Mullainathan 和 Obermeyer 涵蓋的其他考量,例如醫師的私人資訊以及高風險患者未被醫師推薦進行檢測等情況。

5. 例如,參見匹茲堡大學急診醫學系,「使命聲明」, https://www.emergencymedicine.pitt.edu/about/mission。

6. 艾瑞克・托普,《深度醫學》（紐約：Basic Books, 2019）。

7. Alvin Rajkomar、Jeffrey Dean 和 Isaac Kohane,「醫學中的機器學習」,《新英格蘭醫學期刊》380 卷（2019）: 第 1347–1358 頁, https://

www.nejm.org/doi/pdf/10.1056/NEJMra1814259?articleTools=true。

8. Jürgen Knapp 等,「到院前醫師出現對重度創傷後生存的影響: 系統回顧和統合分析」,《創傷與急性護理手術期刊》(*Journal of Trauma and Acute Care Surgery*) 87 卷,第 4 期 (2019):第 978–989 頁,https://journals.lww.com/jtrauma/Abstract/2019/10000/Influence_ of_prehospital_physician_presence_on.43.aspx。

9. Victor Nathan Chappuis 等,「由救護員主導的急救醫療通信中心派遣急診醫師:敏感性、特異性和搜尋參考標準」,《北歐創傷、復甦與急救醫學期刊》(*Scandinavian Journal of Trauma, Resuscitation and Emergency Medicine*) 29 卷,第 31 期 (2012),https://sjtrem.biomedce ntral.com/articles/10.1186/s13049-021-00844-y。

10. 關於這問題的經典討論包括 Edith Penrose 所著的《企業增長理論》(*The Theory of the Growth of the Firm*,英國牛津:牛津大學出版社,2009)和 Kenneth J. Arrow 的《組織的局限性》(*The Limits of Organization*,紐約:諾頓出版社,1974)。正式討論參見 Oliver Hart 和 Bengt Holmstrom 的「企業範圍理論」,《經濟學季刊》125 卷,第 2 期 (2010):第 483–513 頁。

11. Rebecca Henderson 和 Kim B. Clark 將這些創新分別稱為模組化創新和架構性創新。參見 Rebecca M. Henderson 和 Kim B. Clark,「架構性創新:現有產品技術的重新配置及成熟企業的失敗」,《行政科學季刊》(1990):第 9–30 頁。另見 Joshua Gans 的《破壞性創新的兩難》(劍橋,麻省:麻省理工學院出版社,2016)。

後記

1. E. Pierson 等人,「應用於減少弱勢族群中無法解釋的疼痛差異演算法」,《自然醫學》(*Nature Medicine*) 27 卷,第 1 期 (2012): 第 136–140 頁,https://doi.org/10.1038/s41591-020-01192-7。

2. J. H. Kellgren 和 J. S. Lawrence,「關於骨關節炎的放射學評估」,《風溼疾病年鑑》(*Annals of the Rheumatic Diseases*) 16 卷,第 4 期(1957): 第 494 頁,https://ard.bmj.com/content/16/4/494;Mark D. Kohn,Adam A. Sassoon 和 Navin D. Fernando,「簡短分類:Kellgren-Lawrence 骨關節炎分類」,《臨床骨科及相關研究》(*Clinical Orthopaedics and Related Research*) 474 卷,第 8 期 (2016): 第 1886–1893 頁,https://www.ncbi.nlm.nih.gov/pmc/articles/PMC4925407/。

3. 例如,參見 J. E. Collins 等人,「放射性和症狀性膝骨關節炎患者的疼痛軌跡與風險特徵:來自骨關節炎計畫的數據」,《骨關節炎與軟骨》(*Osteoarthritis and Cartilage*) 22 卷 (2014): 第 622–630 頁。

4. E. Pierson 等人,「用於減少弱勢族群中無法解釋疼痛差異的演算法。」

5. April Glaser 和 Rani Molla,「矽谷性別歧視訴訟的(不)簡短歷史」,Vox,2017 年 4 月 10 日,https://www.vox.com/2017/4/10/15246444/history-gender-timeline-discrimination-lawsuits-legal-silicon-valley-google-oracle--note;Sheelah Kolhatkar,「科技行業的性別歧視問題」,《紐約客》,2017 年 11 月 13 日,https://www.newyorker.com/magazine/2017/11/20/the-tech-industrys-gender-discrimination-

problem；David Streitfeld，「Ellen Pao 在對 Kleiner Perkins 的矽谷偏見案中敗訴」，《紐約時報》，2015 年 3 月 27 日，https://www.nytimes.com/2015/03/28/technology/ellen-pao-kleiner-perkins-case-decision.html。

6. David Streitfeld，「Kleiner Perkins 在性別偏見審判中認為 Ellen Pao 好鬥且充滿怨恨」，《紐約時報》，2015 年 3 月 11 日，https://www.nytimes.com/2015/03/12/technology/kleiner-perkins-portrays-ellen-pao-as-combative-and-resentful-in-sex-bias-trial.html。

7. 這一結構基於 J. Kleinberg 等人，「作為歧視檢測器的演算法」，《美國國家科學院院刊》（Proceedings of the National Academy of Sciences）117 卷，第 48 期（2020）：第 30096-30100 頁，https://www.pnas.org/content/pnas/117/48/30096.full.pdf。

8. Marianne Bertrand 和 Sendhil Mullainathan，「Emily 和 Greg 比 Lakisha 和 Jamal 更容易被雇用嗎？一個關於勞動市場歧視的實地實驗」，《美國經濟評論》94 卷，第 4 期（2004）：第 991–1013 頁，http://www.jstor.org/stable/3592802。

9. Ziad Obermeyer 等人，「解析用於管理人群健康的演算法中的種族偏見」，《科學》366 卷，第 6464 期（2019）：第 447–453 頁，https://www.science.org/doi/10.1126/science.aax2342。

10. Sendhil Mullainathan，「偏見演算法比偏見的人更容易修正」，《紐約時報》，2019 年 12 月 6 日，https://www.nytimes.com/2019/12/06/business/algorithm-bias-fix.html。

11. Mullainathan,「偏見演算法比偏見的人更容易修正」。

12. Obermeyer 等人,《剖析種族偏見》。

13. Obermeyer 等人,《剖析種族偏見》。

14. Mullainathan,「偏見演算法比偏見的人更容易修正」。

15. Carmina Ravanera 和 Sarah Kaplan,「從公平視角看 AI」,《性別與經濟研究所》,羅特曼管理學院,多倫多大學,2021 年 8 月 15 日,https://cdn.gendereconomy.org/wp-content/uploads/2021/09/An-Equity-Lens-on-Artificial-Intelligence-Public-Version-English-1.pdf。

16. Kleinberg 等人,《作為歧視偵測器的演算法》。

17. 演算法偏見可以完全分解為三個組成部分:一、輸入變量的選擇偏見;二、結果測量的選擇偏見;三、訓練程序的構建偏見。在考慮這三種偏見形式後,任何其他的不平等則對應於某一族群,相對於另一族群的結構性劣勢。來源:Kleinberg 等人,《作為歧視偵測器的演算法》。

18. Bernie Wilson,「Schilling 因砸壞裁判攝影機被罰款」,《美聯社新聞》,2003 年 6 月 2 日,https://apnews.com/article/774eb21353c9403 2b8b175d3f55d3e7d;Katie Dean,「裁判對科技說:你出局了!」《連線》,2003 年 6 月 18 日,https://www.wired.com/2003/06/umpires-to-tech-youre-out/。

19. Dominick Reuter,「每 153 位美國工人中就有 1 位是亞馬遜員工」,《商業內幕》,2021 年 7 月 30 日,https://www.businessinsider.com/amazon-employees-number-1-of-153-us-workers-head-count-2021-7。

20. Jeffrey Dastin,「亞馬遜停用了對女性表現出偏見的祕密 AI 招募工具」,《路透社》,2018 年 10 月 10 日,https://www.reuters.com/article/us-amazon-com-jobs-automation-insight-idUSKCN1MK08G。

21. Matthew Yglesias,「儘可能自動化交通執法」,《Slow Boring》,2021 年 11 月 4 日,www.slowboring.com/p/traffic-enforcement。

22. Marzyeh Ghassemi,演講,NBER AI 2021,劍橋,麻薩諸塞州,2021 年 9 月 23 日,https://www.youtube.com/watch?v=lfDu5337quU。

| 致謝 |

我們要由衷地向那些為了本書奉獻時間、點子與耐心的人，致上誠摯謝意。在此我要特別感謝 BenchSci 的 Liran Belenzon、Family Care Midwives 的 Jackie French Curran、華盛頓大學的阿里・戈利、賓夕法尼亞大學的卡提克・霍薩納加、波士頓大學的 DK Lee、國家氣象局的塔德・賴瑞科斯、Ada 的 Michael Murchison、加州大學柏克萊分校的齊亞德・歐伯邁爾、Pandora 的大衛・萊利，以及 BlueConduit 的艾瑞克・史瓦茲，感謝他們在訪談中所付出的時間。

此外，也要感謝與我們進行討論並給予回饋的同事們，包括 Pieter Abbeel、達倫・艾塞默魯、Anousheh Ansari、Susan Athey、Joscha Bach、Laleh Behjat、James Bergstra、Dror Berman、Scott Bonham、Francesco Bova、Timothy Bresnahan、Kevin Bryan、艾瑞克・布林優夫森、Elizabeth Caley、Emilio Calvano、Hilary Evans Cameron、Christian Catalini、James Cham、布萊恩・克里斯汀、伊恩・考克柏恩、Sally Daub、Helene Desmarais、Pedro Domingos、Mark Evans、Haig Farris、Chen Fong、Ash Fontana、Chris Forman、John Francis、Marzyeh Ghassemi、Anindya Ghose、Suzanne Gildert、Inmar Givoni、Ben

Goertzel、Alexandra Greenhill、Shane Greenstein、Daniel Gross、Shane Gu、Chris Hadfield、Gillian Hadfield、Avery Haviv、Abraham Heifets、瑞貝卡‧韓德森、Geoff Hinton、Tim Hodgson、Marco Iansiti、Trevor Jamieson、Steve Jurvetson、Daniel Kahneman、Aidan Kehoe、John Kelleher、維諾德‧柯斯拉、Karin Klein、Anton Korinek、Katya Kudashkina、Michael Kuhlmann、Karim Lakhani、Allen Lau、Eva Lau、Yann LeCun、Mara Lederman、Andrew Leigh、Jon Lindsay、Shannon Liu、Hamidreza Mahyar、Jeff Marowits、Kory Mathewson、Kristina McElheran、約翰‧麥克海爾、Roger Melko、保羅‧米格羅姆、Timo Minssen、Matt Mitchell、森迪爾‧穆蘭納珊、Kashyap Murali、Ken Nickerson、Olivia Norton、Saman Nouranian、亞歷克斯‧歐特爾、Barney Pell、Patrick Pichette、Ingmar Posner、Jim Poterba、Tomi Poutanen、Andrea Prat、Nicholson Price、Samantha Price、Jennifer Redmond、巴斯卡爾‧雷斯特雷波、Geordie Rose、蘿拉‧羅瑟拉、Frank Rudzicz、Stuart Russell、Russ Salakhutdinov、Bahram Sameti、Sampsa Samila、Amir Sariri、Reza Satchu、Jay Shaw、Jiwoong Shin、Ashmeet Sidana、Brian Silverman、Bruce Simpson、Avery Slater、Dilip Soman、John Stackhouse、珍妮絲‧史坦、Ariel Dora Stern、史考特‧史登、約瑟夫‧史提格里茲、Scott

345

Stornetta、K. Sudhir、Minjee Sun、Rich Sutton、Shahram Tafazoli、Isaac Tamblyn、Bledi Taska、Graham Taylor、Florenta Teodoridis、Patricia Thaine、Andrew Thompson、Tony Tjan、Rich Tong、曼努埃爾・特拉伊滕伯格、Dan Trefler、Catherine Tucker、William Tunstall-Pedoe、Tiger Tyagarajan、Raquel Urtasun、Eric Van den Steen、Hal Varian、Ryan Webb、Dan Wilson、Nathan Yang 和 Shivon Zilis。

特別感謝 Alex Burnett、Lee Goldfarb、Leah Morris、Verina Que、Sergio Santana、Wenqi Zhang 和 Yan Zhou 在研究時提供的卓越協助。感謝創新破壞實驗室和羅特曼管理學院的全體工作人員，包括 Carol Deneka、Rachel Harris、Jennifer Hildebrandt、Malaika Kapur、Amarpreet Kaur、Khalid Kurji、Lisa Mah、Ken McGuffin、索妮雅・申尼克、Kristjan Sigurdson 及其他眾多成員。感謝現任與前任院長對本專案的支持，包括 Susan Christoffersen、Ken Corts 和 Tiff Macklem。

我們也感謝 Jeff Kehoe 的出色編輯，以及我們的代理商 Jim Levine。書中許多理念都來自加拿大社會科學與人文研究委員會，及 Sloan Foundation 的支持，特別是 David Michel 和 Danny Goroff 在 NBER 人工智慧經濟學計畫中的贊助。我們對他們的支持深表感謝。

最後，我們要感謝家人在這個過程中給予的耐心與奉獻，謝謝 Gina、Amelia、Andreas、Natalie、Belanna、Ariel、Annika、Rachel、Anna、Sam 和 Ben。

AI 顛覆經濟學
新的系統解決方案，將改組決策方式，改寫產業格局，改變權力分配
Power and Prediction: The Disruptive Economics of Artificial Intelligence

作　　　者	阿杰‧艾格拉瓦（Ajay Agrawal）、約書亞‧格恩斯（Joshua Gans）、阿維‧高德法布（Avi Goldfarb）	
譯　　　者	游懿萱	
特約編輯	呂美雲	
封面設計	丸同連合	
內頁排版	菩薩蠻事業股份有限公司	
業務發行	王綬晨、邱紹溢、劉文雅	
行銷企劃	黃羿潔	
資深主編	曾曉玲	
總　編　輯	蘇拾平	
發　行　人	蘇拾平	

出　　　版　啟動文化
Email：onbooks@andbooks.com.tw

發　　　行　大雁出版基地
新北市新店區北新路三段 207-3 號 5 樓
電話：(02)8913-1005　傳真：(02)8913-1056
Email：andbooks@andbooks.com.tw
劃撥帳號：19983379
戶名：大雁文化事業股份有限公司

初版一刷　2024 年 11 月
初版二刷　2024 年 12 月
定　　　價　580 元
I S B N　978-986-493-197-2
E I S B N　978-986-493-196-5 (EPUB)

國家圖書館出版品預行編目 (CIP) 資料

AI 顛覆經濟學 : 新的系統解決方案,將改組決策方式,改寫產業格局,改變權力
分配/阿杰‧艾格拉瓦(Ajay Agrawal), 約書亞‧格恩斯(Joshua Gans), 阿維‧
高德法布(Avi Goldfarb)著 ; 游懿萱譯. -- 初版. -- 新北市 : 啟動文化出版 : 大雁
出版基地發行, 2024.11
352面 ; 14.8x21公分
譯自 : Power and prediction : the disruptive economics of artificial intelligence.
ISBN 978-986-493-197-2(平裝)
1.人工智慧 2.經濟學
550　　　　　　　　　　　　　　　　　　　　　　　　　113014397